MZ세대와
꼰대 리더

MZ세대와
꼰대 리더

ⓒ 김영기, 2023

초판 1쇄 발행 2022년 3월 21일
　　2쇄 발행 2022년 5월 20일
　　3쇄 발행 2022년 8월 23일
개정판 1쇄 발행 2023년 9월 8일

지은이　　김영기
펴낸이　　이기봉
편집　　　좋은땅 편집팀
펴낸곳　　도서출판 좋은땅
주소　　　서울특별시 마포구 양화로12길 26 지월드빌딩 (서교동 395-7)
전화　　　02)374-8616~7
팩스　　　02)374-8614
이메일　　gworldbook@naver.com
홈페이지　www.g-world.co.kr

ISBN　979-11-388-2285-5 (03190)

MZ세대와 꼰대 리더

갈등없이 성과 내는
상생의 리더십 스킬

김영기(Ph.D.) 지음

좋은땅

문형구(고려대학교 경영대학 명예교수)

오랫동안 조직에 대한 연구와 강의를 한 학자로서 이 책을 흥미롭게 읽었다. 현장으로부터 끄집어낸 사례들을 술술 읽히도록 재미있게 다듬었을 뿐만 아니라, 이론적 근거를 충실하게 반영한 결론 도출과 실행 스킬들이 또 다른 장점으로 다가왔다.

실행력이 없는 이론은 공허할 수밖에 없는데, 이 책의 내용들은 실행이 가능한 구체성을 갖추고 있다. 우리나라의 많은 리더들에게 획기적인 도움이 될 것이라는 믿음이 간다.

강용수(한국코치협회 회장)

직원 존중의 리더십이 요청되는 오늘날, 본서는 이를 추진하는 방법에 대한 답을 주고 있다. '질문의 스킬', '정서적 소통', '상대방의 기질에 따른 동기부여' 등 내용들은 한국코치협회에서도 리더십 코치들을 훈련할 때 강조하는 내용들이기도 하다.

모두들 최고의 조직을 만들기 위해 갈등 없이 협업하고 Synergy를 창출하자고 외치지만, 이것은 저절로 이루어지지 않는다. 구성원들이 이를 실행할 수 있는 스킬을 알아야 하지 않겠는가? 그 방법을 이 책에서 찾을 수 있다.

박용권(한국바스프 부장, 코칭학 박사)

그동안 팀장, 부장 등으로 근무하면서 직원들과 많은 우여곡절을 겪었다. 까칠한 성격의 직원, 칭찬거리가 없는 직원 등 끝이 없지만, 최근의 MZ 직원들과 함께 성과를 낸다는 것이 또 다른 고민거리가 되었다.

"어떻게 해야 하지?" 하고 답을 못 찾고 고민하는 중에 이 책을 읽고, 비로소 MZ 직원들과 원활하게 소통하고 성과를 창출하는 방안을 찾았다. 진작 알았더라면 좋았을 내용들이다.

권승호(육군 MZ세대 장병 상담관, 리더십 코치)

MZ세대와 리더의 차이로 인한 갈등을 리얼하게 경험하는 곳이 군대이다. 그동안 병사들과 지휘관들의 리더십 갈등에 대한 수많은 상담을 하면서, 내가 느낀 안타까움은 소통과 동기부여 등 리더십과 관계 역량에 대한 구성원들의 준비 부족이다.

이 책의 전체 내용이 유익하지만 특히, 'MZ세대의 EVRIPC 특성', 'POBS 칭찬', '비폭력 대화' 등은 군 지휘관들에게 매우 도움되는 내용들이다. MZ 병사들의 사기와 단결력 증대에 실질적인 가이드가 될 것이라 확신한다.

강연경(L사 기획팀 MZ 사원)

즐겁게 직장에 출근하고, 좋은 일터를 만들고 싶은 것은 리더들만의 소망이 아니다. 우리 MZ세대도 상사와 관계 스트레스 없이 웃으며 일하고, 유능한 직장인으로 성공하고 싶다.

이 책에서 설명하는 '의견이 다를 때의 PCS 대화', 'READ 분석에 의한 상호작용 기법' 등은 상사와 갈등 없이 일하고자 하는 우리 세대에게도 매우 유익한 안내서가 된다고 믿는다.

신임 팀장이 된 박 부장은 부담감이 이만저만이 아니다. 9명의 팀원에는 MZ 직원들과 50대 중반의 선배 부장까지 포함되어 있다. 과거에는 개인 일만 잘하면 되었지만, 이제는 팀원을 코칭하고 조화시키는 리더십이 난제로 다가온다.

팀 회의를 하면 말이 없거나 매사에 부정적인 직원도 있다. 특히, MZ 직원 중에는 까칠한 성격에 팀워크를 어렵게 하는 경우도 있다. 다음은 팀장이 말하는 애로사항들 중 하나이다.

회사 일이 바쁜 시기에 외국 여행을 가야 하니, 2주간 휴가를 낸답니다. 추가적인 일을 시키려면, 그것은 자신의 분장 업무가 아니라고 하네요.

오늘날 직장에는 "단군 이래 최고의 스펙을 가졌다."는 MZ 직원들이 많아지고, IT 기술과 정보가 하루가 다르게 변하고 있다. 이런 환경에서 구성원들간에 어떻게 하면 갈등 없는 협업 관계를 만들 수 있을까? 리더는 어떻게 하면 '꼰대'라는 소리를 듣지 않고, 유능한 리더로 발돋움할 수 있을까?

MZ 직원들도 고충이 많기는 마찬가지다. 상사로부터 "요즘 직원들은 힘들어."라는 소리를 들으며 직장 생활을 하는 이들이, 어떻게 하면 상사와 관계 스트레스를 겪지 않으며 높은 성과 달성으로 성공하는 직장인이 될 수 있을까?

"시대가 바뀌었으니 리더가 변해야 한다."라는 말은 크게는 맞지만 전부는 아니다. 세대 간에 상생의 조직문화를 만들려면 MZ 직원들도 변해야 할 부분들이 많이 있기 때문이다. 하지만 MZ 직원들의 변화는 그들에게만 맡겨서는 될 일이 아니며, 물이 아래로 흐르듯이 리더들이 도와주어야 한다.

MZ 직원들이 이미 직원의 50%를 차지하는 조직이 많으며, 수년 내에 전체 구성원의 70~80%를 차지하게 된다. 인적 구성의 운동장이 바뀌고 있는 오늘날, 이 책은 '직원들과 우호적 관계 속에 최고의 성과를 달성하는 조직'을 만드는 방안을 제시하는 데 초점을 두고 있다.

직원들의 학력이 높아지고 자발적 협업이 중요해지는 오늘날에는 지시적 리더십으로는 곤란하다. 이제는 직원 개개인이 셀프 리더가 되어, 스스로 일하도록 만드는 '슈퍼 리더'가 필요하다. 여기서 '슈퍼 리더'는 직원들을 셀프 리더로 변화시키는 '상위의 리더'라는 의미이다.

좋은 직원을 가지고 리더 역할을 못할 사람이 누가 있겠는가? 속 썩이고 부족함이 있는 직원들과도 높은 성과를 만들어 내야 유능한 리더라 할 수 있다. 지금까지는 "리더가 되었으니 잘해 보라."는 식이었지만, 좋은 리더가 되려면 조직관리 이슈들에 대한 실천적인 해결 스킬을 갖추어야 한다.

그렇다면 슈퍼 리더라는 소리를 들으려면 어떤 리더십 스킬을 갖춰야 할까? 조직 리더십 전문가들의 의견을 종합하면 다음의 8가지 주제에 대한 성공적 실행 능력을 갖춰야 한다.

▶ 긍정 리더십으로 조직을 활성화하라

▶ MZ세대의 6가지 특성을 반영하라

▶ 기질에 따라 직원들을 다르게 대하라

▶ 지시보다 질문 스킬을 발휘하라

▶ 직원들의 잠재력을 활용하라

▶ 인사평가 과정을 갈등 없이 관리하라

▶ 정서적 소통으로 내 편을 만들어라

▶ 질책에도 상처받지 않게 표현하라

위 8가지 리더십 과제에 대한 해결 방안을 제시하는 것이 이 책의 목적이다. 현장 사례와 핵심 이론을 바탕으로, 누구나 공감할 수 있는 실천적 기법을 명료하게 소개하고 있다. 책의 내용 중에 READ(리드) 성격유형분석, ABCD 비폭력 대화, 의견이 다를 때의 PCS 대화, POBS(팝스) 칭찬 스킬 등은 하버드대학교와 미국 Gallup의 리더훈련프로그램 등에서 개발된 스킬들이며, 우리나라에도 효과가 검증된 내용들이다.

본서의 출판 전부터 이런 내용을 접했던 리더들은 "이런 내용을 진즉 알았더라면 그동안의 고생을 안 해도 될 것을." 하고 말한다. 아무쪼록 본서가 리더와 MZ 직원들이 갈등 없이 성과를 내는 상생의 조직을 만드는 데 도움되기를 기대한다.

책이 나오기까지 도움 주신 분들이 많았다. 고려대학교 경영대학의 류지성 특임교수, MZ세대 병사들을 동기부여하는 권승호 군 상담관, 조직리더십코칭원의 김상구 교수, 한국바스프㈜의 박용권 부장, L사의 신은별 사원, 그리고 좋은땅 출판사 직원들의 수고에 감사를 드린다.

목차

I 어떻게 해야 유능한 리더인가

II MZ세대의 6가지 특성을 반영하라

질책에도 상처받지 않게 표현하라

I

어떻게 해야
유능한 리더인가

직원들이 원하는 리더의 행동

직원들을 대상으로 "어떤 사람이 좋은 리더라고 생각하는가?" 또는 "그동안 함께 일했던 리더들 중에서 어떤 사람이 가장 기억에 남는가?" 라고 질문하면, 다음과 같은 대답들을 한다.

나를 인정해 주고 격려해 주는 리더
겸손하고 권위적이지 않은 리더
고충, 애로사항을 경청해 주고 잘 해결해 주는 리더

한마디로 '나를 존중해 주는 인간적인 리더'가 좋다는 뜻이다. 그런데 여기에 다음과 같은 두 번째 질문을 추가해 본다. "만약 리더가 인간적으로는 좋지만, 능력이 부족하여 업무 성과가 떨어지고 결국에는 직원에게 승진 누락 등 손해가 된다면 어떻겠는가?" 이 질문에 직원들은 고개를 갸우뚱하다가 "그러면 곤란하다."고 말한다.

마지막 세 번째 질문이다. "그렇다면 꼰대질은 하지만 업무 능력과 추진력이 좋고, 조직 성과가 좋다면 함께 근무하고 싶은가?" 그러면 "그것도 싫다."고 대답한다. 결국 직원들이 원하는 리더는 '인간 관계'와 '업무 성과'의 두 가지를 동시에 달성할 수 있는 리더이다.

그런데 관계와 성과, 이 두 가지는 서로 다른 방향으로 달리는 토끼와 같다. 성과를 높이려면 직원을 독려하고 실적이 부진한 직원을 질책하기 쉽다. 그러면 직원은 스트레스와 불만이 생기고, 리더와 관계가 나빠지게 마련이다.

반대로 좋은 관계를 유지하기 위해 실적이 나빠도 꾸지람과 독려를 하지 않으면, 조직의 긴장감은 낮아지고 성과도 떨어지기 쉽다. 두가지 중 한 가지는 놓치기 쉬운 구조이다.

직장의 리더가 추구해야 할 궁극적 지향점은 무엇일까? 길게 말할 것도 없이 조직의 성과 창출이 목적이다. 경영학의 구루 피터 드러커 (P. Drucker)도 "유능한 리더는 사랑받고 칭찬받는 사람이 아니다. 그를 따르는 사람들이 일을 하도록 만드는 사람이다. 리더십은 성과다." 라고 하였다. 한국의 피터 드러커로 불리는 윤석철 전 서울대 교수도 "경영의 기본은 생존이다."고 말한 바 있다[58].*

---

* 참고문헌 번호, 책 말미

하지만 우리는 여기서 주의해야 할 것이 있다. 성과를 달성하기만 하면 직원과의 관계는 악화되어도 문제가 없다고 해석하면 오해라는 점이다. 관계가 악화된 상태에서는 일시적으로 성과 달성은 가능할 수 있지만, 지속적인 성과 달성은 불가능하기 때문이다[98].

그런데 리더가 직원들의 근무를 독려하여 성과를 극대화하면서, 동시에 직원들과 우호적 관계를 유지한다는 것은 쉬운 일이 아니다. 리더가 이에 필요한 리더십 스킬을 학습하고 체득하기 위해 최대의 노력을 기울일 때 가능해진다.

리더의 '성품'이나 '성격'은 바꾸기 어렵지만, 질문과 경청, 칭찬과 질책 등의 리더십 '스킬'은 학습과 노력으로 얼마든지 체득하고 습관화할 수 있기 때문이다.

오늘날 직원들과 '높은 성과'와 '좋은 관계'를 유지하려면 리더는 어떻게 해야 할까? 새로운 리더십을 요구하는 MZ 직원들은 리더에게 다음과 같은 리더십 행동을 기대하고 있다.

일의 방향과 명확한 목표를 주시되, 진행 과정에는 자율성을 주세요.

직원의 인격을 존중해 주시고, 일방적 지시가 아닌 질문과 경청으로 소통해 주세요.

작은 것이라도 자주 칭찬해 주시고, 실패에도 격려해 주세요.

이와 같이 행동하는 스타일의 리더십을 학자들은 '슈퍼 리더'라고 말한다[112]. 슈퍼 리더(Super Leader)는 '직원을 셀프 리더로 성장시키는 리더' 또는 '리더 위의 큰 리더'라는 의미이다. 듣기 좋은 단어로 지은 이름이 아니라, 유능한 리더에게 필요한 행동을 잘 내포하고 있는 작명이다.

팀장, 임원 등 조직의 계층이 높아지는 것만이 리더의 의미가 아니다. 직급이 낮은 직원이라도 자기가 맡은 일에 의욕과 주도성을 가지고 근무한다면, 그는 셀프(Self) 리더가 되는 것이다. 이처럼 함께 근무하는 직원들을 셀프 리더로 성장시켜 갈 때, 그 사람을 슈퍼 리더라고 부른다.

직원들은 슈퍼 리더를 원한다

직원들에게 "어떤 인사제도가 좋을까요?"라고 물으면, 모두가 자신의 입장에서 조금씩 다른 내용을 말한다. 어떤 리더십이 좋은가에 대한 대답도 마찬가지다.

이런 이유로 세상에는 1,000가지가 넘는 리더십의 이름이 존재한다[37]. 지시적 리더십, 카리스마 리더십, 서번트 리더십, 진성 리더십, 성과 중심 리더십 등 모두 나열할 수도 없다. 심지어 '오바마 리더십', '세종대왕 리더십' 등 사람 이름을 딴 명칭들도 끝이 없이 다양하다.

이렇게 많은 리더십의 종류와 내용을 전부 기억한다는 것은 평생 리더십을 연구하는 학자들에게도 불가능한 일이다. 이런 복잡함을 해소하기 위하여 리더십 유형을 카테고리로 정리한 연구들이 있는데, 그중에서도 만즈(C. Manz) 교수가 분류한 내용이 명료하고 타당성이 높다. 그는 리더십 유형을 다음의 네 가지 카테고리로 체계화하였다[112].

(1) 지시적 리더십(Autocratic Leadership)
(2) 슈퍼 리더십(Super Leadership)
(3) 거래적 리더십(Transactional Leadership)
(4) 변혁적 리더십(Transformational Leadership)

1,000가지가 넘는다 할 정도로 다양한 리더십의 유형들도 이름만 다를 뿐, 본질적 내용은 위 네 가지 카테고리에 대부분 포함된다. 예컨대 독재적 리더십, 전통적 리더십, 카리스마 리더십, 권위적 리더십 등은 '지시적 리더십'의 범주에 속한다. 또한 겸손한 리더십, 코치형 리더십, 진성 리더십, 서번트 리더십 등은 '슈퍼 리더십'의 하위 개념이다.

슈퍼 리더십은 지시적 리더십의 반대 유형이다. 슈퍼 리더는 직원들과의 소통과 상호작용 방식이 지시적 리더와는 크게 다르다. 지시하기 전에 먼저 질문하고, 수평적 대화로 직원들의 잠재력을 끌어내는 데 초점을 둔다.

오늘날의 경영환경에서 가장 효과적인 리더십 유형이 바로 슈퍼 리더십이다. 이에 대해 깊이 논의하기 전에 먼저, 거래적 리더십과 변혁적 리더십은 어떤 내용인지 간단히 살펴보고 넘어가자.

거래적 리더십의 '거래(Transaction)'는 주고받는 것을 의미하며, 돈을 지불하고 물건을 구입하는 것과 같다. 직장에서도 직원이 좋은 성과를 달성하면 물질적 보상(인사평가, 보수 인상, 승진 등)을 실시하는 것이 이에 해당하며, Give & Take의 개념으로 이해하면 된다.

또한 직장에서 이루어지는 이러한 거래적 리더십의 작동 방식에는 보수제도, 인사제도, 복지제도 등 '제도와 시스템'이 많은 영향을 미친다. 따라서 리더 개인이 영향력을 미칠 여지는 많지 않다고 할 수 있다[63].

거래적 리더십에 비하여 '변혁적' 리더십은 물질적, 금전적 보상이 아니라 '비전과 가치' 등에 의하여 직원을 동기부여하는 것을 말한다. 예컨대, 이순신 장군의 행동이 변혁적 리더십의 좋은 사례이다.

임진왜란 당시에 이순신 장군이 수군들을 모아 놓고 "수군들이여! 수일 내로 왜병들이 쳐들어올 것이다. 우리는 죽을지도 모르며, 두려운 사람은 집으로 돌아가도 좋다. 그러나 남아서 이 자리를 지키며 나라를 구한다면, 후손과 역사는 우리를 기억할 것이다." 이 말에 수군들은 죽음을 불사하며 전투에 참여한다.

이처럼 변혁적 리더십은 우리를 가슴 뛰게 하며, 가장 멋있어 보이는 유형이다. 하지만 "시대가 영웅을 만든다."는 말처럼, 변혁적 리더는 교육으로 양성되기가 어렵다. 교육을 많이 받을수록 금전적 보상을 따라가는 거래적 리더십에 가까워지기 때문이다.

결국 만즈의 네 가지 리더십 유형 중에 직장의 리더들이 주로 발휘하고 있는 유형은 지시적 리더십이나 슈퍼 리더십의 두 가지로 좁혀진다. 이 두 가지 중에서 오늘의 조직 환경에서 필요한 것이 슈퍼 리더십이라는 것이다.

여기서 다시 생각해 보자. 오늘날 "왜 슈퍼 리더십이 필요한가?" 또는 "왜 지시적 리더십은 안 되는가?"라고 질문할 수 있다. 이 질문에 대한 대답에는 다음과 같은 세 가지 설명이 가능하다.

첫째, 리더가 직원보다 매사에 유능하기가 어렵다.

과거에는 한 직장에 오래 근무하면, 리더는 눈 감고도 업무 돌아가는 것을 알 수 있었다. 하지만 지금은 "오래 근무할수록 무능해진다."는 말이 지지를 받고 있을 정도이다. 지식과 정보가 폭증하며, IT 시스템과 모바일 기술 변화가 1년이 다르게 바뀌고 있다. 부단히 노력하는 리더라도 변화에 앞서가기는 차치하고 따라가기도 힘겨운 시대이다.

오늘날은 지식 반감기가 1~2년이라고 해도 과언이 아니다. '지식 반감기'는 방사능의 반감기에 빗대어 생겨난 말이며, 한번 배웠던 지식의 효과가 1/2로 줄어드는 데 걸리는 시간을 의미한다. 과거의 리더들은 한 번 배운 지식을 10~20년이 지나도 써먹을 수 있었지만, 지금은 역멘토링(Reverse Mentoring)으로 리더가 신입 직원에게 배워야 할 정도라고 해도 과언이 아니다.

둘째, MZ 직원들은 최고 스펙을 가졌으며, 학습 능력이 매우 높다.

MZ 직원들은 높은 학력과 스펙으로, 잠재 능력이 기존의 관리자들보다 더 많다고 해도 과언이 아니다. 특히 모바일 활용 기술과 회사 IT 프로세스에 대한 적응력이 리더들보다 훨씬 빠르다. 이들에게 리더가 "시키면, 시키는 대로 하라."고 지시적 리더십을 발휘하면, 그들의 잠재력은 발휘되지 못한다.

셋째, 고객이 신속한 서비스와 문제 해결을 원한다.

불만 고객이 담당 직원에게 문제 해결을 요구하는 상황을 상상해 보자. 이때에 그 직원이 "내부 결재를 먼저 받아야 합니다."라고 말하면 고객은 어떻게 반응할까? "뭐 이런 한심한 회사가 있어?" 하며 경쟁사로 가 버리고 말 것이다. 신속한 고객 대응을 하려면 고객과 접점에 있는 일선 직원들이 회사를 대변하는 권한을 가져야 한다.

근래에 '애자일 조직'이란 말이 유행하고 있다. 애자일(Agile)은 '민첩한', '유연한'이라는 뜻이다. 경영환경이 빠르게 변하는 시기에, 조직이 살아남기 위해서는 전 직원이 민첩한 대응력을 가져야 하지 않겠는가? 직원들을 셀프 리더로 행동하도록 이끄는 슈퍼 리더십이 오늘날 필요한 이유이다[45].

그렇다면 오늘날 모든 경영 상황에서 슈퍼 리더십이 효과적일까? 물론 아니다. 화재 발생 시의 소방서장이나, 전투 상황에서의 군대 지휘관처럼 긴급 대처가 필요한 경우에는 지시적 리더십이 당연히 필요하다. 하지만 그 외의 일반적인 상황에서 지시적 리더십을 사용하면 많은 부작용이 따른다.

슈퍼 리더십의 체득 가능성

오늘날 많은 직장에서 MZ 직원들의 숫자가 빠르게 증가하고 있다. 조직의 인적 구성이 급격히 바뀌고 있기에, 이에 맞추어 리더의 행동도 신속히 바뀌어야 하지 않겠는가?

그동안 지시적 리더십에 익숙해져 있는 관리자라도 이제는 슈퍼 리더로 거듭나지 않으면 곤란하다. 여전히 기존 스타일에 머물러 있으면 꼰대 소리를 듣게 된다. 그런 리더는 자신도 점차 설 자리가 없어질 뿐만 아니라, 그런 리더가 다수를 차지하고 있으면 '그 조직의 미래도 없다'고 해도 과장된 말이 아니다.

여기서 잠깐 리더의 입장을 생각해 보자. 시대에 맞게 변화해야겠다는 생각을 안 해 본 리더는 아마도 거의 없을 것이다. 조직 현장에 있는 대부분의 리더들이 변화하려고 마음먹고, 나름의 노력을 기울이고 있는 것도 사실이다.

그런데 여기서 대두되는 다음과 같은 두 가지 질문을 할 수 있다.

첫째, 그동안 지시적 리더였던 사람이 노력하면, 앞으로 슈퍼 리더로 변화될 수 있을까?

둘째, 리더가 슈퍼 리더십을 발휘하면, 이에 호응하여 직원들은 셀프 리더로 행동이 바뀌고 성장해 가게 될까?

이 두 질문에 대한 대답은 분명한 Yes이다. 먼저 첫 번째 질문에 대해 생각해 보자.

유능한 리더가 되는 조건에는 '특성(Character)'과 '스킬(Skill)'의 두 가지가 필요하다. 특성은 성품, 정신 자세 등을 뜻하며, 반면에 스킬은 질문과 칭찬, 동기부여와 권한위임 등의 행동이나 스킬을 의미한다.

여기서 리더의 성품이나 특성은 훈련이나 노력으로도 변화하기가 어렵지만, 스킬은 훈련과 노력으로 체득이 가능하다는 점이다. 이런 원리 때문에 글로벌 기업들의 공통된 인력관리 방침에 "성품과 특성은 채용 단계에서 걸러 내고, 스킬은 훈련으로(Hire for Character, Train for Skills)."라는 슬로건이 있다.

만즈 교수는 슈퍼 리더가 직원들과 상호작용할 때 보이는 행동에는 다음과 같은 것들이 있다고 설명하였다[112].

▶ 일상의 상호작용에서 칭찬과 지지 등 긍정의 리더십 행동을 지속한다.

▶ 일방적인 의사결정보다 직원 의견을 존중하며, 와글와글 회의를 진행한다.

▶ 직원에게 지시나 명령의 언어를 자제하고, 질문과 경청을 많이 한다.

▶ 목표를 할당하기보다 직원 스스로 도전적 목표를 세우도록 고무한다.

▶ 직원을 질책할 때에도 비폭력 대화 원리에 따라 상처받지 않게 나무란다.

정리하면, 슈퍼 리더가 되는 데 필요한 역량은 모두 스킬에 관한 것이라는 점이다. 아울러, 직원들이 리더에게 바라는 다음과 같은 현장의 요청들도 모두 이러한 리더십 스킬에 관한 것들이다.

일방적 지시를 하지 말고, 질문과 경청으로 직원들의 아이디어를 듣고 반영해 주세요.

인사평가 과정에 불만이 없도록 투명하고 공정하게 관리해 주세요.

업무지시와 의사결정에는 납득이 되게 논리적으로 설명해 주세요.

한마디로 슈퍼 리더에게 필요한 리더십 스킬은 '학습과 노력으로 체득이 가능하다'는 점이다. "정직해야 한다.", "솔선수범해야 한다." 등 리더의 성품을 고치라는 것이 아니기 때문이다.

부산에 소재한 S사의 사례를 보자. 가전 제품을 생산하는 이곳은 5개 사업부가 있었다. 그중 대형 TV 스크린을 생산하는 T사업부가 5년 이상 적자를 내어 경영진에서 사업 철폐를 논의하고 있었다. 이때 CEO가 필자에게 팀장들 리더십 훈련을 요청했으며, 격주로 4시간씩 3개월간 슈퍼 리더십 스킬을 훈련했다.

그러자 훈련 3개월째부터 조직 분위기가 활성화되었으며 6개월 후부터 흑자로 돌아섰다. 외부 경영환경은 더욱 나빠졌음에도 불구하고,

경영 성과가 뚜렷이 좋아진 것이다. 그 배경을 다각도로 분석해 본 결과, 팀장들이 과거의 지시적 리더십에서 슈퍼 리더십으로 행동이 변화되었기 때문으로 밝혀졌다.

이제 두 번째 질문에 대해 생각해 보자. "리더가 슈퍼 리더십을 발휘하면 직원들이 모두 셀프 리더로 발전해 갈 것인가?" 그렇지 않다. 잘 따라오지 않는 '속 썩이는' 직원도 있을 수 있다. 뿐만 아니라, 슈퍼 리더십을 발휘하면 초기에는 직원들 중에 불편해하는 상황이 생기기도 한다.

이전 부장님과 근무할 때는 시키는 대로만 하면 간단했는데, 지금 부장님은 자꾸 내 생각을 물으니 골치 아프네…….

그러나 초기의 이런 상황에도 불구하고, 리더가 3개월 정도 침착하게 노력하면 불평하던 직원들도 조금씩 바뀌기 시작한다.

업무 계획서 작성의 경우를 예로 들어 보자. 과거에는 리더가 고치면 그에 따라 수정하면 되었기에 초안을 대충 작성해서 제출했다. 하지만, 리더가 지시하지 않고 직원에게 생각의 배경을 질문하는 등 슈퍼 리더의 행동을 하면, 직원은 대충의 초안이 아니라 처음부터 깊이 생각하며 최선의 계획서를 작성하기 시작한다.

그래도 변화되지 않는 한두 명의 '고질적 문제 직원'이 있을 수 있다. 리더가 정성을 다해 노력해도 변하지 않기에, '구제불능'이라 불리는 직원이다. 생각해 보면 부모도 어쩌지 못하는 자식이 있는데, 하물며 직장에서 성인이 된 직원들을 리더가 모두 변화시킬 수는 없지 않 겠는가?

이처럼 변화되지 않고 계속 속 썩이는 직원에게는 IX장 '질책에도 상처받지 않게 표현하라'의 방법으로 해결할 수 있다.

직원들은 셀프 리더의 잠재력이 있다

군대를 갔다 온 사람들에게는 공통적 경험이 있다. 아무리 명문대 학을 다녔거나 똑똑한 사람이라도 이등병 복장을 입혀 놓으면 바로 시 원찮게 보이고, 실제 행동도 이등병 수준으로 바뀌는 모습이다. 이러 한 증상은 직장에서도 비슷하게 나타나는데, 직급이 낮으면 리더에 비 해 능력이 떨어지게 보이는 현상이다.

이러한 상황을 하버드대 아지리스(C. Argyris) 교수는 「성숙-미성 숙 이론(Maturity-Immaturity Theory)」으로 설명하였다[113]. 그 내용 은 얼핏 보면 너무나 심플하다. "인간은 유아기의 미성숙 단계에서 성 인이 되면서 신체적, 정신적으로 성숙한 단계로 발전한다."는 것이다.

그리고 직장인은 모두 성인이기에 누구나 성숙한 존재이며, 다음과 같은 세 가지 특성을 갖추고 있다고 아지리스는 세분하여 설명했다.

▶ 직원들은 성숙한 존재이며, 독자적 행동 능력이 있다.
▶ 직원들은 리더로부터 성숙한 인격체로 존중받기를 원한다.
▶ 직원들은 맡은 역할을 완수하려는 의지와 잠재력을 갖추고 있다.

중학생도 알 수 있을 정도의 단순한 내용 같지만, 아지리스의 이론 속에는 역설적 메시지가 숨어 있다. "직원들은 모두 성숙한 존재임에도 불구하고, 현실의 리더들은 직원들을 미성숙한 사람처럼 대하고 있다."는 것이다.

이처럼 리더가 직원들을 '미성숙'한 존재처럼 상대하면, 그들은 결국 그렇게 되고 만다. 지시받은 대로 일하는 수동적인 직원으로 전락해 버리는 것이다.

여기서 그치지 않고, 리더는 수동적으로 행동하는 직원을 보면서, 다시 그 직원을 미성숙한 사람으로 대하는 악순환이 지속된다. 결국 성숙한 직원을 미성숙한 사람처럼 만드는 원인 제공자가 리더라는 주장이다.

K사의 지점장이 경험한 사례를 보자. 직장에서 평소 미흡하게 행동하는 박 과장의 자녀 결혼식에 갔다가 지점장은 당황스런 경험을 했다. 50대 중반인 박 과장은 직장에서 수동적으로 행동하여, 평소에 '문제 직원'쯤으로 주변에 인식되고 있었다. 그런데 결혼식장에서 지점장이 알게 된 그는 전혀 다른 사람이었다.

대규모 봉사 단체의 회장으로 활동하고 있었으며, 당일 결혼하는 아들도 의사가 되어 인턴으로 근무 중이라는 것을 결혼식장에서 알게 되었다. K지점장에게 궁금증이 생겼다. '직장에서 그토록 소극적이었던 박 과장이, 밖에서는 어떻게 그처럼 유능한 사람일 수 있었을까?'

「성숙-미성숙 이론」을 제시한 아지리스는 논문을 준비하면서 조립 공장의 직원들을 대상으로, 관리자가 그들을 성숙하게 대할 때 어떤 변화가 나타나는지를 연구했다.

먼저 아지리스는 그동안 분업화되어 제품의 일부분만 조립하는 직원들에게 자율성을 확대해 보았다. 제품 검사와 고객 불만까지 직접 처리하게 권한을 부여한 것이다. 그러자 2개월이 지나면서 생산량이 점차 증대하기 시작하였고, 불량 비용이 94%나 줄었으며, 근무 불만도 90%나 감소하였다.

참고로 아지리스의 연구 대상이 되었던 직원들은 대부분 고졸 이하로 학력이 높지 않았다. 이들에게도 관리자가 성숙한 존재로 대하고, 잠재력을 믿고 권한을 확대하니 성과가 크게 좋아졌던 것이다.

하물며, 고학력 직원들에게 위와 같은 직원 신뢰의 조치를 취하면 그 효과는 더 뚜렷하게 나타나지 않겠는가? 오늘날 모든 직장에서 고학력과 IT 활용 능력이 우수한 MZ 직원들이 급속히 많아지고 있다. 이들을 성숙한 존재로 이끄는 것, 다르게 말하면, 슈퍼 리더십을 발휘하는 것은 오늘의 리더들에게 필수적 과제가 되었다고 말할 수 있다.

슈퍼 리더십을 어렵게 생각하지 말자

우리가 기억해야 할 것은 만즈 교수의 리더십 유형 분류에서 Super 라는 영어 단어가 연상시키는 '대단한', '최고의' 의미가 아니라는 점이다. 직원들을 '셀프 리더가 되도록 이끄는 리더', '리더 위의 리더'의 의미일 뿐이다.

슈퍼 리더십의 개념에 근접한 다른 명칭들은 '직원 존중의 리더십', '파트너형 리더십', '코치형 리더십' 등이다. 슈퍼 리더는 특별한 능력이 있어야 될 수 있는 것이 아니라, 보통사람이면 누구나 노력으로 체득이 가능한 리더십 유형이란 것을 기억하자.

리더십 인플레이션 증후군

슈퍼 리더와 대조적인 생각을 하는 사람이 지시적 리더이다. 직원들의 능력은 리더 자신보다 못하며, 세세히 지시하고 통제해야 조직이 잘 돌아갈 것으로 간주하는 사람이다.

이러한 배경에는 '리더십 인플레이션 증후군(Leadership Inflation Syndrome)'이라는 심리 현상이 자리잡고 있다. 직원들로부터 아부성 말을 반복해 들을 때 생기는 리더의 착각이라고 할 수 있다[6].

사장님의 전략적 판단 능력을 배우고 싶습니다.

부장님은 저희들보다 경험과 경륜이 훨씬 많으시지요.

팀장님은 의사결정을 하실 때, 저희가 못 보는 탁월한 안목이 있으십니다.

이러한 말을 직원으로부터 듣는 빈도와 기간이 늘어날수록 리더들은 최면에 걸린다. "나는 유능하며, 직원들은 나보다 열등하다."는 생각이다. 객관적인 진실 값보다 자신의 능력을 우수하게 생각하는 것을 '리더십 인플레이션 증후군'이라 한다.

하지만 슈퍼 리더는 다르게 생각한다. 자신이 직원들보다 더 유능하다고 생각하지 않으며, 오히려 겸손함이 특징이다. 그렇기에 '역멘토링(Reverse Mentoring)'으로 직원들에게 배우려는 노력도 서슴지 않는다.

단기간에 글로벌 기업이 된 중국 알리바바의 마윈 회장의 사례를 보자. 그는 포장, 판매, 배달 업무 등을 하는 5명의 알리바바 직원들과 현장 대결을 펼치고, 모두에게 패배한 사례를 영상으로 공개한 적이 있다[49].

이 대결에서 마윈은 서툴렀고, 현장 직원들에게 모두 졌다. 마윈은 "시합에서 직원들이 이겼으며, 고객은 더 나은 행복과 선물을 받았다."고 했다. 이 영상을 본 알리바바 직원들은 어떤 느낌을 받았을까? 솔직하고 겸손한 마윈 회장을 더 존경하고, 자신들의 일에 자부심을 갖게 되지 않았겠는가?

흔히 자신이 유능하다고 믿으며, 지시적 리더십을 발휘하는 리더를 '카리스마'가 있다고 말하기도 한다. 카리스마(Charisma)는 원래 '재능', '신의 축복'을 뜻하는 그리스어의 Kharisma에서 유래되었다. 즉, 카리스마의 사전적 의미는 좋은 뜻이다.

그러나 오늘날 리더십에서 사용되는 카리스마는 부정적인 의미로 더 많이 사용된다. 다른 사람들을 위압하며, 주변 사람들이 솔직하게 다가가기 어렵게 만드는 그런 사람을 지칭한다.

슈퍼 리더는 카리스마 리더와 반대의 행동을 한다. 직원의 아이디어를 얻기 위하여, 먼저 질문하고 경청한다. "지시의 시대는 가고, 질문의 시대가 왔다."는 말을 실행하는 사람이다.

이처럼 슈퍼 리더십을 발휘하면 직원들에게만 좋은 것에 그치지 않는다. 리더 자신은 물론 조직에도 다음과 같은 여러 가지의 좋은 결과를 가져다준다.

먼저 리더 자신에게 가져다 주는 유익을 생각해 보자.

▶ 수평적 소통과 존중의 리더십을 발휘하기에, 직원들의 지지를 받는다.
▶ 질문과 경청으로 다양한 아이디어를 듣게 되어, 리더의 판단 착오를 줄일 수 있다.
▶ 직원들에게 일을 많이 위임하기에, 리더는 보다 중요한 업무에 집중할 수 있다.

조직에 미치는 슈퍼 리더십의 긍정적 효과는 다음과 같다.

▶ 직원의 잠재력을 끌어내고 창의적인 업무 환경을 만들기에, 경영 성과가 증대된다.
▶ 리더와 직원의 관계가 우호적이 되어, 직원들의 직장에 대한 불만과 이직이 줄어든다.
▶ 직원의 역량 개발로 미래의 리더가 육성되고, 장기적으로 성장

하는 조직의 바탕을 만든다.

앞으로, 이 책에서 설명해 가는 전체 내용이 바로 슈퍼 리더로 발전해 가기 위한 방법에 관한 것들이다. 이를 통해 리더는 '성과와 관계를 동시에 달성하는, 리더 위의 리더'로 발전할 수 있으며, 직원들은 자발적으로 업무에 몰입하는 셀프 리더로 성장할 수 있다. 책의 부제를 '갈등 없이 성과 내는 상생의 리더십 스킬'이라고 정한 이유이다.

꼰대 리더십 진단

요즈음 MZ 직원들은 지시적 리더를 '꼰대 리더'라고 수군거린다. 꼰대는 본래 교장 선생님 등 나이 많은 스승을 가리켜 청소년들이 쓰던 은어였으나, 직장에서 직원들의 의견을 무시하거나 수평적 소통을 하지 않는 관리자를 험담할 때 쓰는 표현이 되었다.

MZ 직원들이 말하는 리더의 꼰대 행동은 다양하다. 인격을 무시하는 말이나 일방적인 업무지시, 세세하게 지시하고 간섭하는 행동, "회식은 근무의 연장이다." 등 과거의 조직문화에 빠져 있는 언행들이다.

이런 꼰대 모습에 대한 직원들의 견해를 들어 보자.

신입사원 교육 때는 회사가 좋아 보였는데,

현업 부서에 배치되자마자 바로 '이게 아닌데'라는 생각이 들었습니다.

출근 시간보다 30분 빨리 출근하라고 강요하며,
한 시간 회의에 50분을 부장님이 혼자 말합니다.
온통 꼰대 천지입니다.

세계적인 리더십 전문가 피터 센게(P. Senge)도 꼰대형 소통을 경계하라고 강조하였다. "리더들은 직장생활의 대부분을 자신의 관점을 고수하면서, 직원을 가르치려 하는 데 사용한다. 하지만 직원의 문제는 고유의 배경과 특성이 있기 때문에 리더의 방법이 옳다는 보장이 없다."[90].

흥미로운 사실은 직원들은 "꼰대 천지입니다."라고 하는 반면에, 리더들은 자신이 꼰대가 아니라고 항변한다. 물론 100% 꼰대인 리더는 거의 없는 것도 사실이기도 하다. 그렇다고 꼰대질을 전혀 하지 않는 리더도 없기에, 꼰대질은 '정도의 문제'인 셈이다.

직원들의 입장을 잠깐 생각해 보자. 예전에는 자신의 리더를 옆 부서의 리더와 비교하거나, 과거에 함께 근무했던 리더와 비교하는 것이 고작이었다. 하지만, 요즘은 유튜브 등 온갖 정보에 의하여 글로벌 리더들의 사례를 보고 들으며, 거기에 자신의 리더를 비교하고 있다.

이제 직원들의 눈에는 어지간한 리더는 기대에 한참 못 미친다. 리더가 부단한 노력을 기울이지 않으면 십중팔구 꼰대로 보이게 되어 있는 셈이다.

건강관리를 위해 우선 해야 할 사항이 건강 검진이듯이, 리더가 꼰대가 되지 않고 시대변화에 따라가기 위한 출발점은 먼저 자신의 상태를 진단해 보는 것이다. "나는 어느 정도 꼰대질에 젖어 있을까?", "나는 지금 잘하고 있는 것일까?"

이를 알기 위한 좋은 도구가 다음의 '꼰대 리더십 진단지'이다.

꼰대 리더십 진단지

아래의 질문에 평소 자신의 모습에 해당하는 점수를 부여하세요.

(1) 전혀 아니다 (2) 대체로 아니다 (3) 보통이다 (4) 대체로 그렇다 (5) 매우 그렇다

1. 내 의견을 말하기 전에 직원의 의견을 들어 보기 위해 먼저 질문을 한다. ( )

2. 대화를 할 때 직원의 생각을 먼저 충분히 들어 보고 내 의견을 말한다. ( )

3. 직원에게 복잡한 업무지시를 할 때에는 '어떻게 이해했는지' 물어본다. ( )

4. 직원의 성격에 맞추어 동기부여하고, 일하는 방법을 코칭해 준다. ( )

5. 직원이 무례하게 반론을 제기해도 감정적으로 되지 않고 포용하며 듣는다. ( )

6. 직원 의견에 반대할 때는 먼저 공감해 준 후, 거절 이유를 말한다. ( )

7. 직원에게 지시할 때 근거와 배경 등을 설명하여 내면적 공감을 얻는다. ( )

8. 직원의 실수를 지적할 때에 인격적 비난을 하지 않고, Fact 중심으로 말한다. ( )

9. 직원에게 칭찬거리가 있을 때는 놓치지 않고 구체적으로 칭찬해 준다. ( )

10. 노력했음에도 결과가 나쁜 경우 직원을 질책하지 않고 인정, 격려해 준다. ( )

11. 직원이 담당 업무를 보람 있게 생각하도록, 일의 내재 가치를 알게 해 준다. ( )

12. 직원에게 일을 맡길 때에 맥락을 설명하여, 스스로 방향성을 알게 한다. ( )

13. 직원에게 권한을 위임할 때 목표를 명료히 하고, 진행 과정은 위임한다. ( )

14. 내가 입수한 경영정보, 간부회의 내용 등을 직원에게 신속하게 알려 준다. ( )

15. 직원의 검토 요청은 신속히 피드백해 주며, 늦어지면 예정 시간을 알려 준다. ( )

16. 출퇴근 시간, 휴가 등의 근무 규정은 원칙을 준수하며, 직원의 요청을 수용한다. ( )

17. 공동체를 위해 직원의 개인행동 조정이 필요한 때에는 직원과 토론하여 함께 정한다. ( )

18. 업무에 지장이 없으면 직원의 개별 행동(회식 불참 등)을 허용한다. ( )

19. 직원과 수시로 1:1 대화를 하여 고충을 파악하고, 정서적 격려를 한다. ( )

20. 직원들의 가족관계, 고충 등 개인 형편의 대강을 파악하고 있다. ( )

총 점: 점

총점에 대한 평가는 다음과 같다.

50점 이하는 중증 꼰대에 해당하며,

51~65점은 뚜렷한 꼰대이다.

66~79점은 약간 꼰대에 해당하며,

80~89점은 무난한 리더이다.

그리고, 90점 이상이면 슈퍼 리더라 할 수 있다.

우리나라 직장에서 각각의 점수 분포에 해당하는 사람들은 얼마나 될까? 공공기관, 기업 등의 다양한 조직에 근무하는 팀장, 부장, CEO 들을 대상으로 ㈜조직리더십코칭원에서 위 진단을 실시하고, 그 분포를 분석해 보았다[74].

이에 의하면 참여자의 약 40%가 66~79점의 '약간 꼰대'에 속했다. 51~65점의 '뚜렷한 꼰대'가 약 30%, 50점 이하의 '중중 꼰대'가 약 10% 정도이다. 80~89점의 '무난한 리더'가 약 15%이며, 90점 이상의 '탁월한 리더'는 5% 정도였다. 요약하면 약 80% 정도의 리더가 직원들에게 일정 부분 꼰대 언행을 하고 있는 것으로 나타났다.

흥미로운 현상은 30대 후반 등 젊은 리더들 중에서도 꼰대들이 있으며, 반대로 50대 후반 등 중년 리더들 중에서도 꼰대가 아닌 사람들이 있다. 이를 보면 꼰대는 나이로 판단할 것이 아니며, 비록 연령이 많아도 직원 존중의 슈퍼 리더십을 배우고 노력하면 얼마든지 발전할 수 있다는 것을 짐작할 수 있다.

한 취업포털에서 다른 형태로 '직장 내 꼰대'에 관한 설문 조사를 한 것을 보자. 750명을 대상으로 한 이 조사에서 응답자의 90%가 '사내에 꼰대가 있다'고 대답하였다. 꼰대 1위 유형은 '내 말대로 해'의 답정너 스타일(23%)을 꼽았으며, 다음으로 일방적 지시형(20%), 3위 유형은 '내 생각에는 말이야' 하는 고정관념 스타일(16%)이었다. 그리고, 직급으로는 부장에서 꼰대가 가장 많았다[5].

"자식 같아서.", "자네 위해서 하는 말인데."라는 용어를 남발하며, 자기 말이 많은 리더도 꼰대 소리를 피할 수 없다. 식사 자리에서까지 자기 생각을 정답으로 직원들에게 교육 하려는 꼰대도 있다. "음식은

찬 음식부터 먹고, 뜨거운 것은 나중에 먹어야 제맛이야." 직원들은 속으로 말한다. "제가 먹고 싶은 방식으로 먹을게요."

꼰대형 소통에서도 가장 위험한 것이 인격을 무시하거나 감정적으로 화를 내는 것이다. 조선일보에서 직장인 대상으로 '일터에 대한 연령별 소망'을 조사한 적이 있다. 여기서 20대, 30대 직원들의 1순위 소망은 '인격적이며 서로 존중하는 수평적 소통'이었다[72].

2019년에 취업포탈 사람인이 1,008명의 직장인들에게 '리더로부터 들은 언어폭력'에 대한 조사를 실시하였는데, 다음은 그중의 일부 내용들이다.

> 머리는 장식품으로 달고 다니냐? 그 실력으로 우리 회사에 어떻게 들어왔어?

> 이걸 보고서라고 한 거야? 도대체 기본이 안 돼 있어.

> 개뿔도 모르면서, 왜 시키는 대로 안 하는 거야?

요즘처럼 취업이 어려운 때가 언제 있었을까? 그토록 어렵게 직장에 들어온 직원들이지만, 3년을 못 채우고 40~50% 신입 직원들이 사표를 내고 만다. 사표를 던지는 이유도 50%가 '회사가 싫어서'가 아니라, '리더가 싫어서'이다.

평소에는 꼰대가 아닌 척하지만, 결정적 순간에 화를 내는 리더를 직원들은 특히 힘들어한다. 또한 "편하게 이야기해요." 하고 말하지만,

정말 편하게 이야기하면 내심 불편해하는 리더들도 많다.

차라리 평소에 늘 꼰대 언행을 했던 리더에게는 기대 수준이 낮기에, 직원들은 크게 상처받지 않는다. 하지만 꼰대가 아닌 척 행동하던 리더가 갑자기 감정적으로 바뀌게 되면, 직원들은 '배신당했다'는 느낌이 든다고 말했다.

말 때문에 상처받는 한국의 직장인들

유머 하나, 아버지와 대화하기 위해 아들이 전화를 했는데, 대화가 계속 이어지도록 아들이 급히 말을 이어 갔다. "엄마 바꾸지 마세요. 아버지하고 얘기하고 싶어요." 아버지가 말했다. "왜? 돈 필요하냐?" 아들은 빠르게 아버지에게 그동안 못 했던 말들을 했다. 아버지가 가족을 부양하기 위해 힘들게 일했던 일, 그럼에도 한 번도 고맙다는 말을 못 했던 사실을 울먹이며 털어놨다.

하지만 아버지는 아무런 말도 않고 듣고 있었다. 아들은 마지막으로 말했다. "그래서 아버지에게 감사하다는 말을 하고 싶었어요. 아버지, 사랑해요!" 그 말을 듣고도 한참이나 말이 없던 아버지가 드디어 입을 열었다. "너, 술 먹었냐?"

한국의 가정에서 있을 수 있는 부자간의 대화 수준을 나타내는 유머이다. 직장에서도 베이비부머세대는 물론 X세대(1965~1985년 출생) 리더들은 앞의 아버지 사례처럼, 속마음을 표현하는 것이 어렵다. 팀장, 부장, 임원급 리더의 대부분이 여기에 해당하는데, 이들은 다정한 감정이 없는 것이 아니라 밖으로 표현하지 않는 시대 분위기에서 살아왔기 때문이다.

그런데 이처럼 감정 표현을 안 하며 사는 것은 우리의 삶에 어떤 영향을 미칠까? 세계보건기구(WHO)는 사람이 건강하다고 할 수 있으려면 '신체적 건강, 정신적 건강, 인간관계의 건강', 이 세 가지가 확보되어야 한다고 전문에 규정하고 있다.

여기서 신체적 건강, 정신적 건강이 중요하다는 것은 우리에게 새로울 것이 없지만, 특이한 것은 '인간관계의 건강'이 포함되어 있다는 점이다. 인간관계가 건강하지 않으면 건강한 사람이 아니라는 WHO의 정의이다.

우리는 초등학교 시절부터 지(知), 덕(德), 체(體)라는 글귀를 보면서 커 왔지만, 어른이 되기까지도 인간관계의 건강이 신체적, 정신적 건강 못지않게 중요하다는 사실을 교육받은 적이 거의 없다.

인간관계의 건강이 직장에서 구현되는 것이 다름아닌 구성원들간의 상호관계이며, 리더의 입장에서 말하면 '높은 성과와 좋은 관계'를 동시에 달성하는 직원 존중의 리더십 스킬이 아니겠는가?

LG경제연구원과 잡코리아가 공동으로 우리나라 리더들의 (인간)관계 역량이 어느 정도인지를 조사한 적이 있다. 국내 기업 및 국내에 진출한 외국계 기업 직장인 843명을 대상으로 한 심층 조사이다.

여기에서 리더에 대한 만족도가 100점 만점에 44.1점으로 나왔는데, 낙제점이라 할 수 있다. 심지어 "선택권이 있다면, 현재의 리더와 계속 근무할 의향이 있느냐?"는 질문에 직원 3명 중 2명이 반대하였다.

이토록 우리나라 리더가 직원들로부터 지지를 받지 못하고, 관계 역량이 낮은 이유는 무엇일까? 여기에는 다음과 같은 두 가지의 설명이 가능하다.

첫째, 관계 역량의 중요성에 대한 인식이 낮다.

직장에서 인재 소리를 들으려면 '업무 능력'과 '관계 능력'의 두 가지를 갖춰야 한다. 심지어, 블레이크(R. Blake)와 무톤(J. Mouton)의 연구에 의하면 이 두 가지 중에서도 '관계 능력'이 더 우선이라고 하였다[119].

하지만 우리나라의 직장인들은 대부분, 리더이든 직원이든 구분없이, 직장에서 업무 능력만 있으면 유능한 직원이 되는 것으로 생각해 왔다고 해도 과언이 아니다.

이는 WHO의 세 가지 건강에 대한 내용도 모르거니와, 이와 관련한 학교 교육을 받은 적이 없었던 것에도 영향을 받았다고 할 수 있다.

둘째, 관계 능력 증진을 위한 훈련이 부족했다.

그동안 우리는 성장 경제 속에서 앞만 보고 달려온 영향으로, 직장에서 관계 능력 증진을 위한 리더십 교육과 훈련이 턱없이 부족했다.

팀장 등 리더로 승진한 시점에도 관계 역량이나 리더십에 대한 충분한 훈련이 없이, 알아서 부딪혀 보라는 식이었다. 이제부터라도 '우호적 관계 속에서' 성과를 달성할 수 있는 실천 가능한 리더십 스킬을 배우고 체득해야 한다.

나아가, 우호적 관계와 소통 능력은 리더들에게만 중요한 것이 아님은 말할 것도 없다. MZ 직원들을 포함하여 조직의 모든 구성원들은 자신의 상사는 물론 동료들과 어떻게 소통하고, 갈등 없이 협업할 것인가에 대한 구체적 방법을 알아야 한다.

Ⅱ장 이하의 내용들이 모든 직장인들에게 관계 능력을 증진시키고, 서로가 만족하는 상생의 리더십 스킬을 갖추는 데 필요한 내용들이다.

II

MZ세대의
6가지 특성을 반영하라

오늘날 대부분의 직장에는 베이비붐 세대, X세대, 그리고 MZ세대가 혼재되어 함께 근무하고 있다. 보통 1955~1964년에 출생한 사람을 베이비붐세대, 1965~1980년대 초반 출생자를 X세대라 하며, 1985~2000년 사이에 출생한 사람을 밀레니얼 세대라 한다. 나아가 2001년 이후 출생자를 Z세대라 하며, 또한 밀레니얼 세대와 Z세대를 묶어서 MZ세대라 부른다.

밀레니얼(Millennial)은 1,000년을 뜻하는데, 어쩌다가 세대 구분의 용어가 되었을까? 사람들은 특이한 사람을 볼 때 "저런 사람은 100년에 한 번 나올까 말까 하다."라고 말한다. 그런 특이성을 강조하기 위해 사용되기 시작한 용어가 밀레니얼이며, 다른 이름으로는 Y세대라 부르기도 한다.

근래에 "직장의 인적 구성에 지각변동이 일어나고 있다."고들 말한다. 지난 몇 년간에 베이비부머들이 우르르 퇴직하고, 그 자리에 MZ 직원들이 빠르게 진입하고 있는 것을 두고 하는 말이다.

세대 연구의 전문가 랭카스터(L. Lancaster)와 스틸먼(D. Stillman)은 'MZ 직원들은 지금까지 세대와는 전혀 다른 세대'라고 하였다. 같은 시대를 살고 있지만, 기존 세대와 차이가 너무 많아 "동시대의 사람이 아닌 것 같다."고 말한 바 있다[17].

역사적으로, 세대 간의 차이와 갈등은 동서고금을 막론하고 존재해 왔다. 4,000년 전 바빌로니아 점토 판 글에도 '요즘 젊은 것들은~~~' 하고 못마땅해하였으며, 그리스의 철학자 소크라테스도 '요즘 젊은이들은 버릇이 없다'고 불평한 바 있다.

1990년대 초반에 X세대가 직장에 출현했을 당시에도 기존의 베이비부머 세대들에게는 충격이었으며, 미지수 X를 쓴 배경에도 '이해하기 어려운 세대'라는 의미가 내포되어 있었다.

이처럼 세상이 바뀌고 사람이 변함에 따라 갈등이 생기는 것은 당연하지만, 현재의 MZ 직원들을 보면서 기존 세대가 느끼는 인간관계의 충격은 과거 X세대에게서 나타난 것에는 비할 바가 못 될 정도로 심하다.

직장에서도 오늘날 리더가 꼰대질을 하거나 지시적 리더십을 사용할 때 가장 민감하게 반발하는 직원들은 누구일까? 바로 MZ 직원들이다. 30대 후반~40대 이후의 직원들은 상급자의 거슬리는 언행에도 참고 견디지만, MZ 직원들은 그렇지 않다.

부장: 요즘 직원들은 헝그리 정신이 없어…….

바쁠 때는 휴가도 미루고, 자기 일이 아니라도 동참해야

하는 것이 직장인의 기본 아닌가?

직원: 이거 제 일이 아닌데, 왜 저에게 시키세요?

일이 적성에 안 맞아 퇴직해야 할지도 모르겠습니다.

그런 MZ 직원들을 보면서 40대 이상 리더들의 입에서는 "요즘 직원들은 참 유별나."라는 말이 저절로 나온다. 그러나 우리는 그 '요즘' 시대를 살고 있다. 그들을 수용하지 못하고, 갈등 없이 협업하는 방법을 모르면 조직의 미래도 없고, 리더 개인의 설 자리도 없어진다.

MZ 직원들은 현재의 직장에서 정년까지 갈 생각이 별로 없으며, 미래를 기약하고 현재를 희생할 마음도 없다. 휴가를 아껴 가며 회사에 충성할 필요를 못 느끼며, 자기 일이 아니면 동참할 생각도 없다.

그동안 지시적 리더 밑에서 배우고 성장한 오늘의 리더들이 슈퍼리더로 발전하는 데 넘어야 할 첫 번째 관문은 MZ 직원들과의 차이를 이해하고, 갈등 없이 성과를 내는 역량을 갖추는 데에 있다.

그러려면 MZ 직원들은 직장에서 어떤 행동특성을 가지고 있는가를 간파해야 하며, 이러한 각각의 행동특성을 생산적인 방향으로 이끌어 갈 수 있는 스킬을 확보하는 것이 리더의 시급한 과제가 되었다.

MZ 직원들의 6가지 특성

MZ 직원들의 특성에 대하여는 그동안 다양한 연구들이 있었다. 국내 외에서 이루어진 50여 가지의 연구 결과를 요약하면, MZ 직원들의 특성은 다음의 6가지로 압축이 된다.

(1) 수평적 소통(Equal)

(2) 자기 주장(Voice)

(3) 빠른 보상(Reward)

(4) IT 원주민(IT Native)

(5) 사생활 중시(Private)

(6) 모바일 연결(Connected)

이 6가지 특성의 영어 표기인 Equal, Voice, Reward, IT Native, Private, Connected의 첫 글자는 EVRIPC이며, '에브리피시'라고 발음한다.

이 6가지 특성을 알고 있으면 누구나 MZ 직원들과 갈등 없이 근무할 수 있는 대책을 강구할 수 있다. 지피지기면 백전백승이다. 아래에서 EVRIPC의 각각이 내포하는 의미와 리더가 조치할 수 있는 대응 방안을 자세히 살펴보자.

참고로, 에브리피시(EVRIPC)를 쉽게 기억하는 데에는 MZ 직원들은 '모두(에브리-EVRI) 개인 컴퓨터(PC)이다'라고 연상하면 도움이 된다.

Equal(수평적 소통) 욕구와 대응 스킬

취업하기 어려운 요즈음, 생애 처음으로 직장인이 되면 MZ 직원은 눈물 나게 감격해한다. 새 옷과 구두도 사고, 행복 시작이라 생각하며 출근한다. 그런데 근무 일수가 늘어날수록 차츰 기대가 어긋나기 시작한다. 실망스러운 것이 한두 가지가 아니지만, 가장 크게 MZ 직원을 좌절하게 만드는 것은 리더의 권위적 소통 방식이다. 연봉이 적거나, 업무가 적성에 맞지 않는 것보다 더 큰 불만 요인으로 다가온다.

연봉 수준은 이미 인터넷으로 알아보고 입사했으며, 업무는 시간이 지나면 바뀔 수 있기에 참을 수 있다고 생각한다. 하지만 권위적 조직 문화나 리더의 꼰대 언행은 바뀌기 어렵다고 이들은 판단하는 것이다.

사장님은 자수성가하시고, 열정적인 생활 모습이 우리가 본받을 만합니다.
직원들에게 말씀을 할 때 처음은 감동했지만, 이제는 정지된 시계 같아요.
지금은 '또 꼰대 소리 하는구나' 하고 생각하며, 참고 듣고 있어요.

MZ 직원들은 어릴 때부터 부모로부터 자신감과 자아 존중감을 갖도록 양육되어 왔다. 취업 9종 세트라는 말이 있을 정도로 스펙을 쌓아 왔기에, 스스로도 실력을 갖추고 있다고 자부한다.

이들이 직장 생활 초기에 리더로부터 인격을 무시당하거나 수직적인 조직문화를 만나면 벽을 만난 것처럼 견디기가 어렵다. 취업 전쟁의 시대에도 불구하고 입사 3년 이내에 사표 내는 직원들이 많은 것도 이 때문이다.

MZ 직원들이 리더에게 본능적으로 바라는 것은 '수평적 소통(Equal)'이다. 일방적 지시가 아니라 질문과 경청, 납득할 수 있는 설명을 기대한다.

반면에 이들이 가장 싫어하는 말이 "딴소리하지 말고, 시키는 대로만 하라."이며, 이렇게 소통하는 리더를 만나면 MZ 직원들은 사표를 고려할 정도로 고민하기 시작한다.

부장: 회의에서 MZ 직원들이 말을 하지 않아요.
직원: 말해 봤자, 결론은 늘 부장님 마음대로예요.

MZ 직원들의 특성인 에브리피시(EVRIPC)의 첫 번째가 Equal이다. 리더에게 무시당하지 않고 '수평적 소통'과 존중받고 싶은 욕구를 의미한다.

이 욕구를 충족해 주기 위한 리더의 핵심 스킬이 '지시하기에 앞서 질문'하는 것이다. 지시보다 질문에 의해 직원들의 다양한 아이디어와 공감대를 이끌어 내야 한다.

팀장: 코로나19로 고객 관리에 많은 변화가 있어야 우리 회사
　　　가 살아 남을 것 같아요.

돌파구를 찾는 데 젊은 두뇌를 돌려 봐요. 어떤 접근들이
있을까요?

대리: 먼저 국내외 다른 기업들의 사례들을 인터넷으로 폭넓
게 조사해 보고, 우리 직원들끼리도 브레인 스토밍을 개
최하는 것이 좋겠습니다.

현재의 리더들은 과거에 그들의 상사로부터 지시를 받으며 일해
왔기에, 질문하는 것에 익숙하지 않다. '지시보다 질문이 좋다'는 말에
공감하면서도 실제 행동은 그렇지 못한 이유이다.

리더들은 일방적 지시에 습관화되어 있다

유머 하나, 어느 대학의 교수가 기말 시험에 똑같은 문제를 수년간,
그것도 딱 한 문제만 출제했다. "마케팅이란 무엇인가?" 이러한 정보를
미리 입수한 학생들은 시험장에 들어가면서 다른 문제가 나오리라고
는 전혀 예상하지 않았다.

이윽고 답안지가 나눠지자 교수가 칠판에 문제를 적기도 전에 학
생들은 준비해 온 답을 써 내려갔다. 그러나 돌발사태가 발생했다. 칠
판의 첫 글자가 '마' 자가 아니라 '도' 자였던 것이다. 순간 학생들은 웅
성거리기 시작했으나, 교수는 다음과 같이 적는 것이었다. "도대체 마
케팅이란 무엇인가?"

《논어》공야장(公冶長)에 불치하문(不恥下問)하라는 말이 나온다.

"아랫사람이나, 지위나 학식이 자기만 못한 사람에게 질문하는 일을 부끄러워하지 않는다."라는 뜻이다.

요즘은 지식 반감기가 급속히 짧아졌다. 고학력과 정보 습득 능력이 탁월한 MZ 직원들에게 배우려는 마음으로 리더가 질문하는 것은 너무나 당연한 행동이 아니겠는가?

리더의 질문을 받을 때 MZ 직원들은 존중받는 느낌이 든다. "리더가 나를 인정해 주는구나." 하고 생각한다. 그런 측면에서 현장의 모든 리더들은 자신을 돌아볼 필요가 있다. 최근에 함께 근무하는 MZ 직원들에게 어떤 질문을, 몇 번이나 했었는지 떠올려 보자.

질문을 통하여 상대방이 계속 말하게 도와주는 리더를 헬퍼(Helper)라 하고, 상대방의 입을 닫아 버리게 하는 리더를 스토퍼(Stopper)라 부르기도 한다[48].

스토퍼는 질문하기보다 자신이 주로 말하는 것이 특성이다. 직원이 용기를 내어 말을 하면 5분도 안 되어, "무슨 말인지 알았고……." 하고 중단시키고, 자신의 의견을 말하기 시작한다.

반면에 직원들이 활발하게 말하도록 이끌어 주는 헬퍼는 질문을 계속 던진다.

고객 불만 사항을 해결하기 위해 새로운 접근은 어떤 것이 있을까요?

조금 더 설명해 주겠어요? 이 문제에 대해 다른 접근은 없을까요? 차이점은 무엇일까요?

이와 같이 리더가 질문으로 대화를 이끌면, MZ 직원들은 입을 열기 시작한다. 따라서 리더가 직원들의 아이디어를 이끌어 내고 토론을 촉진할 수 있기 위해서는 '좋은 질문'을 하는 기법을 알아야 한다.

좋은 질문을 하는 데 필요한 세부적인 기법에 대하여는 V장의 '지시보다 질문 스킬을 발휘하라'에서 자세히 설명하고 있으며, 여기서는 다만 'MZ 직원들에게는 질문으로 소통해야 한다'는 포인트를 확실하게 인식하면 된다.

다들 싫어하는 일은 막내가 해야 하나요

직장에서 누구나 생색내고, 중요한 업무를 담당하고 싶어 한다. 다른 사람 일을 뒤치다꺼리하거나, 단순 반복적인 일을 좋아하는 직원은 거의 없을 것이다.

그럼에도 불구하고, 다들 싫어하는 일을 누군가 해야 하는 상황이 되면, 리더는 흔히 신입이나 막내 직원에게 그 일을 시키는 경우가 많다. 기존 직원들은 자신들도 신입 시절에 그런 일을 해 왔기에 이를 당연하게 여기기도 한다.

하지만 조직의 위계 구조에 익숙하지 않고, 자부심과 존중받고 싶은 욕구(Equal)가 강한 MZ 직원들은 이런 상황을 못 견뎌 한다. "막내이기에 해야 한다."는 논리에 공감하지 않는 것이다.

누군가는 해야 할 일인 건 알겠는데, 그걸 왜 제가 해야 하죠?

선배들은 뚜렷한 개인 업무가 있는데, 저에게는 뒤치다꺼리
일이 너무 많아요.

수평적 소통과 존중받고 싶은 욕구가 강한 MZ 직원에게 "뒤치다꺼
리 업무는 당연히 막내가 해야 한다."는 논리는 이들의 반감을 산다.
이에 대한 리더의 해결 방안으로 다음의 두 가지를 생각할 수 있다.

**첫째, 조직의 특성상 막내 직원에게 맡겨야 할 때에는 그 상황을 납
득되는 방법으로 충분히 설명해 주어야 한다.**
예컨대 누구나 업무 경험이 쌓여 가면서, 차츰 독자적인 일을 맡게
되는 역할 배분의 흐름을 MZ 직원에게 설명해 주자.

**둘째, 막내가 아니라 직원들 모두가 그런 일을 공평하게 분담하는
방침을 Ground Rule(공동 규칙)로 정하자.** 그리고 정해진 방침에 따
라 리더 자신도 솔선해서 참여하자.

부장: 부서의 주간 업무실적 정리는 다들 싫어하는 일이지만,
　　　누군가는 해야 합니다.
과장: 그런 일은 막내가 하다가 신입이 들어오면 넘기는 게 관
　　　행 아닙니까?
막내: 3년째 계속 막내입니다. 저도 좀 독자적 일을 하고 싶습
　　　니다.
차장: 막내가 고생이 많네요. 앞으로 직원들이 한 달씩 교대로

맡으면 어떻습니까?

부장: 부장인 저도 한 달씩 맡겠습니다. 여러분 어떻습니까?

(모두, 좋습니다)

Voice(자기 주장) 특성과 대응 스킬

MZ 직원의 에브리피시(EVRIPC) 특성 중 두 번째가 Voice이다. 리더가 지시하면 고분고분하게 들었던 기존 세대와 달리 자기 목소리를 낸다는 특성을 지칭한다. "시키는 대로 따라 주세요." 하고 리더가 말하면, "왜 그래야 되는데요?" 하고 반발하기도 한다.

리더의 입장에서는 직원들에게 무언가를 지시하면, 모두가 "예, 알겠습니다." 하고 따라 주면 마음이 편하다. 그러나 "이것은 제 일이 아닌데요." 하고 반박하는 직원이 있으면 화가 나기도 한다.

리더들이 "요즘 직원들은 일 시키기가 힘들어."라고 불평할 때, 그 배경의 상당 부분은 MZ 직원들의 'Voice(자기 주장)' 특성이 자리잡고 있다.

팀장: 우리 제품에 대한 소비자 불만이 많은데 어쩌면 좋겠어요?

직원: ······.

대리: 팀장님, 저희들이 아무 말을 안 하는 이유를 모르십니까? 팀장님은 감각이 무딘 것 같습니다.

팀장: 뭐? 내가 감각이 무디다고? ······(화를 참으며) 다들 의견들 말해 보세요.

대리: 대책을 말해 봤자 팀장님은 또 이런저런 이유를 댈 것 아닙니까?

팀장: (감정적으로 화를 내며) 뭐가 어쩌고 어째? 이런저런 이유를 대?

고분고분하지 않고 목소리를 내는 MZ 직원들과 리더가 감정 대립을 예방하며 지낼 수 있는 방법은 무엇일까? 그 첫째는 'MZ 직원들은 순종적이지 않고, 자기 목소리를 낸다'는 특성 그 자체를 인식하는 것이다.

이 사실을 리더가 감안하고 있으면, 실제 상황에서 MZ 직원의 입으로부터 '돌직구'가 날아와도 흥분하지 않을 수 있다. 마음의 준비를 하고 있기 때문이다.

대리: 대책을 말해 봤자 부장님은 또 이런저런 이유를 댈 것 아닙니까?

팀장: 그동안 여러분 의견을 수용하지 못한 경우가 더러 있었던 것도 사실입니다.
앞으로 불가피한 경우가 있을 때는 그 배경을 자세히 설명하겠습니다.

신입: 그렇게 해 주시면, 저희도 다양한 의견을 말할 수 있을
    것입니다.

MZ 직원들이 반박할 때에 리더가 어떻게 반응하느냐가 갈등 예방의 분수령이 된다. 위 대화에서처럼 리더가 감정적으로 반응하지 않고, 직원의 돌직구 목소리를 포용하면 생산적인 쌍방 소통이 활성화되는 조직이 될 수 있지 않겠는가?

반론을 제기하는 MZ 직원을 '포용'한다는 것은 무슨 뜻일까? 그 의견을 '채택'한다는 뜻이 아니다. 직장에서 다양한 이슈와 관련자들이 있는 상황에서, 리더가 특정 직원의 의견을 채택하지 못할 때가 있을 수밖에 없기 때문이다.

따라서 포용한다는 것은 '어떤 표현으로 반응하느냐'의 문제이다. 직원의 의견은 채택하지 못해도, 경청하고 공감해 주는 것이 포용이며, 이에 대한 실행 스킬에 대하여는 Ⅷ장의 '의견이 다를 때의 PCS 대화'에서 자세히 설명하고 있다.

포용하지 않으면 MZ 직원들은 입을 닫는다

직장 생활 초기에는 대부분의 MZ 직원들이 목소리를 낸다. 아직은 위계적 조직문화에 익숙하지 않고, 회사와 리더를 위해 건의해야 되겠다는 열정이 남아 있을 때이다. '이렇게 하기보다 다르게 하는 것이 좋을 텐데' 하는 애사심과 의욕의 발로이다.

이 시기에 리더가 MZ 직원들의 반론을 포용하고, 경청과 질문 등 존중의 대화를 이어 가면 그들은 계속 활기차게 의견을 제시한다. 이런 측면에서 "신입사원이 직장에서 처음 만나는 리더가 누구냐에 따라 직장 생활의 운명이 달라진다."는 말이 생겼다고 해도 과언이 아니다.

하지만 이 시기에 MZ 직원의 목소리를 리더가 포용하지 않으면 이들은 서서히 입을 닫는다. 리더의 지시에 "예, 알겠습니다." 하는 '넵무새'로 변해 가는 것이다.

회사가 잘되기를 바라는 마음에서 하는 MZ 직원의 주장에 대해, "뭐가 어쩌고 어째? 이 사람 참 기분 나쁘게 말하네." 하고 리더가 반응하면 MZ 직원은 빠르게 침묵 모드로 변해 간다.

나아가 면박 수준은 아니더라도, 리더가 거절의 이유를 논리적으로 설명해 주지 않으면 직원들은 조금씩 입을 닫아 버린다. "말해 봤자 결론은 리더 마음대로이다."라고 하는 불평들이 이에 해당한다.

따라서 직원의 제안을 거절하는 이유에 대해 전후좌우 맥락과 함께 논리적으로 설명해 주어야 한다. 그러면 MZ 직원은 '그래야 되겠구나' 생각하며, 리더의 결론에 공감하게 된다. 말귀가 어두운 세대가 아니기 때문이다.

MZ 직원의 반론은 리더에게 유익하다

유머 하나, 미국 트루먼 대통령에게 한 경제학자가 국가 경제에 대한 건의를 할 때였다. 정책을 제시하면서 그는 '한편(on the one hand)

으로는 이렇고, 다른 한편(on the other hand)으로는 저렇고' 하면서 한참 설명을 했다. 보고가 끝나고 비서만 있을 때 트루먼이 말했다. "어디 가서 팔이 하나밖에 없는 전문가를 구해 오게."

누구나 자신의 의견에 대하여 순응하지 않고, 반론을 말하는 사람을 포용한다는 것은 쉽지 않다. 직장의 리더도 마찬가지이다. 그렇기에 직원의 반론에 화를 내지 않고, 얼마나 포용하며 소통할 수 있느냐가 그 리더의 크기를 좌우한다는 말이 틀린 표현은 아니다.

생각해 보면, 직원의 반론은 리더의 기분을 나쁘게 하기 쉽지만, 궁극적으로는 리더를 도와주는 경우가 많다. 무엇보다 리더의 판단 착오를 줄일 수 있는 순기능을 한다. 판사가 재판에서 원고와 피고의 상반된 주장을 들어야 공정한 판결을 할 수 있는 것과 같은 이치이다.

직장의 회의나 토론에서도 반대 없는 의사결정은 위험하다. 리더혼자의 판단이기에 잘못된 결정에 다다를 가능성이 높기 때문이다.

리더들에게 "어떤 직원과 함께 일하고 싶은가?" 물어보면 흔하게 나오는 대답이 있다. '성실하고 긍정적이며, 지시사항을 순순히 이행하는 직원'이다.

하지만, 이러한 생각으로는 직원들의 다양성과 헌신을 끌어내는 슈퍼 리더로 발전할 수 없다. 반론이나 자기 주장을 하는 직원을 미워하지 않고, 오히려 환영할 수 있어야 한다.

MZ 직원들의 반론은 리더와 조직 발전에 유익하다는 것은 논란의여지가 없다. 그런 이유에서 순종형 직원보다는 리더의 지시에 의문을품고, 다른 의견을 제시하는 직원을 포용하는 정도가 그 사람의 리더다움을 가늠하는 척도라고 해도 전혀 과장된 말이 아니다.

금세기 최고의 경영자로 불렸던 GE의 잭 웰치 전 회장은 성공 비결을 묻는 질문에 대해 다음과 같이 대답했다. "내 생각과 다른 의견을 가진 직원들과 활발한 토론을 통하여 사업 아이디어를 얻었다. 한마디로 직원으로부터 배우는 데 있었다."[66].

중국 후베이성에는 세계 1위 수력발전량을 가진 산샤댐이 있다. 2003년 댐이 완공되었을 때 기자들이 "가장 큰 공헌을 한 사람이 누구냐?"고 물었을 때, 설계 책임자가 대답했다. "댐 건설을 반대한 사람들이다. 만약 그들이 초기 설계의 단점과 반대 의견을 내지 않았더라면, 산샤댐의 설계가 지금처럼 완벽할 수는 없었을 것이다."[16].

다음은 S사 임원이 필자와의 인터뷰에서 한 말이다. "내 밑에 극단적인 성격을 가진 직원이 한 명 있다. 솔직히 그 사람만 보면 마음이 불편하다. 그는 내가 잘못 생각하고 있다고 거침없이 말한다. 기분이 나쁘지만 내 판단의 빈 부분을 채워 주기에, 없어서는 안 될 사람이다."

만약 리더가 직원들로부터 좋은 말만 듣게 되면 결과적으로 어떻게 변해 갈까? '나는 유능하며 잘하고 있다'라고 하는 '리더십 인플레이션 증후군'에 빠지고 만다.

직원들의 반론은 옳을 때가 많다

MZ 직원들은 바보가 아니다. 직장에서 편하게 근무하려면 리더에게 찍히지 않는 것이 좋다는 것을 모르지 않는다. 그럼에도 불구하고 리더가 시키는 대로 따르지 않고, 자신의 목소리를 내는 데에는 그럴 만한 이유가 있다. 그 이유는 다음과 같은 세 가지 상황으로 구분할 수 있다.

▶ 리더의 지시보다 자신의 의견이 옳다는 강한 믿음이 있을 때
▶ 옳은 결정으로 회사와 리더가 잘되기를 바라는 열정이 있을 때
▶ 리더가 싫어서 협조할 마음이 없고, 일 추진을 방해하려고 할 때

여기서 세 번째의 경우는 극히 적다. 인사평가 권한을 가진 리더에게 반기를 든다는 것은 자신에게 손해라는 것을 모르는 직장인은 없기 때문이다.

따라서 세 번째의 경우가 아니라면 리더의 의견에 반론을 제시하는 것은 어떤 이유에서든 긍정적인 가치가 있다는 사실에 유의하자. 한마디로 리더와 조직을 위하는 충정에서 비롯되었다고 받아들여야 한다.

기존 세대는 상사의 지시를 반박하는 것을 금기로 알고 살아왔지만, 요즘의 MZ 직원들은 반론의 목소리를 낸다. 감정적 대립이 아니라, 납득이 되도록 리더가 설명해 달라는 것이다. 이런 측면에서 이들을 'WHY세대'라 부르기도 한다.

왜 정해진 시간보다 먼저 출근해야지요? 원칙을 지키는 것이
정상 아닌가요?

이건 제 일이 아닌데, 왜 제가 해야 되지요?

수시로 이런 일 저런 일을 시키려면, 개인별 업무 분장은 왜
합니까?

이제부터 리더는 MZ 직원과 대화할 때에는 당황스러울 정도의 목
소리(Voice)가 나올 것을 예상하자. 버릇이 없어서가 아니라, 성장하
면서 내재화된 그들의 소통 방식이기 때문이다.

따라서 먼저 그들의 의견을 포용하며 들어 준 후에, 리더의 의견을
맥락적으로 자세히 설명해 주자. '왜'에 대한 충분한 설명으로 '내면적
동의'가 되도록 말해 주면, 이들은 비로소 열심히 일하기 시작한다. 셀
프 리더로 성장해 가는 순간이다.

Reward(빠른 보상) 욕구와 대응 스킬

MZ 직원들의 6가지 특성인 EVRIPC(에브리피시)의 세 번째는
Reward(빠른 보상)에 대한 욕구이다. 이들의 명제는 더 멀리, 더 높이
가 아니라 더 빨리이며, 현재의 직장에서 끝까지 함께할 생각도 별로
없다. 다른 직장에서 더 많은 보상을 받을 수 있으면 미련 없이 이직을
선택하는 세대이다.

기존 세대에게는 직장을 자주 바꾸는 것이 '문제 있는 사람'으로 인식
되었지만, MZ세대에게는 오히려 능력 있는 사람으로 보이기까지 한다.

이들에게 리더가 10년 후의 회사의 비전을 이야기해 봐야 별 관심이 없다. "10년 후에 내가 여기에 있을지 없을지 누가 알아?" 하고 코웃음을 친다.

빠른 보상의 욕구는 금전적이든 비금전적이든 그때그때 이루어지기를 바라는 것이다. MZ 직원들에게는 참고 기다리면 좋은 때가 온다는 리더의 설득은 효과가 거의 없다.

부장: 박 대리, 참고 지내다 보면 연봉도 올라가고 좋을 때가
       올 거야. 우리 때도 다 그렇게 지내 왔어.
직원: 훗날보다 지금의 성과에 따른 보상이 제대로 돼야 하는
       것 아닙니까?

그렇다고 MZ 직원들이 바라는 보상이 돈이나 승진에만 있다고 생각하면 오산이다. 업무를 통해 전문가로 성장하는 능력개발의 환경을 마련해 주는 것도 보상이다. 따라서 MZ 직원들은 커리어 개발에 도움되는 교육 기회가 있다면 연봉이 좀 적어도 감수하며, 승진이 늦어도 수용할 수 있다.

나아가 보상에는 연봉, 승진, 복지 등 돈이 들어가는 '물질적 보상'에만 한정되지 않는다. 인정과 칭찬 등 '심리적 보상'도 중요하다. 이들은 부모와 선생님으로부터 인정과 칭찬을 받으며 성장해 온 세대이기 때문이다.

기존 세대가 학생 시절에 받은 상은 우등상, 개근상, 정근상의 세 가지 정도였지만, MZ 직원들의 학창시절에는 노력상, 성적 개선상, 봉

사상, 창의상, 청결상 등 모두 나열할 수 없을 정도로 다양하다.

칭찬받으며 성장한 이들은 직장인이 되어서도 칭찬을 받지 못하면 의욕이 떨어진다. 기존 세대는 "혼나지 않으면 그것이 칭찬이다."라고 생각하며 살아왔기에, 상사의 칭찬이 없어도 그러려니 하며 별 문제없이 근무한다.

하지만 MZ 직원들과 일하는 지금의 리더는 달라져야 한다. 빠른 보상과 '칭찬'을 실행하는 것이 이 시대 슈퍼 리더에게 요청되는 필수적 스킬이다.

하지만 조직의 내부를 들여다보면 칭찬 중심의 긍정 리더십을 실행하는 리더들은 의외로 많지 않다. "칭찬은 고래도 춤추게 한다."는 말은 지식으로 알고만 있을 뿐 행동으로 실천하지 않는 리더가 대부분이다.

이제 리더는 칭찬거리가 없는 MZ 직원들까지 성장시키는 칭찬 스킬을 배워야 한다. 이에 관한 자세한 내용은 Ⅲ장 '긍정 리더십이 사람을 변화시킨다'에서 설명하고 있다.

우선 여기서는 MZ 직원들의 물질적 보상에 대한 욕구를 어떻게 충족해 갈 것인가를 생각해 보자.

칭찬과 같은 심리적 보상과 달리 물질적 보상 욕구를 관리하는 데에는 리더에게 제약 사항이 많다. 예컨대 팀장, 부장 등 조직의 중간 리더라면 직원에게 승진이나 보너스 등을 결정하는 데 재량권이 별로 없기 때문이다.

팀장이지만 제가 직원 승진에 결정 권한이 있습니까? 월급을 올려 줄 수 있습니까?

직원들은 "내년에 꼭 승진시켜 주세요. 회사 복지 제도를 개
선해 주세요." 등 건의사항과 불만이 많은데, 샌드위치 신세인
제가 별 영향력이 없습니다.

이처럼 리더가 MZ 직원들의 물질적 보상 욕구를 충족해 주는 데에
는 운신의 폭이 좁은 것은 사실이지만, 그렇다고 대책이 전혀 없는 것
은 아니다.

다음과 같이 직원들 개개인의 보상에 대한 니즈(Needs)를 파악하
고, 그에 따라 개인별 보상 수단을 다양화하는 것이 중요한 해결 전략
이다.

MZ 직원들의 보상 니즈를 다양화하자

두 자매가 냉장고에 하나뿐인 오렌지를 서로 갖겠다고 싸우고 있
는 상황을 생각해 보자. 이때 부모가 "자매끼리 서로 양보해야지, 왜
싸우고 그래? 딱 반으로 쪼개서 공평하게 나눠라."라고 하거나, 가위바
위보로 정하라고 하면 50점밖에 안 되는 해결책이다.

지혜로운 부모라면 자매들의 욕구를 물어봐야 한다. 그랬다면 언
니는 '오렌지 껍질로 얼굴 마사지를 하기 위해서'였고, 동생은 '먹고 싶
어서'라는 것을 알 수 있다. 그러면 해결책은 당연히 오렌지를 까서 껍

질은 언니가 전부 갖고, 알맹이는 동생이 전부 먹는 것이다. 이것이 100점짜리 해결책이다.

천상천하 유아독존(天上天下 唯我獨尊)이라는 말을 우리는 알고 있다. 개인을 뜻하는 영어 Individual의 의미도 Impossible(불가능한)과 Divide(나누다)를 합친 말이다. 모든 개인은 유일무이한 독특한 존재이며, 갖고 싶은 욕구도 사람마다 다를 수밖에 없다는 뜻을 내포한 표현이기도 하다.

직장인들의 경우를 생각해 보자. 대부분 승진하여 팀장, 부장이 되고, 잘하면 임원까지 올라가고 싶어 하지만, 승진에 대한 니즈가 모든 직원들에게 동일한 것은 아니다. "팀장이 돼 봐야 직책 수당은 많지도 않고 스트레스만 많다."고 말하며, 아예 승진을 원하지 않는 직원들도 있다.

기존 세대는 직장에서의 빠른 승진이 모두에게 해당하는 성공의 대명사였다면, 오늘의 MZ 직원들은 사생활과 소확행(小確幸)에 대한 개인별 니즈도 다양하다. 기존 세대는 결혼하고, 승진하고, 집 사고, 대학원 진학 등과 같이 목표가 비슷했다면, 오늘날의 MZ 직원들은 직장 생활의 목표와 가치가 훨씬 더 복합적이다. 하나의 성공 방식에 모두가 따라가지 않는 것이다.

심지어 승진을 원하는 직원의 경우에도 그에 대한 절박성은 개인에 따라 또 차이가 난다. 다른 어떤 것보다 승진을 절실하게 원하는 직원이 있는가 하면, 교육이나 능력개발 기회가 있으면 승진은 좀 늦어도 좋다고 생각하는 직원도 있다.

직원A: 저는 현재 업무에 전문가로 성장하기 위해 교육 기회
　　　가 많은 것을 승진보다 더 원합니다.

직원B: 저는 맞벌이하는 엄마인데, 아이 유치원 케어를 위해
　　　출퇴근 시간을 조절할 수 있게 해 주시면 팀장님께 만
　　　족합니다.

직원C: 일이 많아도 좋아요. 임원에게 대면 보고를 자주하고,
　　　인정받아 빨리 승진하고 싶어요.

어느 조직이나 승진 인원은 경쟁을 통하여 소수 직원만 선택되며, 좁은 문에 서로 들어가려는 상황 때문에 인사평가 시기가 되면, 리더와 직원들 모두가 홍역을 치르게 된다.

이때 리더가 직원들 개개인의 다양한 보상 니즈를 파악하고, 이에 상응한 차별적 보상 방안을 평소에 관리하면, 모두에게 좀 더 만족스러운 상생의 결과를 가져올 수 있다.

직원들의 보상 니즈를 찾아내는 방법

리더가 직원들의 보상 니즈를 파악하기 위한 방법에는 다음의 두 가지가 있다. '우선순위에 의한 보상 니즈 진단법'과 '1:1 정서적 소통에 의한 질문법'이다.

첫째, 우선순위에 의한 보상 니즈 진단법.

우선순위 진단법은 아래와 같이 직원들이 원할 것으로 예상하는 보상 니즈의 희망 항목 리스트를 만들어 보면 된다. 리더가 먼저 초안을 만든 후에, 이것을 3~4명의 직원들에게 보여 주고, 그들에게 다른 니즈가 있으면 추가하게 한다.

이런 방법으로 부서 직원의 보상 니즈 리스트를 완성할 수 있다. 그리고 이 완성된 리스트를 직원들에게 배부하고, 각자에게 보상의 우선순위를 부여해 보도록 요청하는 방식이다.

우선순위에 의한 보상 니즈 차별화

희망 항목	우선순위
업무를 통해 승부를 걸고 빠른 승진을 원함	
교육 기회 등 능력개발과 전문성 증대를 원함	
일과 가정의 균형, 가족과 함께할 시간을 원함	
초과 근무를 하더라도 많은 보수를 받기를 원함	
복잡한 일보다 단순하며 책임이 적은 일을 원함	
창의적인 아이디어와 신기술 개발의 기회를 원함	
기타(*위 항목 외 개인 의견 추가)	

위 항목들은 대부분의 직장인들이 원하는 사항들이다. 그러나 이 중에서 우선순위를 매겨 보게 하면 직원마다 차이가 드러난다. 그러면 이를 통해, 리더는 제한된 보상 자원 속에서도 직원들 개개인의 물질적 보상 니즈를 충족해 갈 수 있는 운신의 폭을 넓힐 수 있다.

둘째, 1:1 정서적 소통에 의한 질문법.

위 우선순위 방법은 직원들의 보상 니즈를 알아내는 초벌 구이에 해당하며, 부서원 전체를 대상으로 한 1차적이고 정량적 자료에 불과하다.

이제 이 정량적 자료를 출발점으로 하여, 리더는 산책이나 커피 타임 등 편안한 시간대에 직원 한 사람씩 1:1 대화를 거치면서, 각자의 상황을 들어 보아야 한다.

속마음을 들을 수 있는 이 1:1 대화에서 어떤 직원이 만약 "승진도 하고 싶고, 교육 기회도 갖고 싶다."고 말한다면 어떻게 해야 할까? 이때는 간단히 둘 중에 어떤 것이 우선인지를 물어보면 된다.

> 부장: 김 대리, 올 한 해 동안 좋은 성과가 있기를 바랍니다. 내가 관심을 가져야 할 김 대리의 올해 보상 니즈는 어떤 것들이 있을까요?
>
> 대리: 야간 대학원에 다니는데 수, 목요일은 5시에 퇴근해야 합니다.
>
> 이 점을 좀 배려해 주시면 감사하겠습니다.
>
> 부장: 대학원 공부뿐 아니라 승진도 중요할 텐데, 우선순위를 매긴다면 김 대리는 무엇이 더 중요합니까?
>
> 대리: 둘 다 하고 싶지만, 당장은 대학원을 마치는 것이 우선입니다.

자신이 원하는 보상 니즈에 대해 리더로부터 질문을 받은 직원은 어떤 느낌이 들까? 자신을 챙겨 주려는 리더의 관심을 고맙게 생각하며, 나아가 존중받는 느낌을 갖게 된다.

IT Native(IT 원주민) 특성과 대응 스킬

MZ세대의 특성인 에브리피시(EVRIPC)의 네 번째인 I는 'IT Native'를 나타낸다. Native는 원주민이라는 뜻인데, 태어나자마자 PC와 스마트폰을 옆에 두고 성장했다는 의미이다. 이들은 IT 기술의 변화를 잘 따라잡고, 전자 기기를 다루는 능숙함은 기존 세대가 따라갈 수 없을 정도로 능숙하다[61].

K사 박 상무가 경험한 사례이다. 임원들 중에서 컴퓨터 활용 능력이 출중한 그는 직원들에게 시켜도 되는 위치에 있지만, 웬만한 PC작업은 자신이 직접 처리한다. 그러던 어느 날 엑셀 자료를 분석하는데 막히는 부분이 있어 MZ 직원을 불러 도움을 청했다. 그 직원은 "제가 컴퓨터를 좀 만져도 될까요?" 하고 양해를 구하더니, 상무는 알지도 못하는 기능키로 5분 만에 문제를 해결해 버렸다. 상무는 감탄했다. '내가 한 시간 동안 씨름한 것을 순식간에 해결해 버리네…….'

S사 팀장의 또 다른 사례를 보자. 팀원들과 업무 회의를 시작하는데, 필기 도구도 없이 회의에 참여하는 MZ 직원을 보고 나무랐다.

팀장: 김 대리, 회의에 노트도 없이 참여하면, 논의사항을 어떻게 기록하지요?

직원: 저는 스마트폰으로 메모하면 돼요. 그것이 편하고 빠릅니다.

팀장은 언짢은 마음을 속으로 삭이면서 미팅을 진행했다. 그런데 미팅을 마치고 자리에 와서 PC를 켜 보니, 아뿔싸! 회의 내용이 잘 정리되어 이미 정보공유 사이트에 업로드되어 있는 것을 보고 놀라지 않을 수 없었다. MZ 직원의 IT 활용 능력을 팀장이 몰라봤던 것이다.

일의 방향성을 제시하고 권한을 위임하자

MZ 직원의 IT 능력을 업무 수행에 활용하기 위해서는 그들에게 자율성을 부여해야 한다. 과거에는 리더의 전문성과 지식이 직원보다 앞섰기에 "시키는 대로 하라."고 해도 통했다.

하지만 지금은 1년이 다르게 IT 기술과 업무 기술이 변하고 있고, 이에 대한 MZ 직원들의 능력은 관리자를 크게 앞선다. 이들의 잠재력을 끌어내기 위한 방안은 '일의 방향성을 제시하되, 추진 방법은 위임하기'가 되어야 마땅하다.

MZ 직원에게 자율성을 증대해야 하는 이유는 한 가지 더 있다. 수평적 소통(Equal)에 대한 욕구가 강한 MZ 직원은 일 처리 과정에서 일방적으로 간섭 받는 것을 무척 싫어한다. 자신이 하는 일의 의미와 가치를 생각하며, 일을 통해 성장할 수 있기를 간절히 원하는 세대이다. 이들의 욕구를 만족시켜 주려면 일 처리에 대한 권한과 자율성을 확대해 주어야 한다.

미국 미시간 대학의 탄넨바움(R. Tannenbaum) 교수는 "직원이 스스로 업무를 통제하고, 영향력을 행사한다고 믿을수록 조직의 성과와 만족도가 높아진다."고 하였다[20]. 기존 세대라고 자율성에 대한 욕구가 없었던 것은 아니지만, MZ 직원에게는 그 욕구가 훨씬 더 크다고 할 수 있다.

여기서 잠깐 리더의 입장을 생각해 보자. 리더에게는 그동안 자신이 해 왔던 업무 방식이 있었으며, 그렇게 함으로써 성공한 경험들이 축적되어 있다. 인지상정으로 이것을 직원들에게 전수해 주고 싶은 마음이 생길 수 있다. 하지만 이를 중단하지 않으면, MZ 직원들에게는 영락없는 꼰대 리더로 비치게 마련이다.

우리 부장님은 자신이 해 왔던 방식을 최선으로 믿고 있어요.
예컨대 보고서 작성 때는 미리 백지에 스케치를 한 후에 문서를 작성하라고 강요해요.
자신의 방식을 우리에게 강요하는 것은 개개인의 창의성을 살리지 못한다고 생각합니다.

MZ 직원에게 일의 방향성을 제시한 후, 자율성을 부여하면 근무 의욕과 업무 성과가 크게 올라간다. "요즘 직원들에게 일을 맡겨 보면, 예상보다 결과물이 좋은 경우가 많습니다." 자율성을 부여하여 성공한 리더들이 자주 하는 말이다.

IT 원주민인 MZ 직원들이 업무 수행에서 리더보다 더 잘할 수 있는 강점 영역들은 다음과 같다[69].

▶ 멀티미디어 활용 능력

▶ 반짝이는 아이디어

▶ 관련 업종에 대한 이론적인 지식(*최근 학교 졸업)

▶ 다양한 분야의 트렌드(*정보 검색 습관)

▶ 글로벌 역량(*외국어 능력)

▶ 업무 스피드(*실시간 소통 습관)

▶ 조직에 대한 객관적 시각(*고정관념 적음)

▶ 다양성과 감수성

▶ 협업 마인드(*대학의 그룹 과제 수행 경험)

▶ 성취 지향성과 성장 욕구

MZ 직원에게는 피드백이 빨라야 한다

MZ 직원의 IT 원주민 특성으로부터 파생되는 또 다른 욕구는 '빠른 피드백'에 대한 기대이다. 이들은 학생 시절부터 모바일폰으로 실시간 연결되어 친구들과 즉각적인 회신을 주고받았다.

채팅과 인스턴트 메시지에도 응답이 빨리 이루어지기를 기대한다. 카카오톡이나 메신저 등에서 상대방이 메시지를 읽었다는 표시가 뜨는데 답장이 늦어지면 무시당했다고 생각하는 세대이다[61].

MZ세대가 많이 이용하는 상품을 인터넷으로 구매해 보았는가? 이들이 '어떤 제품이 좋을까' 판단할 때의 한 가지 중요한 기준은 배송 스피드이다. 댓글을 읽어 보면 "빨리 배송되어 좋았어요.", "어제 주문했는데 오늘 왔네요.", "총알 배송되었어요." 등이다.

주문을 하면 배송이 시작됐는지, 어디쯤 오고 있는지 바로 알고 싶어 한다. 하루 이틀 기다리는 것이 무슨 문제가 되길래 이들은 그토록 난리일까?

MZ세대는 손가락이 보이지 않을 정도로 스마트폰에 문자를 입력하는 '엄지족' 소리를 들으며 성장해 왔기에, 문자 입력에도 스피드를 위해 줄임 말을 많이 쓴다. 예를 들어 문화상품권은 '문상', 파리바게트를 '빠바', 고기 뷔페를 '고부', 초밥 뷔페는 '초부'로 말한다.

친구들과 24시간 연결되어 있고 실시간 반응에 길들여진 이들은, 직장에서도 리더에게 '빠른 피드백'을 요구한다. 리더와 MZ 직원이 충돌하는 지점이 바로 피드백의 스피드가 되는 이유가 여기에 있다.

따라서 리더가 심사숙고를 하느라 회신이 늦어지면 이들은 강한 거부감을 느낀다. 이들이 "팀장님 검토 부탁드립니다."라고 말할 때 '지금 당장!'의 뜻이 숨겨져 있다고 보면 틀림 없다.

두 시간 전에 보낸 메신저에 부장은 아직도 회신이 없네. 하급 직원이라고 사람 무시하는 것 아니야?

윗사람에게는 해바라기처럼 쩔쩔매면서 나에게는 쌩까네⋯⋯.

그것도 빨리 처리 못 하시나? 능력이 그것밖에 안 되시나?

MZ 직원은 피드백이 빠른 리더를 능력이 있다고 간주한다. 따라서 리더가 MZ 직원의 신뢰를 얻으려면, 신속한 피드백이 이루어 지도록 각별한 주의를 기울여야 한다는 점에 유의하자.

만약 리더가 다른 사정상 피드백이 늦어질 때에는 어떻게 해야 할까? 두 말할 것도 없이, 그 상황을 바로 알려 주고 직원의 양해를 얻어야 한다.

무슨 일 때문에 리더가 바쁜지 간단히 말해 주고, 언제쯤 피드백을 해 줄 수 있을지를 알려 주자. 그러면 실시간 피드백을 원하는 MZ 직원이라도 리더의 상황을 이해하고, 불만 없이 기다리며 다른 일에 집중한다.

직원: (카톡 문자로) 부장님, 상품 기획서를 메일로 드렸는데 검토 바랍니다.

리더: 아! 김 대리, 빨리 피드백을 해야 하는데 내가 지금 사장님 지시사항 때문에 오늘은 틈이 없네요. 낼 오전까지 좀 기다려 주겠어요?

직원: 알겠습니다. 그럼 낼 오전까지 의견 주시면, 오후에 기획서를 완성하겠습니다.

Private(사생활 중시) 욕구와 대응 스킬

기존 세대는 과거에 초과근무 수당 욕심에 야근이나 휴일 근무를 반겼지만 오늘날의 MZ세대는 다르다. 돈을 더 준다고 해도 야근은 싫어한다. 정시에 퇴근하고, 주말에는 쉬고 싶은 '사생활 중시의 욕구'가 강하기 때문이다.

사생활 중시에 대한 이들의 욕구 때문에 과거의 근무 관행에 습관화된 리더와 다음과 같은 여러 유형의 갈등들이 발생하고 있다.

우리 부장님은 사무실에 늦게까지 있는 것을 미덕이라고 생각해요.
일을 끝내고 정시에 퇴근하면 '벌써 가는 거야?' 하고 말하는데, 참 어이가 없죠.

우리 팀장님은 9시 정시에 맞춰 출근하면 표정이 안 좋습니다. 9시 전에 출근해서 워밍업을 마쳐야 한다고 합니다. 일찍 출근하면 그만큼 일찍 퇴근시켜 주지도 않으면서······.

사생활 중시와 관련된 또 다른 욕구가 '소확행(小確幸)'에 대한 욕구이다. 이 말은 일본 작가 무라카미 하루키의 수필집에서 처음 등장한 말인데 '작지만 확실한 행복'을 의미한다. 갓 구운 빵을 손으로 찢어 먹는 것, 핫 플레이스를 방문하고 맛집을 탐방하는 것 등이 소확행이다.

어떻게 될지 모르는 미래에 투자하기보다 확실한 오늘의 행복을 누리는 것이 더 낫다는 것이 MZ 직원들의 생각이다[67]. 이들의 사생활 중시와 소확행에 대한 욕구 때문에 리더와 종종 다음과 같은 갈등을 일으킨다.

회사에서 진행 중인 중요 프로젝트가 마무리 단계라 관련 직원들의 집중 근무가 필요한 시기인데, 담당 직원이 갑자기 야근을 못 한다는 겁니다. 이유가 뭔지 아세요?
헬스장에 개인 지도를 받기로 예약되어 있어서 가야 한답니다. 이게 말이 됩니까?

리더들은 생각한다. "MZ 직원이 너무 이기적이고 조직에 대한 충성심이 부족하다"고. "직장인이라면 당연히 업무가 우선이며, 취미 생활은 시간 여유가 있을 때 해야 한다"고. 물론 기존 세대 리더들은 지금까지 그렇게 살아왔던 것도 사실이다.

하지만 MZ 직원들은 완전히 다르다. 피해 받기도 싫고, 피해 주기도 싫다며 주어진 역할 이상으로 조직에 충성할 마음이 없다. 직장에서 리더와 동료들과도 '근무 시간 중의 일을 위한 관계' 이상으로 친하게 지낼 생각도 별로 없다.

"MZ 직원들과 일하기가 참 힘들다."는 리더의 말에는 MZ세대의 '사생활 중시와 소확행 추구'의 특성이 바닥의 원인으로 작동하는 경우가 많은 것이 사실이다.

한번은 일이 바쁠 때 MZ 직원이 조퇴를 한다기에 사유를 물으니 공연을 봐야 한답니다.

미리 예약해 놓았다며 미안해하는 기색도 전혀 없더라구요.

중요 프로젝트를 목전에 두고 휴가를 가는 MZ 직원을 보면, 이해하기가 참 힘들어요.

리더들은 기대한다. 일이 많거나 바쁠 때는 휴가나 출퇴근도 알아서 좀 조절해 주기를. 하지만 MZ 직원은 "9시 출근이 원칙 아닌가요?" 또는 "이 일은 제 일이 아닌데, 왜 저에게 시키세요?" 하고 자기 주장을 한다. 이럴 때 리더가 어떻게 대처해야 할까?

흔히 MZ 직원과 좋은 직장을 만들기 위해서는 "리더가 변해야 한다."고 강조한다. 하지만 이 말은 반은 맞고, 반은 틀린 말이다. 리더가 변해야 할 부분도 있지만 동시에 MZ 직원들이 변해야 할 부분도 분명히 있기 때문이다.

먼저 리더가 변해야 할 사항을 살펴보자. 사생활과 소확행을 중시하는 MZ 직원을 리딩하는 데에는 '업무에 지장을 주지 않는 개별 행동은 존중'해 주어야 한다. 그렇지 않고, '개인보다 단체가 우선이다'고 말하며 개별 행동이 많은 직원을 못마땅하게 대한다면 꼰대 소리를 들을 수밖에 없다.

그렇다면 사생활 중시(Private) 특성과 관련하여 MZ 직원들이 변해야 할 부분은 무엇일까? 워라밸을 찾고 사생활에 충실한 그 자체는 당연히 장점이라고 할 수 있을 것이다. 다만 그것이 공동체로서의 조직이 정상적으로 운영되는 데 방해가 되지 않도록 적절하게 조절해야 하는 것 또한 옳지 않겠는가?

MZ 직원의 튀는 행동은 Super Goal로 설득하라

사생활을 중시하는 MZ 직원이 '공동체로서의 근무 규범'에 어긋나는 행동을 할 때 리더는 어떻게 설득해야 할까? 예컨대 다들 업무가 바쁜 시기에 혼자 휴가를 가 버리거나, 근무 시간 중에는 열심히 일하지 않으면서 출퇴근 시간은 규정을 지킬 것을 강조하는 경우 등이다.

> 직원: (금요일 오후) 부장님, 월요일부터 일주일간 휴가입니다. 전산 입력했습니다.
> 부장: 뭐? 휴가도 좋지만 김 대리가 담당하는 결산 작업이 지금 피크인데…….
> 직원: 가족들과 동남아 여행이라 호텔 예약도 마쳤기에 변경이 안 됩니다.

물론 특별한 사정이 없으면, 정해진 휴가 일수 내에서 자유롭게 휴가를 가는 것은 직원의 권리이다. 하지만 업무가 정상적으로 돌아가도록 휴가 시기를 조절해야 하는 것도 상생을 위해 모두가 협조해야 할 근무 규범일 수밖에 없다.

출퇴근 시간의 경우도 마찬가지이다. 9시에 출근하고 6시에 퇴근하는 것이 정답이란 것은 말할 것도 없다. 그러나 조직 상황에 따라 미리 출근해서 업무 준비를 해야 하는 상황도 있다. 예컨대 업무 특성상 9시에 고객을 맞이해야 하는 접점 부서의 경우라면 미리 출근하여 업무 준비를 마쳐야 타당하지 않겠는가?

이처럼 공동체의 일원으로서 따라 줘야 할 규범이 있음에도 불구하고 이에 협조해 주지 않는 MZ 직원이 있을 때, 리더는 다음의 두 단계로 설득 대화를 하면 효과가 있다.

첫째, 현재의 업무 상황을 설명하고, 당면 목표를 '슈퍼 골(Super Goal)'로 제시한다.

둘째, 모두가 준수해야 할 공동의 규칙(Ground Rule)을 '합의'로 결정한다.

위에서 말한 슈퍼 골은 '상위의 목표'란 뜻이다. 조직의 구성원이라면 누구나 따라 줘야 할 공통의 목표이자, 개인별 업무 목표의 위에 있는 상위의 목표를 말한다.

설득을 할 때에 리더가 직원들에게 상위 목표를 제시하는 것은 큰 그물을 치는 것과 같다. 예컨대 리더가 직원들에게 조직의 한 방향 정렬을 강조하고자 할 때에, 누구도 부인하지 못할 슈퍼 골을 환기시키면, 튀는 개인행동을 하는 MZ 직원도 빠져나가지 못하게 구멍을 차단할 수 있다.

다음과 같은 말이 슈퍼 골을 제시하는 표현이다.

우리가 안정된 직장에서 계속 월급을 받기 위해서는 회사의 수익 창출이 안정돼야 하며,

회사 수익이 안정되려면 고객의 요구를 우리가 잘 충족시켜야 하지 않겠습니까?

그러려면 고객 요구를 충족하는 데 차질을 줄 수 있는 우리들의 개별 행동은 자제돼야 되겠지요.

슈퍼 골로 설명하면, 권리 주장이 드센 MZ 직원이라도 항변할 논리가 없어진다. 이때 리더가 "개인의 권리를 존중하면서 동시에 업무가 정상적으로 돌아가게 하기 위해서는 어떻게 하면 좋을까요?" 하고 화두를 던지면 된다.

그리고 부서 직원들과 함께 브레인 스토밍과 토론을 거치면, '이렇게 합시다'의 해결 방안이 도출된다. 먼저 슈퍼 골의 큰 그물을 던졌기 때문에, '업무가 정상적으로 돌아가야 한다'는 상위 목표 달성에 어긋나는 방향으로 토론이 진행되지는 않는다.

이렇게 토론을 거치면서 '공동의 규칙(Ground Rule)'을 도출할 때에는 부서원들이 '합의'로 정하는 것이 중요하다. 리더가 "앞으로 ~~~ 합시다." 하고 일방적으로 결정하지 않아야 한다. 리더의 지시적, 일방적 결정은 MZ 직원에게 설득 효과가 떨어지기 때문이다.

모바일로 친구들과 연결되어 성장한 MZ세대는 '동료들로부터 왕따 당하는 것'을 본능적으로 싫어한다. 그렇기에 리더에게 버티는 것은 영웅심 같은 것을 느끼지만, 동료에게서 비난받으면 패배자로 느끼는 심리를 가지고 있다.

따라서 MZ 직원의 튀는 개인행동을 고칠 때에는 "동료가 원한다."는 형태로 설득하는 것이 전략이다. 부서원 전체 토론을 거쳐 '우리'의 행동 규칙(Ground Rule)을 만들어야 한다는 것도 이 때문이다.

리더가 직원을 1:1로 만나서 설득하면 실패할 때가 많다. 예컨대 근태가 불량한 MZ 직원을 1:1로 불러서 "김 대리, 업무 워밍업이 필요하니, 20분 정도 일찍 출근하세요." 하면 십중팔구 "출근 시간이 9시 아닌가요?" 하고 반박한다.

리더에게 반박하는 이런 MZ 직원을 동료 직원은 어떻게 바라볼까? "입술이 없으면 이가 시리다."는 말이 있듯이, 리더에게 항변하는 MZ 직원 때문에 자신들도 편하게 근무할 수 있다는 심리도 있다. 리더의 요청에 방패막이 역할을 하는 그 직원을 내심 동조하는 MZ 직원들도 있다는 점이다.

여기서 잠시 우리의 학창 시절을 떠올려 보자. 당시에 우리는 선생님의 말씀을 따르는 것 못지않게, 친구들이 "우리 이렇게 하자."고 한 약속을 무시할 수 없었다.

이처럼 어떤 단체이든 동료들의 기대를 무시하지 못하는 부담감을 '동료 압력(Peer Pressure)'이라 하는데, 이러한 동료 압력은 '상사 압력(Leader Pressure)'에 못지 않게 구성원의 행동에 영향을 미친다.

이 원리를 부서의 팀워크를 해치는 MZ 직원의 행동을 고치려 할 때 활용하자는 것이다. 리더가 1:1로 직원을 설득하는 것은 '상사 압력'에 그치지만, 부서원 모두가 '합의'하는 형태로 규칙을 만들면 '동료 압력'의 효과까지 강화되는 장점이 있다.

이 대화를 진행하는 순서를 다시 정리하면 다음과 같다.

첫째, 조직의 현재 상황을 설명하고, 모두가 따라야 할 Super Goal
을 제시한다.

둘째, 현 상황을 극복하기 위해 '어떻게 하면 좋을까요?' 토론을 붙
인다.

만약 토론에서 직원들이 침묵하고 있으면, 리더가 개인 의견을 제
시해도 좋다. 이때에도 이후 직원들과 토론을 거치기에 결국 '합의'로
정하는 셈이 된다.

셋째, 결론을 Ground Rule(공통 규칙)로 정리하고, 모두가 동참하
는 분위기로 유지해 간다.

> 팀장: 여러분, 출퇴근 시간에 대해 좋은 방안을 찾고자 모이라
> 고 했습니다.
> 직원A: 9시 출근, 6시 퇴근이 기준 아닌가요? 그대로 하면 뭐
> 가 문제인가요?
> 팀장: 그것이 맞는데, 그대로 하면 부서 업무가 제대로 안 돌
> 아가네요.
> 9시에 고객 전화가 오고~~~. 어떻게 하면 좋을까요?
> (상황 설명)
> 직원A: ……
> 팀장: 업무가 정상적으로 돌아가게 하는 것은 우리의 책임이
> 아닐까요? (슈퍼 골 제시)

그래서 팀원 8명 중 4명 정도는 20분 전에 출근해서 업무 준비를 하는 것이 좋겠는데, 어찌 생각합니까?

직원B: 일찍 출근한 사람은 일찍 퇴근하게 해 주면 공평하겠네요.

팀장: 공감합니다. 그럼, 20분 전에 출근할 수 있는 사람은 손 들어 보세요. (4명이 신청)

함께 의논해서 공통의 룰을 정했는데, 여기에 모두 찬성합니까? (합의)

모두: 좋습니다. 모두 잘해 봅시다.

"업무가 정상적으로 돌아가게 하는 것은 우리의 책임이 아닐까요?" 이처럼 슈퍼 골에 의한 설득은 누구도 부인할 수 없기에, 까칠한 성격의 직원이라도 반박하지 않는다. 이때 리더가 "어떻게 하면 좋을까요?" 하고 토론을 붙이면 된다.

크게 그물을 쳐서 빠져나가지 못하게 한 후에, 해결 방법에 대하여는 직원의 의견을 존중하겠다는 취지이다. 선택의 자유를 준 것이며, 여기서 '선택의 자유'라는 용어에 유의하자. 이러한 방법으로 도출한 결론은 합의로 정한 룰이기에 모두가 참여한다.

MZ 직원은 리더에게 반박도 하고, 튀는 행동을 하기도 하지만 말귀를 알아듣는 똑똑한 세대이기도 하다. 전후좌우 맥락과 함께 Super Goal을 강조하고, 공동의 룰을 정하면 "예, 알겠습니다." 하고 금새 협조자로 바뀐다. "무식한 내편보다 유식한 반대자가 설득하기 쉽다."는 말은 이들에게도 적용된다.

이번 프로젝트 기간 동안 팀원 전원의 협업이 필요합니다.
각자의 휴가의 자유도 존중되어야 하지만, 프로젝트를 차질
없이 완수하는 것은 우리 모두의 의무입니다.
이를 위해 각자의 휴가 일정은 사전에 조율하고 서로 공유해
야 합니다.

"너희들 일찍 나와라."라고 하면 반발을 사지만 '왜' 일찍 나와야 하
는지 타당한 이유를 설명하고, '우리 모두'의 룰로 정하면 MZ 직원도
불만 없이 동참한다. 다음은 K사 팀장의 방법이다.

저는 사전에 팀원들에게 허용되는 행동과 아닌 행동을 함께
합의합니다.
공통의 룰을 만드는 거죠.
'장기 휴가는 3개월 전에 낸다', '외근이나 미팅 일정은 시간과
장소를 게시판에 써 놓는다' 등.
팀원들이 함께 만든 합의이다 보니 대체로 잘 지켜요[69].

회식에 대한 미련을 버리자

MZ 직원의 사생활과 소확행을 추구하는 특성 때문에 과거에는 없
던 세대 간의 갈등이 발생하는 것이 회식이다. 월급으로는 가족들과
삼겹살 외식하기도 부담되던 과거에는 회식이 많을수록 좋은 회사였

지만, 지금의 MZ 직원들에게는 회식이 즐겁지가 않다.

오늘날 직장에서의 회식은 계륵(鷄肋)이 되었다고 할 수 있다. 없애려고 하니 아닌 것 같고, 그냥 두자니 직원들의 민원이 빗발친다. '회식이 필요한가?'를 묻는 한 조사에서 40대 이상은 67.7%가 '필요하다'고 하고, MZ 직원들은 61%가 '필요 없다'고 응답했다[2].

MZ 직원들이 회식을 꺼리는 이유를 묻는 질문에 '퇴근 후 개인시간을 가질 수 없어서'(63%), '불편한 사람과 함께해야 해서'(52%), '다음 날 업무에 지장이 돼서'(51%), '분위기를 띄우는 것이 부담스러워서'(30%) 등으로 응답했다.

다음은 회식에 대한 그들의 불만스런 의견들이다.

회식에서도 결국은 윗사람이 주인공이고, 우리는 조연들 아닌가요?

회식한다고 끈끈한 유대감이 생기나요? 아닌 것 같아요.

직장에서 업무처리 외에 끈끈한 유대감이 꼭 필요한가요?

그렇다면 회식을 완전히 없애 버리는 것은 어떨까? 그것도 정답이 아닐 수 있다. 미국 코넬대 케빈 니핀(K. Kniffin)의 연구에 의하면, '식사를 함께하는 것은 부서의 성과를 높이는 데 도움이 된다'는 것이 밝혀졌다[5].

회식 자리에서 구성원들과 관계 증진뿐만 아니라, 업무 관련 아이디어도 공유되기 때문이다. 따라서 '적절한 회식은 필요하다'는 것이 정답이다.

회식을 유지하면서 이에 대한 갈등을 없애는 데 가장 쉬운 해결책은 '참석 여부의 자유'를 주는 것이다. 직원이 회식에 참여하지 않아도 미움받지 않는 분위기가 되도록 운영하면 리더의 역할은 족하다. 회식은 '업무의 연장'이 아니기 때문이다.

회식의 운영 방법도 리더가 주도하지 말고, 직원에게 위임하면 금상첨화이다. 업무적 결정에는 리더가 나서야 하겠지만 회식 장소에서까지 그럴 필요가 없다.

직원 중에 에너자이저 성격의 직원을 CFO(Chief Fun Officer, 분위기 메이커)로 정하고, 심지어 누구를 CFO로 할지도 직원들이 자체적으로 선정하도록 하자. 그리고 리더는 CFO에게 회식 운영의 일체를 위임하면 편하고 좋다.

팀장: 가끔씩 회식을 하고 싶지만, 여러분에게 부담이 될까 염려됩니다.
　　　월 1회 저녁 또는 점심 회식을 할 형편은 되니, 여러분이 원할 때 말해 주세요.
팀원들: 예산 범위 내에서 시기와 방법, 메뉴 등은 우리가 정하면 되지요?
팀장: 여러분이 토론해서 운영 방법을 정해 주면 그에 따르겠습니다.
　　　또한 개인 사정상 회식에 불참하는 경우도 전혀 상관없

습니다.

MZ 직원들도 호응할 수 있는 회식 문화를 만들기 위해 리더가 챙겨야 할 사항들을 좀 더 살펴보면 다음과 같다.

첫째, 회식의 일정 예고와 시간관리이다.

갑자기 회식 사유가 생긴 것이 아니라면, 2~3주 전에 예고를 하는 것은 상식이다. 오히려 리더들이 아쉽게 생각하는 경우는 충분한 예고를 했음에도 불구하고, 회식 당일에 불참하는 직원들이 생길 때이다. 이때에도 리더는 쿨하게 생각하자.

빠지는 사람 미워하지 말고, 참석자들과 즐거운 시간을 보내면 리더의 역할은 다한 것이다. 이런 마음의 여유를 가지면 참석한 직원들도 리더에게 호감을 느끼며, 불참했던 다른 직원들도 다음 회식 때에는 좀 더 참여하게 된다.

그리고 회식 당일에는 예정된 시간을 반드시 지켜야 한다. MZ 직원들이 회식을 싫어하는 주된 이유는 늘어지는 진행이다. "2차 가는 것 어때?" 등의 즉흥적 진행은 금물이다.

둘째, 회식의 목적을 분명히 해야 한다.

'분기별 친목을 위해서', '무엇을 기념하기 위해서', '어떤 정보를 전달하기 위해서' 등 회식의 취지가 분명해야 한다. 회식의 목적을 미리 알려 주면 그 목적에 해당되는 직원들은 적극 참여하게 된다.

셋째, 직원들이 대화의 주인공이 되게 해야 한다.

회식 자리에서는 리더가 주인공이 아니다. 막내 직원이나 말수가 적은 직원이 말할 수 있게 해야 한다. 리더는 질문과 경청, 추임새를 넣으면서 대화의 촉진자 역할을 하는 것으로 충분하다.

그리고 2차가 있을 때에는 리더는 빠지는 것이 정답이다. 예전에는 끝까지 자리를 지키는 리더를 좋아했지만, 이제는 카드만 주고 빠져야 좋아한다. 아무리 잘해 줘도 직원들에게 리더는 어려운 사람이기 때문이다. 2차에 리더가 빠져 주면 직원들은 더 즐겁게 보내며, 업무 스트레스를 떨쳐 버린다.

점심에 혼밥 즐기기

예정된 부서 회식이 아님에도 부서원들이 리더와 함께 우르르 이동하여 식사하는 것을 떼밥이라고 한다. 흔히 리더는 직원들이 점심시간에 떼밥을 위해 자신을 따라 함께 이동해 주는 것을 즐기곤 한다.

타 부서 사람들 눈에 리더십이 있어 보이고, 부서원들의 응집력이 높은 것처럼 보여질 수도 있기는 하다. 그러나 사생활과 소확행을 중시하는 MZ 직원들은 여기에도 불만이 많다.

점심시간은 저에게 휴식 시간이며, 온전히 나만의 시간을 갖고 싶어요. 개인적인 용무도 봐야 합니다.

오전에 집중해 일하고, 점심때는 조용히 혼자 있는 것도 직장의 워라밸입니다.

점심 시간에 리더에게 신경 쓰지 않도록 휴식을 주는 것도 MZ 직원들에게 배려이다. 과거에는 조직생활이라면 '언제나 한 몸처럼' 움직이길 바랐지만, MZ 직원들은 '같이, 또 따로'이다. 이들에게 점심 시간의 반복적인 떼밥은 저녁 회식에 참여를 강요하는 것 못지 않게 사생활을 빼앗는 것이다.

리더의 입장도 생각해 보자. 바쁜 스케줄로 보내는 리더에게도 매일의 점심 시간은 휴식을 위한 소중한 순간이다. 직원들과 정보공유를 해야 한다거나, 예정된 전체 회식이 아니라면 조용히 혼밥을 하는 것이 여러모로 유익하다.

왕따를 당해 혼밥을 먹는 처지라면 곤란하겠지만, 스스로 선택한 혼밥은 성공하는 리더의 자기관리이다. 식당이 한가할 때 여유롭게 혼밥을 하고서, 휴식과 독서 등으로 보내면 여러모로 효과가 있다.

Connected(모바일 연결) 특성과 대응 스킬

MZ세대의 6가지 특성인 에브리피시(EVRIPC)의 마지막은 Connected(모바일 연결)이다. 이들은 인터넷과 스마트폰에 의해 24시간

외부로, 세계로 연결되어 있다. 그리고 연결에 의한 활용 정보는 업무 수행에만 한정되지 않는다. 동호회 등 다양한 목적을 위해 모바일 연결을 활용하고, 자신의 정보를 상대방에 제공하기도 한다.

예전에는 회사에서 고향이나 출신 학교, 취미 등으로 직원들끼리 만났는데,
요즘의 MZ 직원들은 내부 직원보다 회사 밖의 다양한 네트워크를 즐기는 것 같아요.

회의 중에 직원이 기막힌 아이디어를 내놓기에 출처를 물었더니, 주말마다 참석하는 온라인 독서모임 이라네요.

MZ 직원들은 연애도 문자로 많이 하며, 연인과 이별할 때 문자로 통보하는 경우도 특별하지 않다. 늘 스마트폰을 들여다보는 탓에 연애 중에도 상대에 집중하지 못하기도 한다. 오죽하면 알랭 드 보통(Alan de Botton)은 "진정한 사랑이란 그 사람 앞에서 스마트폰을 확인하고픈 마음이 들지 않는 것이다."라고 했겠는가?[48].

이들은 직장에서도 전화보다 문자나 메일로 소통하기를 선호한다. 기존 세대는 전화가 소통의 기본이었지만, MZ세대에게 전화는 특별한 이슈가 있을 때에만 하는 것으로 간주된다. "대체 무슨 급한 일이기에 이 시간에 전화를 하시나? 간단히 문자 보내면 될 일을. 별것도 아닌 일에 깜짝 놀랐네."

다음은 MZ 직원의 또 다른 불평 사례이다.

다짜고짜 전화부터 하는 사람을 보면 무례하다는 생각이 들어요.

메일이나 문자는 발송 전에 체크라도 가능하지만, 전화는 실시간으로 의견을 말해야 하니 긴장되고, 피하고 싶어요.

MZ 직원이 "고객과 잘 소통했습니다."라고 말한다면, 그것이 무슨 뜻일까? 리더는 "직접 고객을 만나 설명했거나 아니면 전화로 설명드렸구나."라고 짐작하기 쉽다. 하지만 MZ 직원은 '이메일이나 문자를 보냈다'는 뜻일 가능성이 높다.

MZ 직원은 온라인 소통이 대면 소통보다 감정 소모를 줄일 수 있다고 생각한다. 또한 전화 벨을 울리기보다 시간 될 때 확인하시라는 매너 행동이라고 간주하기도 한다.

무례한 것이 아니라 그저 어린 시절부터 인터넷, 모바일 소통으로 성장해 왔기 때문이다[44]. MZ 직원이 On-line 소통을 선호하는 데에는 다음과 같은 별도의 이유가 있기도 한다.

리더가 이렇게 저렇게 지시를 하고서 나중에 일이 터지면, '내가 언제 그리 말했느냐'고 딴소리하는 경우가 있어요.

저는 증거를 남기기 위해 리더에게 온라인 지시를 유도해요. '외근 중이니 메신저에 남겨 주세요' 하는 식으로요.

이런 MZ 직원들의 생각에 대하여 리더들은 기분이 찜찜할 수 있다. 그들에게 전화 소통이나 대면 보고를 하라고 요청하고 싶기도 하지만, 이제 그런 마음을 내려놓아야 한다.

시대가 바뀌어 온라인 소통이 대세로 자리잡고 있으므로, 앞으로는 리더 스스로 일상적인 내용에 불쑥불쑥 전화하는 것을 자제해야 한다. 지금 시대는 메신저 등 온라인 소통을 확대하는 것이 MZ 직원들과 소통을 잘하는 방법이다.

MZ세대는 대면력이 부족하다

온라인 소통이 습관화된 MZ세대는 '대면력(對面力)이 부족하다'는 큰 약점을 가지고 있다. 대면력은 만나서 얼굴 보며 애로사항이나 갈등 대화를 차분하게 풀어 가는 능력을 말한다.

오늘날 IT 기술이 발전하고 코로나19 이후 언택트(Untact) 소통이 많아지고 있지만, 대면력의 중요성은 더욱 커지고 있다. 학자들은 "대면 소통 능력은 성공적 삶에 결정적으로 중요하며, 앞으로 더욱 중요해질 것이다."라고 하였다[25]. 인간은 로봇이나 인공지능이 아니라 감정 교류를 원하는 사회적 존재이기 때문이다.

미래학자들은 공통적으로 말한다. '4차 산업혁명과 인공지능 시대에 기술이 못 할 일은 거의 없어진다. 그러나 공감적으로 소통하고, 협업으로 시너지를 만드는 관계 능력은 인간만이 가지고 있다. 따라서 미래에 직장의 성공과 가정의 행복을 위해서는 관계 능력 증진이 관건이다'[71].

　이런 측면에서 MZ세대의 대면력 부족은 인간관계를 건강하게 하는 데 큰 약점이 되는 것은 분명하다. 인터넷에서 자료를 찾고 편집하는 데는 막힘이 없지만, 직접 대면했을 때 어떤 말로 소통할 것인가에는 많은 어려움을 느낀다. 성장해 오는 동안 대면 소통의 기회가 적었기 때문이다.

　고려대 이명진 교수는 말한다. "요즘 대학생들은 그룹 수업이나 팀 프로젝트를 할 때에도 한 번도 만나지 않고 온라인으로만 소통해서 과제를 제출하는 경우도 있다." 즉 '가상의 소통'이 '현실의 소통'을 밀어내게 된 셈이다.

　이런 소통에 익숙한 MZ세대는 직장에서도 서로 만나서 대화해야 할 심각한 내용까지 문자로 보내 리더를 당황스럽게 만들곤 한다. (카톡 메신저에) "부장님, 저 퇴사하겠습니다." "팀장님, 인사평가 결과에 대해 동의하지 못하겠습니다."

　이런 문자를 받으면 리더들은 황당하게 생각한다. "어찌 이런 내용을 문자로 할 수 있지? 얼굴 보며 서로의 입장을 나눠 봐야 하는 것 아닌가? 직장 생활의 기본 매너가 없구만……."

　대면력이 부족한 MZ 직원들은 관계 갈등이 있을 때 만나서 차분하게 속마음을 오픈할 가능성이 적다. 속으로 분노하며, 집에 가서 치맥으로 혼자 위로하는 소극적인 전략을 쓰거나, 아니면 익명성 커뮤니티인 Blind에 불만을 분출하는 회사 비난의 글을 올릴 가능성이 많다.

　부장: 내가 이끄는 회의에서 사원, 대리들은 왜 말을 안 하는

지 박 차장은 알고 있어요?

나에게 불만이 있는지, 아니면 안건에 대한 의견이 없는 것인지?

차장: 그건 부장님 면전에서 딴소리하기가 내키지 않을 뿐입니다.

MZ 직원들끼리의 채팅 방에서는 온갖 이야기가 많습니다.

리더와 직원이 갈등 없이 협업하고, 최고의 조직을 만들기 위해서는 리더가 먼저 변하고 슈퍼 리더십을 발휘해야 한다는 것은 옳은 말이다. 하지만 MZ 직원들도 변해야 할 부분이 있으며, 그 중심은 대면력을 증대하는 것이다.

그러려면 MZ 직원들 스스로 대면력의 중요성을 인식하고, 이를 개선하기 위해 부단히 노력해야 한다. Ⅷ장의 '정서적 소통으로 내 편을 만들어라'의 내용은 리더에게만 아니라 MZ 직원들의 대면력 향상에도 많은 도움이 된다.

아울러 MZ 직원들의 대면력 증진을 위해서는 리더가 도와줘야 한다. 이들이 편안한 마음으로 리더에게 속마음을 오픈할 수 있게 대화 환경을 만들어 가야 한다. 세계적인 리더십 전문가 사이먼 사이넥(S. Sinek)이 "리더와 조직은 MZ 직원을 도와주어야 한다."라고 말한 것도 이런 의미를 담고 있다[39].

MZ 직원들이 다가가고 싶은 리더가 되자

MZ 직원들도 조직 생활에서 인간관계가 중요하다는 것을 모르지 않는다. 겉모습과 달리 리더와 잘 지내고 싶은 것이 그들의 진심이라고 해도 틀리지 않는다.

다만 대면력이 부족하기에 편안하게 감정 표현을 하기가 어려울 뿐이다. 이들은 리더에게 섭섭한 감정이 있을 때에는 과도하게 감정적이거나 어색한 반응을 보이곤 한다.

> 부장: (월요일 오전) 김 대리, 주말에 뭐 했어요?
> 김 대리: 주말의 사생활은 말하고 싶지 않습니다. 업무상 하실
> 　　　　　말씀이 있으시면 하시지요.

MZ 직원들의 부족한 대면력을 리더가 도와줄 수 있는 방안은 무엇일까? 먼저 필요한 것은, 이들의 대면력이 부족하다는 특성 자체를 유념하는 것이다. 그리고 이들이 마음을 열도록 '정서적 소통'을 확대하는 것이 리더가 꾸준히 노력해야 할 부분이다.

사춘기 자녀가 고민이 있을 때 누구에게 스스로 속마음을 털어놓을까? 친구이다. 반면에 가장 말하고 싶지 않은 대상은 부모, 특히 아버지이다. 정서적으로 편하지 않고 어려운 관계이기 때문이다. 직장에서 리더는 가정의 아버지에 비유할 수 있으며, 직원이 가까이하기가 부담스러운 상대이다.

MZ 직원들의 부족한 대면력을 키우는 데에는 시간이 걸리며, 하루

아침에 될 일이 아니다. 이들의 대면력을 키우는 데 리더가 도와줄 수 있는 우선적 방법은 그들이 가까이 다가가고 싶은 사람이 되어 주는 것이다.

MZ 직원과 리더가 친밀감을 느끼게 하는 데에 쉬운 방법이 있다. 상대의 관심사나 취미 등에 관심을 갖는 것이다. 이처럼 서로가 부담 없이 즐겁게 나눌 수 있는 이야기를 '스몰 토크(Small Talk)'라 하는데, 운동이든 여행이든 공통의 관심사가 있으면 서로가 빠르게 가까워진다.

> 지난번에 최 대리가 말해 준 자연 휴양림 갔다 왔는데 진짜 좋
> 았어요.
> 최근에 또 어디 갔다 온 데 있어요? 가 본 곳 중에 추천 1순위
> 가 어디에요?

스몰 토크를 시작할 때에도 "김 대리는 취미가 뭐야?", "휴일에는 뭐 하며 지내?" 하고 묻기만 하면, 까칠한 MZ 직원은 싫어한다. 취조받는 느낌을 받고서 "주말 이야기는 말하고 싶지 않습니다."라고 대답할 정도이다.

이런 어색함이나 오해를 없애려면 리더가 먼저 자신을 오픈하는 시범을 보여 주고, 상대가 말할 수 있게 워밍업을 해 주는 것이 필요하다. 그제서야 MZ 직원은 '아, 그런 뜻이구나' 하고 호응해 온다.

> 난 주말에는 동네 공원에 가서 테니스 치고,
> 시간 많을 때는 TV 다큐멘터리를 보는 것이 취미야.

김 대리는 요즘 좋아하거나 취미로 하는 거 뭐가 있어요?

아울러 한 가지 주의할 사항은 스몰 토크를 하는 도중에 자칫하면 리더가 '조언'을 하는 실수를 하기 쉽다는 점이다. MZ 직원의 이야기에 대하여 "내 생각에는 말이야 ~~~." 하며 의견을 덧붙이지 않아야 한다. 나아가 "막냇동생 같아서 하는 말인데 ~~~.", "다 너 잘되라고 하는 말인데 ~~~." 하면서 교육하는 것은 영락없는 꼰대질이다.

스몰 토크를 할 때의 좋은 전략은 정보를 청하는 것이다. 유용한 앱이나 요즘 뜨는 여행지, 영화 등 직원이 잘 알 만한 것들을 물어보면 좋다.

"김 대리, 근래에 본 영화가 있나요? 추천할 만한 것들 소개 바랍니다." 이런 질문으로 스몰 토크를 시작하면 IT 능력이 발달한 직원으로부터 좋은 정보를 얻을 수도 있다.

MZ 직원들이 겉으로는 혼자 있기를 바라는 것처럼 보이나 속마음은 그렇지 않으며, 대화가 되기만 하면 리더와 가까워지고 싶은 것이 그들의 진심이다. 리더와 직원 간에 스몰 토크에 의해 관계의 부담감이 줄어들면, 점차 마음속의 고충이나 유대감을 나누는 신뢰 관계로 발전하게 된다.

MZ 직원들이 슈퍼 리더십을 앞당긴다

앞으로 수년 내에 MZ 직원들이 조직의 다수를 차지하게 된다는 것은 설명이 필요 없다. 이제 리더들의 MZ 직원을 대하는 스킬에도 획기적 변화가 있어야 하지 않겠는가?

하지만 리더십이나 코칭 교육에서 '리더가 변해야 한다'고 주장하면, 40대 중후반의 리더들은 다음과 같이 불만 섞인 의견들을 말하는 경우가 자주 있다.

우리는 그동안 선배들의 지시적 리더십을 고스란히 참고 견뎠는데, 왜 우리만 바뀌도록 노력해야지?

MZ 직원들이 문제가 더 많은 것 아닌가?
왜 우리만 참으라는 거야?

이렇게 말하는 리더들의 주장이 모두 틀린 것은 아니다. X세대와 MZ세대 간의 갈등 국면에서 리더들에게만 바뀌어야 한다고 말하는 것은 부당하며, MZ 직원들이 변해야 할 사항들도 많다는 것은 앞에서 살펴본 바와 같다.

MZ세대의 6가지 특성인 에브리피시(EVRIPC) 중에서 '사생활 중시(Private)', '모바일 연결(Connected)'로 인한 특성으로 파생되는 부분에는 MZ세대가 변해야 할 사항들이 더 많다. 예컨대, 공동체 구성원으로서 동참해야 할 활동에 소극적이거나, 협업에 소홀하고 개인의 입장을 지나치게 우선시하는 측면 등이다.

하지만 에브리피시(EVRIPC)의 6가지 특성 중 나머지 네 가지에 대하여는 리더가 주로 변해야 한다. '수평적 소통(Equal)', '자기 주장(Voice)', '빠른 보상(Reward)', 'IT 원주민(IT-Native)' 특성에 관련된 내용들이다.

이 4가지 특성과 관련하여, MZ 직원들이 리더에게 요청하는 사항들은 '리더의 발전을 앞당기는 촉매제'라는 점을 기억하자. 지시적 리더가 아니라 슈퍼 리더가 되어 주기를 바라는 강한 요청이기 때문이다.

따라서 MZ 직원들의 이러한 요청에는 리더가 오히려 고마워해야 할 부분이 있다고 해도 과언이 아니다. 리더가 "왜 우리만 바꾸라고 하는 거야?"라고 불평을 할 것이 아니다.

"그렇게 가는 것이 맞는 것은 아닐까?" 하는 생각이 옳다. "나는 선배들의 지시적 리더십 속에서 살아왔지만, 이제 제대로 된 리더십을 발휘해 봐야지."라는 생각이 옳다.

얼핏 생각하면 리더에게 가장 편한 직원은 예스맨이다. 리더의 지시에 반론도 하지 않고, 시키는 대로 '예, 알겠습니다' 하는 유형의 직원이다. 그러나 이런 직원과 일하는 리더의 업무 성과는 개인의 판단력 이상이 될 수 없다. 직원들의 잠재력과 창의성을 활용하지 못하며, 자발적 헌신을 이끌어내지 못하기 때문이다.

팔로워십 연구의 대가 켈리(R. Kelly) 교수는 "좋은 팔로워(직원)는 업무에 대한 적극성과 독립성의 유무로 판단하여야 한다."고 하였다[122]. 독립성이 바로 리더의 생각에 직원이 예스맨이 되지 않고, 리더의 생각과 다른 아이디어를 제시하며 셀프 리더로 행동하는 것을 말한다.

이런 측면에서 MZ 직원들은 좋은 팔로워가 되려는 특성을 충분히 갖추고 있는 셈이다. 이들의 특성을 리더가 긍정적으로 수용하기만 하면, 그들은 얼마든지 좋은 인재로 성장할 수 있는 준비가 되어 있다고 할 수 있다.

여기서 또한 MZ세대가 아닌 직원들, 예컨대 30대 후반 이후의 직원들의 입장을 잠깐 생각해 보자. 이들은 그동안 리더로부터 무시당하는 말을 들어도 참고 살아왔으며, 지금도 그런대로 견디고 있다. 그런 환경에 이미 내성이 생긴 셈이다.

그러나 이들도 리더로부터 일방적 지시가 아닌 질문과 경청, 인정과 칭찬 등 슈퍼 리더의 행동을 만나면 어떤 느낌을 가질까? 그 효과는 안 봐도 비디오다. 출근하는 맛이 나며, 리더와 조직에 더 헌신하지 않겠는가?

결론을 정리하면 간단하다. MZ세대이든 아니든 상관없이 모든 직장인은 누구나 수평적이고, 인간 존중의 리더십을 발휘하는 상사와 일하고 싶어 하며, 그런 환경에서 동기부여가 되고 업무 성과가 높아진다는 점이다.

미국 갤럽(Gallup)의 연구에서도 리더와 관계가 좋은 상위 25% 직원의 업무 몰입도가 75.3점인 반면에, 관계가 나쁜 하위 25% 직원의 업무 몰입도는 50.3점이었다[27]. 업무 몰입도가 25점이나 차이가 나면 업무 성과는 2~3배로 벌어지게 된다. 직원 존중의 긍정 리더십이 그런 차이를 만드는 분수령이란 점을 기억하자.

긍정 리더십이
사람을 변화시킨다

리더라면 누구나 직원들을 칭찬 격려하면서, 밝은 분위기에서 일하기를 원할 것이다. 하지만 이런 마음과 달리, 매일의 근무에서 실제 이를 달성하고 있는 리더들은 의외로 적다.

상대방이 MZ 직원이든 아니든 상관없이 리더가 칭찬 중심의 긍정 리더십을 발휘한다는 것은 직원들의 직장 생활에 중요한 변수로 작용한다. 적은 노력으로 조직을 활성화하고, 높은 성과를 달성하는 데 최고의 가성비를 가지고 있기 때문이다.

미국 Gallup의 연구에서 경영성과와 조직 활성화 정도가 상위 10%에 해당하는 리더들은 칭찬과 질책의 비율이 83:17이란 것이 밝혀졌다. 이들이 최고 수준의 경영성과를 낼 수 있는 바탕에는 인정과 칭찬 등 긍정의 리더십을 실행하는 데에 있었다는 것을 짐작하게 해 주는 조사 내용이다[27].

우리나라 리더들은 어떨까? 조직리더십코칭원의 조사에 의하면 질책이 80%, 칭찬이 20%이다[74]. 직원이 잘하는 일에는 노코멘트하다가 실수할 때는 놓치지 않고, 꾸지람을 하는 것이 대부분 리더들의 모습으로 나타났다.

'부족함이 있는 직원에게도 리더가 칭찬을 할 때, 그것이 출발점이 되어 직원이 분발한다'는 것은 상식 같은 말이지만, 이것을 평소에 실행하느냐 아니냐의 여부가 전혀 다른 결과를 가져온다고 해도 과언이 아니다.

칭찬거리가 없는 직원까지도 상황에 맞게 칭찬을 할 때 업무성과는 올라가며, 서로의 관계도 좋아지지 않겠는가? 미흡하게 행동하는 직원에게도 후술하는 POBS(팝스) 칭찬 기법을 사용하면 누구나 긍정의 리더로 성공할 수 있다.

이러한 칭찬 스킬에 대해 자세히 살펴보기에 앞서, 여기서는 먼저 칭찬이 어떤 심리적 메커니즘으로 직원들에게 동기부여가 되는지 살펴보는 것이 필요하다.

이에 대한 이해가 있을 때, '나도 칭찬 중심의 리더가 되어야겠다'는 다짐이 생기기 때문이다.

자기 성립적 예언

    미국의 교육학자 로젠탈(R. Rosenthal)과 제이콥슨(L. Jacobson)은 학교 교사가 학생들에게 좋든, 나쁘든 어떤 기대(예언)를 하면 나중에 그대로 이루어지는 현상을 발견하였다.

    예컨대 "저 어린이는 점차 성적이 좋아질 것이다."고 예상하면 실제로 성적이 올라가며, 반대로 "이 어린이는 성적이 낮겠다."고 예상하면 시간이 흘러도 성적이 오르지 않는 현상이다[18].

    실험 방법은 이렇다. 600명의 어린이들을 무작위로 300명씩 A, B 두 그룹으로 구분한 후에 이들을 교사들에게 A그룹은 우수 그룹, B그룹은 보통 그룹이라고 소개하였다. 600명을 무작위로 구분하였기 때문에 두 그룹의 학업 능력은 실제 동일하지만 실험을 위하여 거짓말을 한 것이다. 그리고 8개월 후에 두 그룹의 지능검사를 하였는데, B그룹은 변화가 없었으나 A그룹은 IQ가 12.2점이나 향상되었다.

    왜 이런 결과가 나왔을까? 어린이들이 우수하다고 소개받은 교사는 자기도 모르게 긍정의 피드백을 많이 했기 때문이다. 잘한 일에 대하여는 "너는 우수하니까 잘할 줄 알았어." 하고 칭찬하며, 못한 경우에도 "너는 잠재 능력이 있으니까 다음에는 좋아질 거야." 하고 격려의 말을 한 것이 원인이었다. 칭찬받은 어린이는 용기가 나서 분발하였고, 결국 좋은 결과에 이르게 된 것이다.

    반면에, 교사가 보통 수준으로 알고 있는 어린이에게는 잘한 경우에도 "너가 어쩌다 이것을 해냈구나." 하고 우연히 잘한 것쯤으로 말하며, 못한 경우에는 "너는 이런 것도 모르니?" 하고 부정적 피드백을 하였다. 결국 이 어린이는 자신감이 없어지고 점차 성과가 떨어지게 된 것이다.

교사가 '우수 학생'일 것으로 예언하면 성적이 올라가고, '보통 학생'일 것으로 예언하면 성적이 보통이 되는 현상을 '자기성립적 예언(Self-fulfilling Prophecy)' 또는 줄여서 '자성예언(自成豫言)'이라고 한다.

이러한 현상에 대한 연구는 직장인 대상으로도 실시되었다. 그중의 하나가 미국의 AT&T 직원에 대한 연구이다[105]. AT&T 인사팀장은 신입사원을 채용한 후에 6명을 2명씩 동일한 업무를 수행하는 3개의 팀에 분산 배치하였다.

각 팀에 배치된 2명 중 1명은 능력평가에서 상위 10%에 속하는 우수 직원이며, 다른 한명은 하위 10%에 속하는 부진 직원이다. 즉 3개 팀에 배치된 두 명씩의 직원 중 한 명은 우수 직원, 다른 한 명은 부진 직원이다. 그런데 인사팀장은 이들과 일할 부서장들에게는 부진 직원을 우수 직원으로, 우수 직원을 부진 직원이라고 반대로 소개한 것이었다.

그리고 1년이 지난 시점에 인사팀장은 이들의 근무평가서를 보았다. 결과는 어떻게 되었을까? 가짜 우수 사원 3명은 모두 높은 평가를 받은 반면에, 진짜 우수 사원 3명은 모두 부진한 평가를 받았다.

왜 그런 결과가 나왔을까? 학교 교사들이 학생들에게 했던 것과 똑같은 원리대로 팀장들이 직원들에게 행동했기 때문이다.

부정적 자성예언

유머 하나, 중년의 교수가 강의실에 들어갔는데 학생이 모자를 쓰고 있는 것을 보고, 눈에 거슬려 물었다. "학생은 왜 수업 시간에 모자를 쓰고 있나?" 그러자 그 학생이 되물었다. "교수님은 왜 안경을 쓰고 계신가요?" "눈이 나쁘니까 안경을 쓰지." 그러자 그 학생 왈, "저는 머리가 나빠서 모자를 쓰는데요."

직장에서 직원들을 칭찬하는 긍정의 리더십을 발휘하고 싶어도 조직 현장에는 리더를 힘들게 하는 직원이 있기도 하다. 다음은 리더십 교육장에서 필자와 리더들이 나눈 대화이다.

> 필자: 직원들은 칭찬을 받고 싶은 욕구가 뚜렷이 많습니다. 이들에게 칭찬을 자주 하는 리더가 됩시다.
> 리더들: 그런 공자님 말씀 같은 말을 모르는 사람이 누가 있습니까? 하지만, 직원 중에는 매사에 칭찬거리가 없는 골치 아픈 직원도 있습니다.

이처럼 직원의 행동이나 일 처리가 미흡할 때 리더가 혼내거나 부정적인 말을 하면 어떤 결과가 나타날까? '부정적 자성예언(Negative Self-fulfilling Prophecy)' 현상이 나타난다.

"저 직원, 참 마음에 안 드네. 나는 왜 직원 복이 없을까? 금년에 좋은 실적 달성은 물 건너갔네." 하고 생각하면 연말에 거의 그런 결과에 이르게 된다.

미흡한 직원에 대하여 리더가 비난하고 일방적 지시로 소통하면 직원은 점차 의욕이 떨어지고, 그로 인해 업무 성과도 떨어지게 되는 악순환이 일어난다. 성과가 신통치 않을 것이라는 리더의 부정적 예언이 그대로 이루어지는 것이다.

여기서 중요한 것은 부정적 자성예언이 이루어지게 만든 원인 제공자가 리더라는 점이다. 리더가 직원의 부족한 점을 지적하는 데 초점을 두는 리더십을 발휘하면 실패하는 직원이 만들어지기 마련이다. 부정적 자성예언을 '실패 운명 신드롬' 이라고 부르는 이유가 여기에 있다.

부정적 자성예언은 다음과 같은 악순환으로 계속 이어진다.

리더의 부정적 예언
　→ 질책 등 부정적 피드백 증대
　　→ 직원의 의욕과 성과 저하
　　　→ 리더의 부정적 예언 강화
　　　　→ 질책 등 부정적 피드백 강화

부정적 자성예언은 직원에게만 나쁜 결과를 가져오는 것에 그치지 않으며, 리더 자신도 많은 스트레스를 겪을 수밖에 없다. 직원을 못마땅하게 생각하는 불편한 마음은 리더의 에너지를 지속적으로 빼앗아 간다. 반복적으로 지시하고 독려하느라 감정 소모가 많고, 심하면 분노가 생기기도 한다.

나아가 리더의 부정적 자성예언은 직원을 긍정적 리더로 성장시키지 못하는 결과에 이른다. 자식이 부모를 따라하듯이 직원은 자신의 리더가 했던 부정적 행동을 학습하고, 이를 훗날 그의 후배에게 반복하는 현상이 나타난다.

"직원이 잘해야 칭찬해 준다."는 리더의 말은 순서가 잘못되었다. 문제 해결의 방법을 직원에게 돌린 것이다. 상하 관계에 있는 직장에서 변화의 선도자는 리더가 되어야 하는 것이 옳지 않겠는가?

비록 직원의 역량이 리더의 기대 수준에 미치지 못할 경우에도 부정적 자성예언을 중단시킬 수 있는 사람은 리더의 위치에 있는 사람이다.

미흡한 직원을 긍정으로 바라보기

개미 연구로 하버드대학에서 박사학위를 받은 사람이 전 이화여대 최재천 교수이다. 그에 의하면 개미들이 모두가 열심히 일하는 것처럼 보이지만, 자세히 보면 20% 정도의 무임승차 개미들이 있다. 이를 보면서 연구자들은, '부지런한 개미들만 따로 모으면 모두 열심히 일하지 않을까?' 생각하고, 그들만 따로 그룹을 지어 줘 봤다. 그랬더니 처음처럼 농땡이 개미가 20% 정도 다시 생겨나는 현상을 발견하였다[79].

흥미로운 것은 사람의 세계에서도 마찬가지라는 점이다. 사회 현상에 80:20의 파레토 법칙이 존재하듯이, 대부분의 직장에는 리더의 기대에 못 미치는 직원들이 약 20%를 차지한다는 것이 리더십 전문가들의 중론이다[66].

혹, 현재 함께 일하는 부서의 직원들 중에 미흡한 직원이 전혀 없다면 운 좋은 리더이다. 그러나 계속해서 그럴 가능성은 많지 않다. 조직 전체 직원의 약 20%가 미흡하다는 법칙을 감안하면, 내 부서에도 조만간 그런 직원과 함께 근무할 날이 올 가능성이 많기 때문이다. 결국 리더의 숙제는 '미흡한 직원들이 섞여 있는 조직에서 좋은 성과를 내야 한다'는 것이다.

어떻게 해야 할까? 미흡한 직원에게도 칭찬과 격려 등 긍정의 리더십을 발휘할 수 있어야 한다. 부족함이 있는 직원을 긍정으로 바라보는 눈을 가져야 한다는 뜻이기도 하다.

하지만 리더도 사람인지라 이 관문을 넘는 것이 쉽지 않다. 이 문제를 해결하는 데 필요한 것은 우선, '왜 직원이 리더의 눈에 부족하게 보일까?'의 원인을 이해하는 것이다.

여기에는 다음의 두 가지 원인이 존재한다.

첫째, 사람의 능력과 태도는 모두 다르다.

직원들은 모두가 성격과 능력, 태도와 일하는 스타일이 다를 수밖에 없다. 그럼에도 불구하고 리더는 '자신의 안경'으로 직원을 바라보게 되며, 자기 눈에 거슬리면 문제 직원으로 인식하게 된다. 후임 리더가 오면 그동안 비난받았던 직원이 갑자기 양호한 평가를 받는 경우가 생기는 것도 이 때문이다.

L사 영업부장의 사례이다. 그는 실적이 부진한 오 대리가 싫어서 꾀를 내어 총무부장 밑으로 보내 버렸다. 6개월 후 총무부장에게 물었

다. "오 대리는 요즘 어때요?" 그러자 총무부장은 "좋은 직원 보내 줘서 감사합니다. 일을 아주 잘하고 있습니다."라고 했다,

둘째, 직원들을 비교하며, 상대 평가를 한다.

직원들을 상대 비교하면 필연적으로 순위가 떨어지는 직원이 생길 수밖에 없다. 다섯 손가락 중에서 짧은 손가락이 있는 것과 마찬가지다.

비유로 생각해 보자. 최고의 지성인들이 모여 있는 하버드대학교에서 총장이 바라보는 교수들은 모두 흠잡을 데 없는 인재들일까? 그렇지 않다. '저런 교수만 없으면 대학이 더 발전할 텐데'라고 말할 교수가 존재할 가능성이 농후하다. 다음은 K사의 부장을 코칭할 때 필자에게 말한 그의 견해이다.

> 팀원 9명 중에 2명 때문에 근무 에너지의 절반을 뺏깁니다.
> 학교도 아닌데 내가 부족한 직원을 가르쳐 가며 일해야 합니까?
> 연봉도 적지 않은데, 자기 몫을 안 하는 직원을 보면 화가 납니다.

다른 부장들은 편하게 지내는데 자신만 직원 문제로 고생한다고 생각하는 하소연이다. 그러나 80:20의 법칙이나 개미 연구에서 보았듯이, 대부분의 리더들 밑에는 기대에 미치지 못하는 직원이 포함되어 있다고 봐야 한다. 내 눈에 보이지 않을 뿐, 다른 리더들에게도 직원 문제로 힘들어하는 속사정이 있을 개연성이 높기 때문이다.

따라서 우수한 조직을 만드는 데에는 미흡한 직원의 존재 여부가

관건이 아니다. 미흡한 직원까지도 긍정의 리더십으로 동기부여하고, 성장시킬 수 있는 스킬을 리더가 갖추고 있느냐가 관건이라고 할 수 있다.

정리하면, 탁월한 리더 또는 슈퍼 리더는 우수한 직원으로만 구성된 부서를 이끄는 사람이 아니다. 칭찬이 80%가 될 정도로 긍정 리더십을 생활화함으로써 부족한 직원까지도 더 나은 직원으로 변하게 만드는 사람이 탁월한 리더이다.

발코니에서 직원을 바라보자

직원들에게 칭찬을 하지 않는 리더는 역설적이게도 똑똑한 사람인 경우가 많다. 그는 사원 때부터 열심히 일해 왔고, 이를 인정받아 지금 위치로 승진한 사람이며, 그런 리더일수록 부서 직원이 소극적으로 일하면 마음이 더 불편해진다.

젊은 사람이 왜 저렇게 열정이 없을까?
나는 옛날에 저렇게 행동하지 않았는데…….
그만큼 가르쳐 줬으면 이제는 알아서 해야지.

지금의 위치에까지 온 리더는 그동안 직장의 성공을 목표로 앞만 보고 열심히 달려왔을 것이며, 자신이 그랬기에 직원도 당연히 그래야 한다고 간주한다. "일일이 시키지 않아도 스스로 알아서 좀 움직여라."

고 요구하는 것도 이런 배경에서다.

이처럼 똑똑한 리더가 긍정의 리더십을 발휘하기 위해서는 '발코니에서 직원을 바라보는' 태도가 필요하다. 건물의 위층 난간이 발코니이며, 발코니에서 직원을 바라보자는 말은 리더가 '더 큰 포용력으로, 더 여유로운 시각으로 직원을 바라보자'는 뜻이다.

우리나라가 낳은 세계적인 지휘자 정명훈 씨에게 기자가 성공 비결을 물은 적이 있었다. 그의 대답은 "유치원 시절에 어머니가 했던 칭찬 때문이었다."는 것이다. "명훈아, 넌 어쩜 그리도 피아노를 잘 치니?" 하는 어머니의 말 때문에 그는 계속 연습을 했고, 오늘에 이르게 되었다고 했다.

어머니가 발코니에서 아들을 바라보며 작은 것도 칭찬을 해 주었던 것이다. 만약 발코니를 내려와 "여기 틀렸잖아?" 하고 화를 냈다면 오늘의 정명훈은 없었을 것이다.

직장에서도 리더가 발코니에서 바라보면 직원의 미흡한 일 처리에도 화를 내지 않을 수 있다. "그런 것은 말하지 않아도 알아서 해야 하는 것 아니야?" 하고 혼내는 것은 발코니의 시각이 아니다. 직원에게 리더와 동일한 수준으로 행동하기를 기대하는 '수평적 위치의 시각'이다.

유치원 교사는 어린이의 그림을 진심으로 칭찬한다. 발코니의 시각으로 기대 수준을 낮췄기 때문에 가능하다. 이와 마찬가지로 리더가 눈높이를 낮추면 직원의 작은 성공에도 칭찬이 가능해지지만, 자신의 눈높이를 직원에게 들이대면 칭찬은 어려워진다.

다음은 미흡한 직원 때문에 힘들다는 G사 상무와 필자가 나눈 대화이다.

필자: 직원들에게 누구나 자기 일을 제대로 해 줄 것을 기대하는
   것은 미흡한 직원이 한 명도 없어야 한다는 뜻이겠지요.

상무: 당연한 것 아닌가요?

필자: (손가락을 펼쳐 보이며) 상무님의 직원에 대한 기대는 손
   가락 길이가 같아야 한다는 말에 비유할 수 있겠습니다.

상무: (눈을 감고 5초쯤 지난 후) 짧은 손가락이 있게 마련이라
   는 뜻이군요.

물질적 보상과 심리적 보상

   직원들은 직장 생활을 하면서 회사와 리더로부터 무엇을 받기를
원할까? 다음은 조직리더십코칭원에서 진행한 코칭 인터뷰와 리더십
교육 참석자들로부터 조사한 직원들의 희망 리스트이다[74].

   (1) 연봉 인상, 성과급 등 금전적 보상

   (2) 승진 및 경력개발

   (3) 고용안정 또는 신분보장

   (4) 복지후생 및 좋은 근무환경

   (5) 적성에 맞는 업무와 일 자체의 보람

   (6) 리더의 칭찬과 격려

(7) 수평적 소통과 의견 경청 등

위 7가지 외에 더 있지만 빈도가 높은 항목들만 압축한 결과이다. 항목들의 내용을 보면 (1)~(4)번까지는 물질적, 제도적 보상에 대한 욕구이며, (5)~(7)번 항목들은 비물질적, 심리적 보상에 대한 욕구들이다.

리더가 함께 근무하는 직원을 동기부여하고 성장시키는 데에는 직원이 원하는 것을 100% 만족시켜 주면 좋겠지만, 조직의 현실이나 리더의 권한에는 많은 제약이 있을 수밖에 없다. 이러한 제약 속에서 효과적인 보상 방안을 찾고 실행해 가는 것이 리더의 역할이 아니겠는가?

리더가 직원들에게 보상 방안을 찾는 데 중요한 시사점을 주는 것으로 허쯔버그의 연구가 있다. 동기부여에 관한 연구에서 허쯔버그(F. Herzberg)는 보상의 종류를 '위생 요인(Hygiene Factors)'과 '동기 요인(Motivating Factors)'이라는 특이한 이름으로 구분하였다[93].

동기 요인은 무슨 뜻인지 쉽게 짐작할 수 있지만, 위생 요인은 무슨 의미일까? 세균이 우리의 건강을 위협하면 시급히 해야 할 과제는 위생을 깨끗이 하는 것이다. 그리고 세균으로 인한 질병의 위험이 없어진 이후에는 추가적인 위생 관리는 건강증진에 더 이상 도움되지 않는다. 이제는 비타민 섭취 등 영양분을 공급해야 비로소 플러스 방향의 건강 증진이 이루어지게 된다.

허쯔버그는 직원의 불만을 없애는 데에 필요한 보상을 위생 요인이라 했으며, 여기에는 연봉, 승진, 복지, 근무환경 등 주로 물질적 보상이 해당된다. 그리고 위생 요인이 충족되어 불만이 줄어들면 이제 필요한 것은 동기 요인이며, 여기에는 인정과 칭찬 등 심리적 보상들이 해당된다.

허쯔버그의 연구의 요점은 간단하다. 물질적 보상이 열악한 경우에는 이것이 근무 의욕에 미치는 영향이 크지만, 기본적 수준이 충족된 이후에는 물질적 보상의 동기부여 효과는 떨어진다. 이때부터는 물질적 보상이 아니라 심리적 보상이 더 큰 영향을 미친다는 점이다.

리더십 교육장에서 필자가 참석자들에게 "직원을 잘 동기부여하여 우수한 조직을 만들어 봅시다." 하고 말하면, 리더들은 다음과 같은 고충 사항들을 피력한다.

팀장인 나에게 직원을 격려할 수 있는 예산이 없습니다.
총알이 없는데 어떻게 직원들을 동기부여합니까?

부장인 나에게 직원을 승진시킬 권한이 없습니다. 승진 T/O도
적을 뿐만 아니라, 최종 결정은 사장님이 다 합니다.

한마디로 물질적 보상 권한이 없다는 리더의 하소연들이다. 실제로 요즘에 대부분의 직장은 성장이 정체되어, 승진 기회는 줄어들고, 복지예산 등은 갈수록 줄어든다. 직원에게 좋은 보상을 할 수 있는 여력이 리더들에게 많지 않은 것이 사실이기도 하다.

그러나 "총알이 없는데 어떻게 우수한 팀을 만듭니까?" 이 말은 50%는 맞는 말이지만, 50%는 틀린 말이다. "나는 심리적 보상(동기 요인)의 효과를 사용하지 않습니다. 50점짜리 리더입니다."라고 말하는 것과 진배없다.

좋은 직원들과 많은 예산이 있는 조직에서 리더 생활을 못할 사람

이 누가 있겠는가? 칭찬거리가 없는 직원도 섞여 있으며, 승진과 복지 등 물질적 보상도 어려운 속에서 반전을 끌어낼 수 있을 때 유능한 리더 소리를 들을 수 있지 않겠는가?

직원의 입장에서 사장, 상무 등 고위 간부가 누구인지는 그다지 중요하지 않다. 매일의 근무에서 마주치며 상호작용하는 직속 상사가 더 중요하다. 가까이 있는 상사로부터 인정과 칭찬을 받는 것이 직원의 근무 의욕에 더 많은 영향을 미친다는 점이다.

따라서 직원들과 매일 동고동락하는 팀장이나 부장이 직원들에게 얼마나 긍정 리더십을 발휘하는지가 조직 활성화에 관건이 된다.

진짜 고마울 때는 부장님이 제가 한 일을 칭찬해 줄 때예요.

제가 쓴 기획서를 꼼꼼히 보시고는 '이건 이런 점에서 잘했다' 고 말씀해 주셨을 때가 지금도 기억에 남아요.

칭찬의 효과와 질책의 영향

유머 하나, 아내의 생일 때 피자 한 판으로 선물을 때운 남편이 있었다. 아내가 옆집 여자를 만나고 와서는 신경질을 부렸다. "옆집 여자는 생일 선물로 남편한테 화장품 세트를 받았다고 자랑하던데, 난 고작 피자 한 판이 뭐예요?" 그러자 남편이 말했다. "허, 그 옆집 여자 참 안됐네." "안된 건 나지, 옆집 여자가 왜 안됐어요?" 하자 남편이 대답했다. "옆집 여자가 당신처럼 예뻐 봐. 화장품이 뭐 필요 있겠어?"

미국의 탁월한 경영자 메리 케이 애쉬(M. Ash)는 "사람이 돈과 섹스보다 더 원하는 것이 두 가지가 있다. 그것은 인정과 칭찬이다."라는 말을 했다. 미국 레이건 대통령 시절 연설 원고 담당이었던 페기 누난(P. Noonan)은 자신의 원고 초안에 대통령의 "매우 훌륭함"이라는 칭찬 메시지가 돌아오자, 이를 오려서 가슴에 붙이고 다니며 일했다고 한다.

칭찬과 격려가 좋다는 것을 모르는 리더가 누가 있을까? 그러나 이들의 실제 행동을 보면 칭찬은 적고 질책이 훨씬 많다. 정상적으로 일하는 직원에게는 아무런 반응도 없다가 부족한 점이 발견되면 그 순간을 놓치지 않는다. 요즘처럼 어려운 경영환경에서 리더는 성과 달성에 초조할 수밖에 없으며, 미흡한 직원에게 질책하기 쉬운 상황인 것도 사실이다.

생각해 보면 리더가 직원을 칭찬하거나 질책을 할 때에 원하는 것은 동일하다. 더 열심히 일하여 좋은 성과를 달성하라는 것이 아니겠는가?

그렇다면 직원의 의욕을 북돋우고 성과를 높이는 데, 칭찬과 질책 중에서 어느 것이 더 효과적일까? 학자들의 다양한 연구에서 그 해답은 칭찬이라는 것이 확실하다.

키셴바움(D. Kishenbaum) 교수의 연구를 보자. 그는 볼링을 배우려는 초보자들을 두 그룹으로 나누어 3게임씩 치도록 했다. 이때 게임 상황을 비디오로 촬영하면서, A그룹에는 스트라이크 등 성공하는 장면만을, B그룹에는 실수하는 장면만을 촬영했다.

촬영 후 두 그룹에게 일주일에 5시간씩 6개월 동안 더 연습하게 하고서, 이 기간에 미리 촬영한 자기 그룹의 비디오를 반복해 보여 주었다. 즉 A그룹은 성공적인 플레이 장면을, B그룹은 실패하는 장면을 계속 보게 한 것이다.

그리고 6개월이 지난 후 두 그룹의 볼링 실력을 테스트하였다. 어떻게 되었을까? 성공하는 장면의 비디오를 본 A그룹의 실력이 B그룹보다 훨씬 좋았다. 비디오만 다른 것을 보았으며, 그것도 전문 선수의 비디오가 아니라 자신들이 했던 비디오일 뿐이다[110].

이 실험이 시사하는 결론은 명료하다. 칭찬, 격려가 꾸지람과 지적보다 사람을 발전시키는 효과가 훨씬 크다는 점이다.

"우리는 누구나 잘못을 저지르기 쉽다. 아홉 가지의 잘못을 찾아 꾸짖는 것보다, 한 가지의 잘한 일을 찾아 칭찬해 주는 것이 그 사람을 올바르게 인도하는 것이다." 인간관계의 고전적 전문가 데일 카네기가 한 말이다[15].

효과적인 칭찬 스킬에 관심을 갖자

리더들에게 "왜 칭찬을 많이 하지 않느냐?"고 물어보면 자주 하는 대답들이 있다.

닭살 돋는 것 같아서…….
굳이 말을 해야 합니까? 이심전심으로 알겠지요.
칭찬할 만한 행실이 없어서.
상대방이 어떻게 받아들일지 몰라서.

심지어 칭찬을 하면 연말에 인사평가를 좋게 주어야 한다는 부담감 때문이라는 대답도 있다. 이런 이유들은 모두 칭찬하는 스킬을 제대로 모르기 때문이다.

그럴 수밖에 없다. 과거 그들에게는 칭찬해 주는 리더가 거의 없었다. 사랑을 받고 성장해야 사랑을 나눠 줄 수 있듯이, 칭찬 없이 살아왔던 현재의 리더들은 직원을 칭찬해 주는 것에 익숙하지 않다.

하지만 이제는 달라져야 한다. 선배 리더들이 해 왔던 것처럼 칭찬 없이 지금의 직원들을 이끌면 성공적 조직 운영은 물 건너간다. 특히 MZ 직원들은 가정과 학교에서 칭찬받으며 커 왔으며, 이들에게는 칭찬받는 것이 일종의 문화라고 봐야 한다.

직장인들을 대상으로 한 삼성경제연구소의 조사에서 응답자의 78%가 "작은 일이라도 자주 칭찬과 격려를 받고 싶다."고 했다. 대단한 칭찬을 말하는 것이 아니며, 작은 것이라도 그때그때 자주 칭찬받고 싶어 한다는 점이다[72].

이메일 잘 봤어요. 내용이 깔끔하게 정리되어서 단번에 이해했어요.

항상 먼저 나를 반겨 주던데, 동료들이 왜 대양 씨를 좋아하는지 알겠어요.

하버드 대학교의 경영자 리더십 훈련(Executive Leadership Training) 과정의 2일 교육비는 500만원 정도이다. 필자도 이 과정에 참여한 적이 있는데, "이렇게 비싼 교육에는 한국에서 못 듣는 고급 내용이 있겠지." 하고 처음에 생각했다.

그러나 교육 내용의 중요 부분이 칭찬 스킬이었다. 처음에 "에이! 이런 내용을 들으러 여기까지 왔단 말인가?" 하고 생각하며 실망을 했는데, 그때 강의 교수가 했던 말이 지금도 기억에 생생하다.

탁월한 리더십은 아인슈타인의 수학공식처럼 어려운 데에 있지 않습니다.
실수하는 직원이나 까다로운 직원에게 분노하지 않고 비폭력으로 말하며,
미흡한 직원을 칭찬으로 이끄는 긍정의 리더십에 달려 있습니다.

POBS(팝스) 칭찬 스킬

인간관계에는 상호성의 법칙이 작동한다. 리더가 진정성을 가지고 칭찬의 리더십을 발휘하면 직원은 춤추기 시작한다. 지금부터 칭찬거리가 없는 직원까지 칭찬할 수 있는 POBS(팝스) 칭찬 스킬에 대해 살펴보자[6].

POBS 칭찬 스킬은 다음의 네 가지 단어의 첫 글자에서 비롯된 이름이다.

▶ Process: 과정을 칭찬하라.

▶ Only: 다른 사람과 비교하지 마라.

▶ Behavior: 행동 중심으로 칭찬하라.

▶ Small: 작은 것을 자주 칭찬하라.

Process - 과정을 칭찬하라

마라톤 선수가 혼자 연습할 때보다 실제 경기에서 관중이 있을 때 성적이 더 좋아진다. 관중들의 응원에 힘이 나기 때문인데, 학자들은 이를 '관중 효과(Audience Effect)'라고 부른다.

선수가 달리는 과정에 보내는 응원은 '결과보다 과정을 칭찬'하는 것이다. 반면에 달리는 과정에는 조용히 있다가 골인 지점에서 박수를 치는 것은 결과 칭찬에 해당한다. 결과 칭찬은 선수의 기록 단축에 실제 도움을 준 것은 아무것도 없는 셈이다.

직장에서 리더가 직원을 도와주려면 노력하는 과정을 응원해 주어야 하는 것도 이 때문이다. 과정을 칭찬하지 않는 리더는 마라톤 선수의 달리는 도중에 응원하지 않는 것과 같다.

흔히 리더들은 매출 증가 등 직원에게 좋은 결과가 나왔을 때 칭찬을 하는 것으로 인식하고 있다. 그러나 이러한 결과에 대한 칭찬은 직원이 힘들게 노력하는 과정에 리더가 힘을 보태 준 것은 전혀 없다는 점을 기억하자.

리더가 직원의 성공에 조금이라도 도움을 주기 위해서는 '과정 칭찬'을 해야 한다. 달리 말하면, 리더는 매일의 근무에서 직원의 작은 성취를 자주 칭찬해 주어야 한다.

박 과장, 오늘 할 일을 잘 마쳤네요. 계획된 일정대로 잘 진행해 줘서 감사해요.

송 선임, 장기 프로젝트 일정 속에서 이번 주 과제를 마치느라 수고했어요.

고객에게 제안서를 오늘까지 보내느라 김 대리가 고생 많이 했어요.

노력하는 과정(Process)을 칭찬하면 다음과 같은 장점들이 따라온다.

▶ 장기간의 과제에도 중간 과정을 칭찬함으로써 직원에게 에너지를 북돋아 준다.
▶ 많은 칭찬으로 서로 간에 관계가 좋아지고 신뢰가 증대된다.
▶ 과정을 칭찬하기 때문에, 결과가 나쁜 경우에도 직원을 다시 분발하게 한다.

직장에서 일하다 보면 열심히 노력했지만 결과가 나쁠 때도 있다. 직원이 힘들어하는 이 순간에 리더가 해야 할 역할이 바로 격려가 아니겠는가? 하지만, 결과에 초점을 둔다면 이런 직원을 다시 분발하게 하는 격려를 하지 못한다. 과정을 칭찬하는 것이 슈퍼 리더들이 일상적으로 하는 동기부여 방법이라는 것을 기억하자.

Only - 다른 사람과 비교하지 마라

자녀가 학교에서 100점 맞은 성적표를 받아 오면 "오! 우리 아이, 최고네. 100점씩이나 맞다니!" 하며 칭찬을 끝내는 것이 좋다. "몇 명이나 100점을 받았지?" 하고 물어보면 "친구들도 100점 많이 받았어." 하기 쉽다. "그럼 그렇지." 하고 부모가 말하면 자녀의 기분은 어떻게 되겠는가?

인도 철학자 크리슈나므르티(J. Krishnamurti)는 "비교는 폭력이다."라고 하였다[86]. 뿐만 아니라 직장에서 리더가 비교에 의해 칭찬을 한다면 미흡한 직원을 칭찬하기가 불가능해진다. 다른 사람과 비교하는 방법으로는 열등한 사람을 도와주기는커녕 더욱 좌절하게 만든다.

> 부장: 김 대리, 2/4분기 실적이 목표의 85%이네요.
> 5% 개선되었지만, 그래도 팀원 중에서 꼴찌입니다. 자존심도 없습니까?
> 직원: 죄송합니다.
> 부장: 같은 처지에 있는 최 대리는 목표의 200%를 달성했는데, 김 대리는 85%가 뭡니까?

미흡한 직원을 칭찬하는 원리는 다른 사람과의 비교가 아니라 '자신의 과거와 비교'하는 것이다. 예컨대, 매출목표 80%를 달성하던 직원이 이번에 85%로 개선되면 그것을 칭찬하는 것이다.

부장: 김 대리, 2/4분기 실적이 전보다 5% 좋아졌네요. 어떤
　　　노력을 했지요?
직원: 예! 만나기 어려운 고객을 설득하기 위해 퇴근 시간 이
　　　후에 찾아갔습니다.
부장: 그랬군요. 조금씩 개선이 되니까 앞으로 더욱 기대가 됩
　　　니다. 수고 부탁해요.
직원: 감사합니다. 다른 방안도 한 가지 생각 중인데, 좋은 결
　　　과를 기다려 보시지요.

이처럼 자신과의 비교를 하면 열등한 직원이라도 과거의 부진한 상황이 개선될 때마다 칭찬이 가능해진다. 이것은 첫 걸음을 배우는 아기가 엄마의 응원에 힘입어 두 걸음을 내딛게 하는 것과 같은 효과를 가져온다.

Behavior - 행동 중심으로 칭찬하라

최 대리는 참 성실한 것 같아요.
박 과장은 책임감이 투철하네요.

대형 씨의 일 처리는 항상 믿음이 갑니다.

'성실하다', '책임감이 있다', '믿음이 간다'. 이런 표현을 '인격을 평가하는 추상명사'에 의한 칭찬이라 한다. 관찰 가능한 행동이 아니라 추상명사로 하는 칭찬은 효과적인 방법이 아니다.

인격을 평가하는 칭찬은 포괄적 표현이기에 상대방이 "그렇지 않은 면도 있는데." 하며 부담스러워한다. 심지어 "나에 대해 잘 알지도 못하면서, 립 서비스 하는구만." 하고 생각할 수도 있다.

흔히 칭찬을 받은 사람이 "부담스럽다.", "닭살 돋는다."는 느낌을 갖는 것도 '인격을 평가하는 추상명사'로 말하는 데에 그 원인이 있다.

직원에게 이런 칭찬을 하면 다음과 같은 단점이 있다.

첫째, 칭찬을 자주 할 수 없다.

'솔선수범한다', '주인 정신이 있다' 등의 인격을 평가하는 추상명사 칭찬은 몇 달에 한 번 정도로 할 수는 있다. 그러나 자주하면 직원은 생각한다. "뭐야? 유치원생 취급하는 것도 아니고……."

둘째, 나중에 꾸지람을 할 때 모순이 생긴다.

며칠 전에 "일 처리에 믿음이 간다."고 칭찬을 했는데, 오늘 "보고서가 이게 뭐요?" 하고 나무라면 모순이 생긴다.

이런 단점을 극복하는 방법이 '관찰 가능한 행동(Behavior)'으로 칭찬하는 것이다. 사실(Fact)을 서술적(Descriptive)으로 표현하는 방법이기도 하다.

무엇이, 어떻게 좋은지 증거(Fact)를 제시하며 칭찬하는 방법이다. 예컨대 "그동안 잘했다."고 하기보다 "그동안 1건의 고객 클레임도 없었다."고 말하는 것이 관찰 가능한 행동, 또는 Fact로 칭찬하는 것이다.

최 과장, 요점을 XY 좌표로 설명하니 쉽게 이해가 되네요.

박 대리, 자료를 하루 일찍 전달해 주니 검토에 시간 여유가 있네요.

김 선임, 제안서에 그래프를 넣으니 시각적으로 쉽게 이해가 됩니다.

Small - 작은 것을 자주 칭찬하라

올림픽 유도 경기에서 상대 선수를 업어치기에 성공하면 심판은 손을 들며 "유효"라 외친다. 점수로 인정된다는 것이다. 직장에서도 직원이 어떤 행동을 했을 때 리더가 칭찬을 하면 유효 체험이 된다. 반면에 어떤 행동을 했음에도 리더의 칭찬이 없으면 '무효 체험'이 된다.

사람은 누구나 유효 체험을 할 때 그 행동을 계속할 마음이 생긴다. 이러한 이유에서 리더는 직원의 '작은 성취(Small Win)'가 있을 때마다 놓치지 않고 칭찬해 주어야 한다.

김 대리, 계획서에 3년 통계치를 포함하니, 매출 변동의 추세가 명료하게 나타나네요.

송 주임, 내 말을 경청하고 궁금한 사항을 질문해 주니 고마워요.

정 과장, 내일 회의자료를 미리 공유해 주니, 사전 검토에 도움이 됩니다.

칭찬을 하지 않는 리더는 혼자 생각한다. "분기 실적이 잘 나오면.", "큰 계약이 성사되면 그때 칭찬해 줘야지." 하지만 이런 생각이 칭찬을 자주 할 수 없는 원인이 되며, 일의 진행 과정에 작은 것을 자주 칭찬해 주는 것이 해결책이다.

칭찬거리가 없는 직원은 없다

"수년을 같이 근무했는데, 최 대리는 칭찬거리가 없어요." 이렇게 말할 때에는 아마도 최 대리가 다른 직원에 비해 부족함이 많을 가능성이 높다. 그러나 최 대리에게는 과연 칭찬거리가 없는 것일까?

인간관계론의 최고 전문가 데일 카네기는 말한다. "칭찬거리가 없는 사람은 없다. 관심을 갖고 관찰하지 않았을 뿐이다."[15]. 굼벵이도 구르는 재주가 있다는 말처럼, 누구에게나 한두 가지 장점은 있게 마련이다.

다만 "얼굴만 봐도 화가 난다."는 말에서 보듯이 한번 관계가 틀어지면 모든 것이 밉게 보일 뿐이다. 그러나 미운 사람도 차분하게 관찰하면 작은 장점이 발견된다. 이것을 칭찬해 주는 것이 틀어진 관계를 개선하고, 그 직원을 발전시키는 출발점이 되지 않겠는가?

> 팀장: 지난 야외 행사에서 최 대리의 게임 진행으로 부서 행사
> 　　　가 참 즐거웠어요.
> 대리: 아니 뭐, 별것도 아닌데 그런 걸 가지시고⋯⋯.
> 팀장: 유머도 참 많더군요. 즐거운 행사 분위기에 도움 줘서
> 　　　고마워요.

평소에 일 못한다고 꾸지람을 받아 어깨가 처진 직원이었지만, 야외 행사에서 끼를 발휘한 경우를 팀장이 칭찬하는 대화이다. 칭찬의 표현방식도 관찰 가능한 행동으로 말했기에 립 서비스처럼 어색하지 않다.

이 칭찬이 계기가 되어 미움받던 그 직원은 에너지를 찾으며, 일에도 더욱 적극적으로 변해 갈 것이다.

POBS(팝스) 칭찬 스킬의 네 단계를 다시 생각해 보자.

▶ Process - 과정을 칭찬하라
▶ Only - 다른 사람과 비교하지 마라

▶ Behavior - 행동 중심으로 칭찬하라

▶ Small - 작은 것을 자주 칭찬하라

위 네 가지 방법의 하나하나가 모두 칭찬거리가 없는 직원을 칭찬하는 데 도움을 준다. 그중에서도 특히 '다른 사람과 비교하지 마라(Only)'는 것이 능력이 부족한 직원을 칭찬하는 데 기억해야 할 방법이다.

탁월한 리더십은 복잡한 이론에 있지 않다. 함께 일하는 직원이 활기차게 일하도록 환경을 만드는 사람이 탁월한 리더이다. POBS(팝스) 칭찬 스킬로 직원들을 자주 칭찬하면 그들은 긍정의 셀프 리더로 성장하고, 활기차게 동기부여되어 성과 증대에도 기여하지 않겠는가?

실패했을 때의 인정과 격려

'인정과 격려'는 칭찬과 비슷하지만 좀 다른 개념이다. 칭찬은 잘하거나 성공을 했을 때, 좋은 결과에 대해 말해 주는 피드백이다.

반면에 인정은 직원이 노력했으나 어쩔 수 없는 요인으로 결과가 좋지 않거나, 실패했을 때에 격려해 주는 말이다. 이를 '존재(Being)에 대한 인정'이라고 한다.

하지만, 많은 리더들은 '실패 때의 인정과 격려'를 거의 하지 않는다. 직원이 과제 완수에 실패했을 때 리더가 화를 내지 않고 인정, 격려를 한다는 것이 쉽지 않은 것도 사실이다.

김 선임, 그 정도의 일도 성사 못 시켜서야 어떻게 다른 일을 맡기겠어요?

최 과장, 이번 계약 실패로 우리 회사에 손해가 막심해요. 잘 좀 하지…….

김 대리는 일을 어떻게 처리했길래 결과가 이렇게 되었어요?

일이 실패했을 때 리더보다 더 괴로운 사람은 해당 직원이다. 이때 리더가 해야 할 역할은 한 템포 여유를 찾고, 화를 내기보다 어깨가 처진 직원에게 에너지를 공급해 주는 것이어야 한다.

그래야 직원이 다시 분발하게 되고, 장기적으로 조직의 성과가 좋아지지 않겠는가?

이처럼 실패에도 인정과 격려를 해 주어야 하는 데에는 다음과 같은 이유가 있다.

첫째, 결과는 나쁘지만 과정에서의 노력은 있었다.

업무를 수행하면서 나름의 노력을 하지 않는 직원은 거의 없다. 목표 달성에 실패한 경우에도 그 직원 입장에서는 노력을 기울인 것이 사실이다. 이것을 Fact 중심으로 말해 주면 효과적인 인정과 격려가 된다.

부장: 이번에 계약을 수주하지 못해 아쉬움이 많아요. 홍 과장
    이 그동안 고민하고 노력을 많이 했었는데…….

과장: 결과가 좋지 않은데, 무슨 면목이 있겠습니까?

부장: 이번 실패를 값비싼 경험으로 생각하고, 다음 기회를 노
려 봅시다. 수고했어요.

결과가 좋을 때의 칭찬은 "잘했다"라는 표현이 적합하지만 결과가
나쁠 때의 표현은 "수고했다"가 무난하다. 비록 실패했지만 추진 과정
에서의 노력은 분명히 있었기 때문이다.

둘째, 결과가 나빠도 존재(Being)에 대한 인정은 가능하다.

'존재에 대한 인정'은 마음이 울적한 직원의 심정을 어루만져 주는
말이다.

직원: 프로젝트 실패로 회사와 부장님께 누를 끼쳐 죄송합니다.

부장: 결과가 나빠서 누구보다 괴로울 사람은 홍 대리이겠지
요. 힘 내세요.

직원: 저의 심정을 알아주시니 감사합니다. 다음에는 잘해 보
겠습니다.

부장의 말은 거짓이나 억지 표현이 아니다. 결과가 나빠 괴로운 당
사자는 홍 대리인 것이 사실이며, 하반기에 그 프로젝트에 다시 도전
해야 할 사람도 홍 대리이다.

부장은 자신의 감정을 절제하고, 직원의 심정을 격려하고 있다. 이
런 말을 들으면 직원의 가슴은 뭉클해지며, 그날부터 다음 과제를 성

공시키기 위해 더 고민하지 않겠는가?

인간관계에서 상대의 감동을 불러 일으키는 때를 '결정적 순간(Moment Of Truth)'이라고 하는데, 리더가 업무에 실패한 직원에게 인정과 격려의 말을 해 주는 것은 결정적 순간의 대화에 해당한다.

일이 실패했을 때 직원은 고양이 앞의 쥐 신세이다. 고개를 숙인 채 리더에게 혼날 것을 예상하고 있는 이 순간에 리더가 격려의 말을 하면 반전이 일어나게 된다.

노력도 안 하는 직원은 어떻게 합니까

앞에서 말한 "실패에도 존재(Being)를 인정하고 격려하자."고 하는 데에는 전제 조건이 있다. 비록 일의 결과는 좋지 않지만, 추진 과정에 직원이 열심히 노력했어야 한다는 전제이다.

하지만 직원 중에는 노력 자체가 부족한 직원도 있다. 일의 진행 과정에 소극적이었거나, 무책임하게 임하고서 결과를 나쁘게 만든 경우도 있다. 이런 직원에게까지 인정과 격려를 한다는 것은 타당하지 않다.

오히려 엄정하게 꾸지람을 하고, 재발 방지를 위한 약속을 받아내야 한다. 이에 대한 스킬은 IX장의 '질책에도 상처받지 않게 표현하라'에서 설명하고 있다.

매일 칭찬하기를 다짐하자

지금까지 칭찬 스킬에 대하여 자세히 살펴보았다. 그런데 이것을 알고 있으면, 내일부터 누구나 칭찬의 리더십을 원활하게 발휘할 수 있을까? 그렇게 되기가 쉽지 않다.

칭찬의 리더가 되어야겠다고 머리로 이해해도, 질책이 많았던 과거의 습관을 벗어나기가 어렵기 때문이다. 건강에 유익한 운동 방법을 알아도 실행하지 않는 사람이 많듯이 칭찬도 마찬가지다. 칭찬을 습관으로 실행하기 위해서는 매일의 노력이 있어야 한다.

과거 삼성 에버랜드의 경영을 크게 성공시킨 허태학 사장의 방법이 본보기가 된다. 그는 출근하면 매일 작은 단추 5개를 왼쪽 포켓에 넣고서, 퇴근 때까지 오른쪽 포켓으로 옮기는 것을 목표로 삼았다. 한 번 칭찬할 때마다 단추가 위치를 이동한다. 이런 노력이 없으면 머리로는 칭찬이 좋다는 것은 알지만, 행동은 질책이 많아지는 자신을 발견했기 때문이다.

"직원 1인당 주 1회 이상 칭찬하기." 등 칭찬 목표를 구체화하는 방법도 좋다. 5명의 팀원이 있다면 하루 1명 이상 칭찬해야 가능하다. 매일 칭찬하기를 잊지 않기 위한 자신만의 방법을 찾아보자.

필자는 하루를 시작할 때에 다이어리 첫 칸에 "긍정, 비전, 정진"이란 말을 매일 쓴다. '긍정'을 쓰면서 마음속으로 "오늘도 칭찬, 긍정의 말을 해야지." 하고 다짐한다. 벌써 20년이 넘은 습관인데, 긍정의 리더가 되도록 나의 언행을 관리하는 데 좋은 가이드 역할을 해 주고 있다.

기질에 따라
직원들을 다르게 대하라

"너희가 대접받고자 하는 대로 다른 사람을 대접하라!" 이 말은 인간관계의 황금률이라고 불린다. 직장에서도 "리더 자신이 대접받고자 하는 대로 직원들을 대접하라."라는 의미로 해석할 수 있다.

그러나 탁월한 리더들의 행동에 대한 많은 조사를 한 미국의 Gallup에서는 "너희가 대접받고자 하는 대로 직원들을 대접하지 마라."는 역설적인 주장을 한다. 그리고 "리더가 좋아하는 방식이 아니라 직원들의 성격에 맞추어, 그들에게 적합한 방식으로 대해야 한다."고 하였다[27].

다음은 업무 성과도 높고 직원들에게 인기가 높은 D사 임원의 말이다.

나는 직원 개개인의 특성과 성격을 알려고 무척 노력합니다.

그들 각자의 독특성을 반영해 내가 소통한다면 직원들은 더 신이 나겠지요.

사람들의 얼굴이 모두 다르듯이 성격도 각양각색이다. 리더가 직원들과 협조적 관계를 만들고, 긍정의 소통을 하기 위해서는 상대방의 성격 특성을 잘 반영할수록 성공적이 된다.

예컨대 칭찬을 하는 경우에도 성격이 털털한 직원에게는 "김 대리, 기획서가 잘되었어요. 수고했어요."라고 말해도 좋다. 그러나 꼼꼼하고 신중한 성격의 직원에게는 이런 칭찬이 별 효과가 없다. "내가 한 일을 자세히 알고 하는 말일까?" 하고 의문시한다. 이런 직원에게는 근거가 있는 구체성을 가지고 칭찬해야 한다.

김 대리, 기획서에 5년간의 통계자료를 포함한 것이 잘된 것 같아요.

박 과장, 제출한 비대면 영업 보고서에 비용 효과 분석이 포함되어 있어 참 좋네요.

이처럼 상대방의 기질에 따라 다르게 표현할 필요가 있는 것은 칭찬에만 한정되지 않는다. 업무를 지시하거나 중간 점검 등 일체의 상호작용에서 리더는 직원들의 성격 특성을 알고 반영해야 한다. 그럴수록 직원들은 대접받는 느낌이 들고, 리더에 대한 추종감이 생기며 업무에 더욱 동기부여가 된다.

READ(리드) 성격유형분석

사람의 성격 차이를 분석하는 연구는 고대 그리스 시대부터 지금까지 계속되고 있으며, 앞으로도 계속될 것이다. 2,500년 전 그리스의 의학자 히포크라테스는 사람의 성격을 다혈질, 우울질, 담즙질, 점액질의 4가지로 구분하였다. 조선의 한의학자 이제마는 태양인, 소양인, 태음인, 소음인으로 구별하고, 체질에 따라 성격이 다르며 양생법을 다르게 해야 한다고 하였다.

현대에 와서도 심리학자들에 의한 성격 분석이 계속되고 있다. Enneagram(에니어그램), MBTI, DiSC(디스크), Gallup의 테마 분류 등이 그것들이다. 그런데 이러한 진단 도구들은 각자 나름의 특성이 있지만, 직장의 리더가 활용하기에는 복잡하고 어렵다는 단점들이 있다 [95], [117].

좋은 진단 도구는 누구에게나 이해하기 쉽고, 현장에서 바로 사용할 수 있어야 하지 않겠는가? 이런 목적에서 새롭게 개발된 진단 도구가 'READ(리드) 성격유형분석'이다. 이 진단 도구는 리더가 직원들의 성격을 파악하고, 상대방에 적합한 방식으로 상호작용하는 데 많은 도움을 준다.

나아가 READ 성격유형분석에 의한 성격 파악은 직장에서만 유용한 것이 아니라, 가족과 친구 등 다양한 관계에서 서로의 차이를 반영하는 데 유용한 도구가 된다.

행복한 부부를 찰떡 궁합이라고 하거나 금슬이 좋다고 말한다. 금

(琴)은 거문고, 슬(瑟)은 비파인데, 서로 다르고 차이점이 많아도, 두 악기가 상대의 차이를 알고 서로 보완하기 때문에 아름다운 화음을 낼 수 있다.

이하에서 READ(리드) 성격유형분석을 통하여 먼저 자신의 특성을 진단해 보자. 그리고 이어서 이 도구를 직원들과 상호작용하는 데 활용하는 방안을 자세히 살펴보기로 하자[8].

READ(리드) 성격유형 진단지

아래의 질문에 자신이 해당하는 점수를 부여하세요.

(1)전혀 아니다 (2)대체로 아니다 (3)보통이다 (4)대체로 그렇다 (5)매우 그렇다.

너무 깊이 생각하지 말고, 평소의 모습을 생각하며 떠오르는 대로 응답하세요.

1. 나는 자신을 내세우지 않고, 공동의 이익을 위하여 적극 협조한다. ( )

2. 나는 쾌활하고 유머감각이 있으며 분위기 메이커라는 말을 자주 듣는다. ( )

3. 나는 '단골이 늘었다'보다 '단골이 9명 늘었다'처럼 데이터를 잘 사용한다. ( )

4. 나는 일을 하다 보면 어느새 내가 주도하는 경우가 많다. ( )

5. 나는 사람들 앞에 나서기보다 전체 의견에 동참하며 협조한다. ( )

6. 나는 사람들과 어울리기를 좋아하며, 낯선 사람과도 쉽게 대화를 이어간다. ( )

7. 나는 자료관리, 정리정돈을 잘하며 주변에서 정확하다는 소리를 많이 듣는다. ( )

8. 나는 의견을 말할 때 에둘러 말하기보다 단도직입적으로 말한다. ( )

9. 나는 상대방의 의견이 마음에 들지 않아도 경청하고 공감해 준다. ( )

10. 나는 주변 사람들로부터 명랑하고 활기차다는 소리를 많이 듣는다. ( )

11. 나는 일을 추진할 때 상세 계획을 미리 수립하고, 수립된 계획을 잘 준수한다. (   )

12. 나는 각종 사회 활동에서 회장, 팀장 등 간부가 되는 것을 좋아한다. (   )

13. 나는 사람들의 가슴속 욕구나 고충을 잘 파악하고, 이의 해결을 도와준다. (   )

14. 나는 재미있는 말을 잘하며, 말을 하면 다른 사람들이 즐거워한다. (   )

15. 나는 의사결정 시 규정, 통계, 선례 등 객관적인 근거를 중요시한다. (   )

16. 나는 주관과 가치관이 뚜렷하며, 이를 타인의 눈치를 보지 않고 분명하게 말한다. (   )

17. 나는 다른 사람의 부탁을 거절하지 못하여, 남의 일을 떠안는 경우가 많다. (   )

18. 나는 매사를 낙천적으로 보며, 비관적이거나 심각하게 생각하지 않는다. (   )

19. 나는 원칙과 기준은 누구에게나 똑같이 적용하며, 나도 엄격하게 준수한다. (   )

20. 나는 사람들의 반대에 부딪쳐도 후퇴하지 않고, 끝까지 과제를 추진한다. (   )

21. 나는 마음이 상해도 상대방에 상처를 주지 않으려고 화를 표출하지 않는다. (   )

22. 나는 미래를 걱정하지 않고, 현재를 즐겁게 생활한다. (   )

23. 나는 일을 빨리 하기보다 꼼꼼하고, 정확하게 처리한다. (   )

24. 나는 문제 상황을 만나면 행동부터 시작하고, 세부 대책은 나중에 강구한다. (   )

25. 나는 찬반이 분분하면 내 주장을 자제하고, 다수 의견을 따른다. (   )

26. 나는 다른 사람에게 칭찬과 격려의 말을 많이 해 준다. (   )

27. 나는 문제의 답을 찾을 때에 사람들과 토론하기보다 조용히 명상하고 생각한다. (   )

28. 나는 판단이 애매한 경우에도 의사결정을 빠르게 내린다. (   )

29. 나는 토론할 때 주로 듣는 편이며, 반대의견은 가급적 말하지 않는다. (   )

30. 나는 다른 사람들이 생각하지 못하는 창의적 아이디어를 자주 제안한다. (   )

31. 나는 과제 수행 시 구체적인 계획을 수립한 후에, 계획에 따라 실행에 착수한다. (   )

32. 나는 내 울타리 안에 있는 사람은 부족해도 내치지 않고, 끝까지 보호한다. (   )

점수 집계

각 점수를 아래의 칸에 맞추어 기입한 후, 세로로 합산하세요.

1		2		3		4	
5		6		7		8	
9		10		11		12	
13		14		15		16	
17		18		19		20	
21		22		23		24	
25		26		27		28	
29		30		31		32	
합계( )		( )		( )		( )	
R		**E**		**A**		**D**	

합계 점수가 가장 높은 곳에 V 체크를 하세요. 혹, 가장 높은 점수가 2곳으로 같은 점수이면 둘 다 V 체크하세요. V 체크된 곳이 자신의 주된 성격유형입니다.

최고 점수가 R인 사람은 Relator(릴레이터) 또는 관계중시자로, E가 높은 사람은 Energizer(에너자이저) 또는 분위기 메이커라 한다. A가 높은 사람은 Analyst(애널리스트) 또는 분석가, D가 높은 사람은 Director(디렉터) 또는 지휘자라 한다.

▶ **R**elator(관계중시자)

▶ **E**nergizer(분위기 메이커)

▶ **A**nalyst(분석가)

▶ **D**irector(지휘자)

READ 성격유형분석은 책을 '읽는다'라는 뜻의 READ로 연상하면, 사람들의 유형을 '읽는다', '파악한다'로 쉽게 기억할 수 있다. 그리고 READ 첫 글자를 통하여 Relator, Energizer, Analyst, Director로 재생할 수 있으며, 이를 통해 리더가 직원들과 상호작용하는 데 유용하게 활용할 수 있다.

위 유형별 합계 점수에서 모든 사람은 네 가지 특성을 조금씩 골고루 가지고 있다. 다만 네 가지 특성 중에 높고 낮은 정도의 차이가 있으며, 가장 높은 점수가 자신의 발달된 성격유형이다.

사람마다 얼굴이 다르듯이 성격도 모두 다르기에 수십, 수백 가지로 나눌 수는 있지만, 너무 많은 유형으로 성격을 분류하는 것은 실용성이 없기에 네 가지 유형으로 압축하여 구분하는 것이다.

이러한 성격 또는 행동특성은 '태어난 나'와 '만들어진 나'의 두 가지 요소로 형성이 된다. 예컨대, 태어난 성격은 외향적인 '분위기 메이커'

라도 직장에서 회계, 안전관리 등 정확성을 요하는 업무를 장기간 담당하면 '분석가' 성격이 좀 더 증대하게 된다.

이하에서 READ 성격유형별 행동특성의 요점을 먼저 살펴보고, 이어서 상대방의 특성에 적합한 방식으로 상호작용 하는 데 효과적인 리더십 스킬에 대하여 자세히 살펴보자.

READ 성격유형별 행동특성
- -

Relator(릴레이터) - 관계중시자

Relator는 회의나 1:1대화에서 말을 많이 하지 않는 유형이다. 조용히 경청하고, 상대방의 의견에 대해 어지간하면 "알겠습니다." 하고 수용한다.

이런 직원은 공동의 이익을 위해 양보하며, 타인에 대한 배려의 마음이 많다. 직장에서 자신의 일이 아닌 경우에도 리더가 요청하면 불평 없이 동참하는 타입이다. 타인들과 갈등 없이 원만한 관계를 추구하는 유형이기에 '관계중시자'라고 부른다.

R 유형의 주요 특성을 요약하면 다음과 같다.

▶ 인화 단결을 중시하며, 조용하고 충실하게 일한다.

▶ 다른 사람의 요구를 잘 들어주며, 돕고 지원한다.

▶ 참을성을 보이며, 흥분한 사람을 진정시킨다.

▶ 안정되고 조화로운 업무환경을 만든다.

Energizer(에너자이저) - 분위기 메이커

Energizer는 낙천적이고 친화적 성격을 가지고 있다. 책상에 앉아서 예산 분석 등의 꼼꼼한 업무를 하기보다, 밖에 나가서 고객을 만나고 상담하는 것에 오히려 스트레스가 적다. 친구들과 노래방에 가면 마이크를 먼저 잡고 분위기를 띄우는 사람이기에 '분위기 메이커'라 부른다.

E 유형의 주요 특성을 요약하면 다음과 같다.

▶ 낯선 사람들과 쉽게 대화 분위기를 트고, 밝은 환경을 조성한다.

▶ 유머가 많고 주변 사람들을 즐겁게 한다.

▶ 일이나 관계에서 낙관적이고 긍정적이다.

▶ 그룹 활동을 좋아하며, 사람들과 협조적 관계를 잘 만든다.

Analyst(애널리스트) - 분석가

Analyst는 말을 할 때나 일을 할 때에 미리 생각하고, 디테일을 계획한다. 업무 처리에 실수가 없고, 맡은 일은 리더가 간섭하지 않아도, 100점을 만들기 위해 스스로 고민한다.

이런 직원은 규정과 원칙에 위배된 사항은 친구가 부탁해도 들어주지 않는다. 리더가 칭찬을 해도 Fact가 있을 때 칭찬 효과가 나타나는 사람이며, 숫자 등 객관적 기준을 중시하기에 '애널리스트'라 부른다.

A 유형의 주요 특성을 요약하면 다음과 같다.

▶ 정확하고 실수가 없으며, 신중하고 꼼꼼하게 일한다.
▶ 분석적이고 객관적 근거를 바탕으로 업무 수행에 항상 정확성을 점검한다.
▶ 중요한 지시나 기준을 중시하며, 세부사항도 체크한다.
▶ 사람들의 주장이나 요청에도 객관성과 규정을 엄격하게 준수한다.

Director(디렉터) - 지휘자

Director는 대화에서 상대방의 말이 길면 계속 듣지를 못하고 "요점이 무엇입니까?" 하고 결론을 묻는다. 이런 직원은 대화에서 자기 주장이 강하여, 주도적이고 추진력이 있다는 평가를 받지만, 동료들과 '존중과 수평적 소통'을 하기가 어렵다. 경청하고 질문하기보다 자신의 의견을 주도적으로 말하는 유형이다.

D 유형의 주요 특성을 요약하면 다음과 같다.

▶ 다른 사람들에게 지도력을 발휘하여 어려운 문제를 해결한다.

▶ 의사결정이 빠르고, 세부 계획을 완성하기보다 행동에 먼저 착수한다.

▶ 골격이나 핵심사항에 치중하며, 결과를 빠르게 얻는다.

▶ 도전을 받아들이고, 실수가 있을 때 책임을 감수한다.

직원들의 성격에 맞추어 다르게 대하자

공자에게 제자 자로(子路)가 물었다. "어떤 사람이 곤경에 빠져 있으면 당장 그 사람을 도와줘야 합니까?" 그러자 공자가 "아버지나 형에게 의논도 하지 않고 그러면 되겠느냐?"고 꾸짖었다. 며칠 후 다른 제자 영유가 똑같은 질문을 했는데, 이번에는 공자가 "당장에 도와주는 것이 좋다."고 대답했다.

이러한 문답을 옆에서 듣고 있던 또 다른 제자가 공자에게 서로 다르게 대답한 이유를 묻자 공자가 말했다. "자로는 너무 충동적이고 직선적인 성격이라서 누그러뜨려야 좋다. 하지만 영유는 너무 꾸물거리는 성격이라서 독려할 필요가 있다."

READ 성격유형분석을 했다면 자로는 D 유형이며, 영유는 A 유형이다. Director(지휘자) 성격의 사람은 성격이 강하고, 신중하게 계획하기보다 대강의 윤곽이 잡히면 빨리 행동하는 사람이다.

자로에게 "아버지나 형에게 의논부터 하라."는 공자의 훈계는 D 유형에게 적합한 조언이다. 반면에, Analyst(분석가)는 지나치게 꼼꼼하여 타이밍을 놓치기 때문에, 그런 성격의 영유에게는 당장 행동하라는 반대의 조언을 하고 있다.

오늘날의 직장에서 리더가 직원들을 '동등하게 대하는' 것이 옳을 텐데 "다르게 대하자."는 말은 모순처럼 들릴 수 있다. 하지만 모든 사람을 존중해야 한다는 말은 맞지만, 존중하는 방법에는 사람마다 달라야 한다는 점이다. 상대의 성격을 감안하여 직원마다 다르게 대해 줄때, 궁극적으로 상대를 존중해 주는 결과에 이르게 되지 않겠는가?

리더의 생각대로 직원들은 행동하지 않는다

D(디렉터) 유형은 소통할 때 자기 의견을 소신껏 말하는 사람이다. 리더가 만약 D 유형이라면 부서 회의에서 말이 없는 R 유형 직원을 못마땅하게 생각하기 쉽다.

다른 사람도 자신의 스타일처럼 행동해야 정상적인 사람으로 생각하는 심리 때문이다. D 유형 리더는 회의에서 직원이 말을 하지 않으면 참다 못해 한마디 한다.

송 대리, 회의 시간에 아무 말이 없으면 근무 시간에 인건비 까먹는 것 아니오?

말이 적은 송 대리는 Relator(관계중시자)이기에 조용히 경청하고 상대방의 의견을 따라가는 것에 체질화된 직원이다. 회의 주제에 대한 아이디어가 없거나, 일에 대한 적극성이 없어서가 아니다. 따라서 리더가 송 대리의 R 유형 성격을 감안하지 않고, "의견이 없으면 근무 시간에 인건비 까먹는다."고 면박을 주는 것은 '상대방에 적합한 방식으로' 대해 주는 것이 아니다.

아마도 길을 걷는 사람들에게 "얼굴이 다르듯이 사람들의 성격이 다르다."고 말하면 누구든지 "그것을 모르는 사람이 어디 있냐."고 반문할 것이다. 하지만 직장에서 리더들의 소통 방식을 관찰해 보면 그 반대의 현상이 보인다. 자신의 스타일처럼 상대방도 행동해 줄 것을 무의식적으로 기대하는 것이다.

도둑들은 출근하면서 자기 집을 2중, 3중으로 열쇠를 채운다고 한다. 다른 사람들이 모두 도둑으로 의심되기 때문이다. 직장인들도 집을 나서면서 마찬가지로 생각한다. 상사와 동료, 직원들 모두가 자신의 성격처럼 행동해야 정상적인 사람으로 간주하는 것이다.

그런 것을 말해 줘야 압니까? 당연히 알아서 해 줘야지.

최 과장, 일을 어찌 그렇게 처리합니까? 도저히 이해가 안 되네.

일의 진행 상황을 중간에 보고해야 한다는 것은 상식 아닙니까?

"사람은 고쳐 쓰는 것이 아니다."라는 말이 있는데, 타고난 스타일을 변화시키기 어렵다는 뜻이 내포된 표현이다. 결국 서로의 성격 차이를 인정하고, 상대에 적합한 방법으로 소통해 가는 것이 정답이라는 결론에 이르게 된다.

이것을 실천하는 데 READ 성격유형분석이 유용한 도구가 되어 준다. 이를 활용하여 리더가 먼저 자신의 유형을 인지하고, 이어서 직원 개개인의 유형을 알면, 서로 간에 갈등 없이 성과 내는 승/승의 상호관계를 영위하는데 큰 자산이 된다.

이하에서 READ 성격유형분석을 활용하는 리더십 스킬에 대하여 한발 더 들어가 보자.

직원들의 성격유형과 차별적 동기부여

Relator(릴레이터) - 관계중시자

R 유형 직원의 장점은 다른 사람들과 갈등 상황을 만들지 않는 점이다. 자신이 손해 본 듯 양보하는 경우가 많으며, 상대방 의견이 마음에 안 들어도 반론을 제기하지 않는다. 남의 부탁을 잘 들어주고, 퇴근 시간이 되어도 동료가 일이 많으면 남아서 도와주려 한다.

이런 직원은 혼자 돋보이기보다 뒤에서 지원하는 역할을 좋아한다. 팀을 위해 생색나지 않는 일도 묵묵히 감당하는 착한 직원이며, 자기 일이 아니라도 리더가 요청하면 "제 일이 아닌데요. 못 하겠습니다."라고 거절하지 않는다.

R 유형 직원에게 리더는 어떻게 대해 줘야 할까? 이들이 리더에게 바라는 언행들은 다음과 같다.

Relator 유형의 직원이 원하는 리더의 말과 행동
① 막말하지 않고, 상대를 존중하며 말하는 리더
② 편하게 말할 분위기를 조성하고, 끝까지 경청해 주는 리더
③ 일만 챙기지 않고, 인간적 고충도 챙겨 주는 리더
④ 강압적이지 않고 배려하며, 칭찬과 격려해 주는 리더

Relator 직원에게 리더가 신경 써서 해 줘야 할 말과 행동들을 좀더 살펴보자.

▶ R 유형 직원은 평소 조용히 듣는 사람이기에 말할 때에는 많이 망설인 후에 용기를 낸 것이다. 따라서 리더는 R 유형 직원이 말할 때에 중간에 끊지 말고 경청해 주고, 추가 질문으로 이어 가야 한다.
▶ R 유형은 관계를 중시하기에, 리더가 일뿐만 아니라 직원의 인간적 사항에도 관심을 보이면 무척 고마워한다.

김 대리, 고향에 연로한 부모님이 계신 걸로 기억하는데, 요즘 건강은 좀 어떠세요?

박 과장, 자녀가 고3 수능생이지요? 가족 모두 수고가 많겠어
요. 응원합니다.

▶ R 유형은 갈등을 싫어하는 성격 때문에 찬반이 나뉘는 회의에
서 의견을 내지 않고 조용히 있다. 따라서 리더가 중요한 안건에
대하여 R 유형의 진심을 알기 위해서는 별도의 1:1 대화를 할 필
요가 있다.

▶ R 유형은 공동체를 위하여 묵묵히 수고하는 직원이다. 따라서 리
더의 인정과 격려 등 심리적 보상은 R 유형 직원에게 더 필요하다.

김 대리, 지원 업무를 담당해 줘서 고마워요. 팀에 많은 도움
이 됩니다.

▶ R 유형 직원이 동료들과 갈등 상황에 처하면 상대방과 맞짱을
뜨지 못하고, 혼자 힘들어한다. 리더가 개입하여 조정해 주어야
할 필요가 있다.

▶ R 유형은 상대에 대한 배려와 고충 파악 능력이 우수하다. 따
라서 부서 내의 지원업무를 부여하면 잡음 없이 잘 수행한다.

Energizer(에너자이저) - 분위기 메이커

E 유형은 낙천가, 개방형, 사교형, 분위기 메이커, 아이디어 메이커

등으로 불리는 유형이다. 유머와 대화 능력이 발달하여 다른 사람을 즐겁게 하는 강점이 있으며, 순간적인 재치와 순발력이 좋아 회의에서 창의적이거나 엉뚱한 아이디어를 많이 내기도 한다.

이들은 기존에 없던 새로운 접근법에 관심이 많고, 서로 다른 업무 영역을 연결 짓는 데에 재능이 있다. 혼자서 조용히 일하기보다, 사람들과 접촉하며 함께 있을 때 에너지가 샘솟는 유형이다. 이들은 "직장이 놀이터다."라고 말하기도 한다.

이들의 단점은 꼼꼼하게 미리 계획하거나, 절차에 따라 빈틈없이 일을 추진하는 데에 취약하다. 업무에도 작은 실수들이 많고, 보고서에 오타가 없는 것이 오히려 이상하다.

서류와 컴퓨터 파일이 정돈되지 않아 리더의 눈에 거슬리기 쉬우며, 일의 마무리가 약할 수 있으니 리더는 중간 점검을 할 필요성이 다른 유형보다 더 많다.

E 유형 직원에게 리더는 어떻게 대해 줘야 할까? 이들이 리더에게 바라는 사항들을 요약하면 다음과 같다.

Energizer 유형의 직원이 원하는 리더의 말과 행동

① 색다른 의견에도 공감하고 호응해 주는 리더

② 본질이 아닌 작은 업무 실수는 꾸짖지 않는 리더

③ 외모 등 작은 것에도 칭찬해 주는 리더

④ 밝은 성격과 대화로 Reaction을 해 주는 리더

▶ E 유형은 디테일에 약하고, 예술적 창의성에 강한 직원이다.

뜬금없는 아이디어가 많으며, 회사 성장에 대박을 치는 아이디어는 이들에게서 나올 때가 많다. 따라서 리더는 이들이 내는 엉뚱한 의견의 가치를 인정하고, 환영하는 대화로 이끌어 주는 것이 필요하다.

리더: 인력 절감을 위해 고객 응대 방안의 개선책을 의논합시다.

직원: 인공지능 로봇을 직원 대신 앉히면 어떨까요?

리더: (엉뚱한 의견에 당황스럽지만) 우리 회사도 인공지능을 도입해 보자는 의견인가요? 창의적 의견인데, 좀 더 말해 보세요.

▶ 더 들어 봐도 E 유형의 의견은 실행 가능성이 낮을 때가 많다. 그때에도 리더는 E 유형 직원을 면박하기보다, 엉뚱한 의견에 호응의 말로 끝내야 한다.

리더: 인공지능 로봇 발상은 신선하네요. 다만 현재는 예산도 없고 다른 제약 사항이 많으니, 시간을 갖고 검토할 과제로 남겨 둡시다. 어때요?

직원: 순간 필이 와서 말씀드렸는데, 존중해 주시니 감사합니다.

▶ E 유형 직원은 관점 전환 등 큰 그림을 새롭게 그리는 데에는

강점이 있지만, 오타 등 작은 실수가 많이 있다. 따라서 본사 보고서 등 중요 사항이 아니라면 오타가 있어도 간단히 고치고, 통과시키는 것도 나쁘지 않다.

다음은 READ 진단 교육에 참여한 증권사 상무가 필자에게 말한 사례이다.

> 상무: 지난 주에 직원의 보고서를 6번이나 수정 지시를 했습니다.
> 외부 교육을 갔다 온 결과 보고서로 그렇게 중요한 내용은 아니었지만, 직원의 업무 태도를 고치려고 그랬습니다.

상무는 분석가(Analyst)였다. 위와 같은 지시를 하는 것은 E 유형 직원을 자신처럼 A 유형으로 바꾸려고 한 것이겠지만, 그런다고 E 유형이 A 유형으로 바뀌지는 않는다는 점을 간과한 것이다.

리더는 E 유형 직원의 보고서를 검토할 때는 작은 실수가 있을 것을 예상하고 시작하자. 그러면 오타를 만나도 화가 나지 않는다.

▶ E 유형 직원의 긍정 에너지가 직장 분위기를 밝게 하고, 조직 발전에 기여한다는 것을 칭찬해 주어야 한다.

많은 조직에서 Fun 경영(*즐거운 직장 분위기)을 위해 회식비를 쓰고, 직원 단합 행사 등을 개최한다. Fun한 조직일수록 직원 간에 소통이 잘되고 갈등이 줄어들며, 부서 간 협업이 증대하기 때문이다.

그런데 회사 돈을 쓰지 않고 이런 분위기를 만드는 사람이 Energizer이다. 이들의 밝은 에너지가 조직 발전에 기여한다는 사실은 여러 연구에서 밝혀졌다[31].

따라서 리더는 E 유형 직원이 직장에서 유머와 웃기는 언행을 할 때 "일이나 제대로 하라."고 면박을 줄 것이 아니라, 오히려 환영하고 지지해야 한다.

리더: 요즘 일이 많아 힘든데, 이 대리 때문에 많이 웃습니다.

　　　어제 회식 때도 덕분에 팀원 모두가 즐거웠지요. 고마워요.

직원: 와! 팀장님, 사람 감동시키네요. 우리 팀 화이팅입니다.

다음은 40대 여성 리더가 가정에서 딸과 나눈 대화이다.

엄마: (초등 2학년의 둘째 딸에게) 영희야, 방이 왜 이렇게 지저분하니?

　　　언니는 저렇게 깔끔하게 방을 정리하는데, 너는 언니 반도 못 따라간다.

　　　커서 다른 일을 제대로 할지 걱정이다.

영희: 엄마는 언니만 좋아하고, 나만 혼내……. (울음)

둘째 딸인 영희는 꼼꼼하지 않은 Energizer이며, 큰딸은 깔끔하고 신중한 Analyst인데, 엄마는 Energizer를 Analyst처럼 못 한다고 반복해서 꾸짖고 있는 모습이다.

여기서 엄마의 가장 큰 실수는 Energizer인 둘째 딸의 장점인 긍정 에너지를 칭찬하지 않는다는 점이다. READ 성격유형분석을 공부한 이후 이 엄마의 대화는 다음과 같이 달라졌다.

영희: (퇴근하는 엄마를 맞으며) 엄마, 호호. 오늘 학교에서 기
    쁜 일 있었어.
    남자 짝꿍이 비밀 편지를 줬어. 히히. 신나!
엄마: 우리 딸의 신난 웃음소리를 들으니 엄마 피로가 다 풀린다.
영희: 내 웃음이 피로회복제가 됐네. 히히.
엄마: 너는 우리 집의 행복 비타민이야. 너의 밝은 성격은 커
    서도 사람들에게 많은 사랑을 받을 거야. (영희는 노래
    를 흥얼거리며 방으로 간다.)

직장에서도 Energizer 직원들에게 리더가 우선적으로 해야 할 말은 긍정 에너지에 대한 칭찬이다. 그러면 이들은 부서 분위기를 밝게 할 뿐만 아니라, 업무에도 창의적인 아이디어로 재능을 발휘하게 된다.

정리 정돈을 안 하거나 보고서에 오타가 많은 등 꼼꼼하지 못한 단점은 다른 방법으로 보완해 가면 좋다. 리더 자신이 시간을 좀 더 할애하거나, 동료 직원 중 Analyst를 파트너로 붙여 주는 것도 하나의 방법이다.

▶ E 유형 직원은 회계, 품질검사, 안전관리 등 정해진 절차에 의해 반복되는 업무를 힘들어한다. 반면에 새로운 아이디어를 내거

나 사람을 만나는 영업, 교육, 홍보 등의 업무에 신바람을 낸다.

따라서 리더는 부서의 소관 업무 중에서 E 유형 직원의 담당 업무가 성격에 맞지 않게 부여되어 있는지 검토해 보는 것도 좋다. 그리고 여건이 허락하면 직원의 READ 성격에 맞게 담당 업무를 매칭해 주면, 모두에게 유익한 결과를 가져온다.

Analyst(애널리스트) - 분석가

A 유형은 Energizer와 정반대의 성격이다. 일이나 대화에서 신중하고 체계적이며, 실행하기 전에 모든 경우의 수를 꼼꼼하게 체크한다. 근거, 기준, 선례를 중시하며 대화에서 Fact가 있어야 비로소 동의한다.

A 유형 직원에게 일을 시킬 때에 리더가 "나만 믿고 따라오면 됩니다."라고 하면 이들의 의욕은 크게 떨어진다. 전후 좌우 맥락과 함께 객관적 이유, 즉 Fact로 그래야 할 이유를 설명해야 한다.

이런 직원에게는 일을 시킬 때에 시간이 좀 걸려도 근거와 Fact로 설명하면, 그 이후의 진행은 리더가 걱정하지 않아도 된다. A 유형 직원은 자기가 맡은 업무를 실수 없이 완수하려고 집에서도 고민하기 때문이다. 책임감이 강하며 주어진 일을 끝까지 완수하는 유형이라고 할 수 있다.

이들의 단점은 지나치게 신중하여, 일 처리에 시간이 많이 걸리고 타이밍을 놓치곤 한다는 점이다. 돌다리를 두드리느라 늦어지는 경향이 있으며, 번아웃 상태에 빠지기도 한다. 또 기대에 못 미치는 성과를 냈을 때는, 리더의 질책이 없어도 직원 스스로 자책감에 시달리기도 한다.

A 유형 직원은 계획에 맞추어 일하는 스타일이기에 리더는 중간에 간섭하지 말고, 믿고 기다려 줘야 한다. Energizer직원에게 필요했던 리더의 중간 점검은 Analyst에게는 최소화해야 한다.

A 유형 직원이 리더에게 바라는 사항들을 정리하면 다음과 같다.

Analyst 직원이 원하는 리더의 말과 행동
① 구체적 구상을 가지고 지시하고, 중간에 변경하지 않는 리더
② 합리적이고 논리적, 일관성이 있는 리더
③ 신중하게 말하고, 한 말에는 틀림이 없는 리더
④ 시간관리, 약속 등을 정확하게 지키는 리더

▶ A 유형 직원에게 지시와 대화를 할 때에는 근거와 객관적 데이터로 설명해야 한다. Fact를 중시하기에 근거 없이 강하게 주장하는 리더를 가장 싫어한다.

▶ 시간적 여유 없이 즉흥적인 지시를 하지 않아야 한다. A 유형은 마음속에 다른 스케줄을 늘 가지고 있다. 갑작스런 지시 후에 "융통성 있게 신속히 일하라."고 다그치면 이들에게는 멘붕이 온다.

▶ A 유형은 모든 업무를 마감 시간까지 꼼꼼히 고민하여 100점을 만드는 성격이므로, 이들에게 경미한 일을 시킬 때에는 대충해도 좋다고 미리 말해 주는 것이 좋다.

정 과장, 이 일은 대충해도 되니 시간 너무 뺏기지 마세요.

내 의견도 넣고 싶으니, 박 대리 생각을 정리하여 오전 중에
초안만 간단히 작성해 보세요.

▶ A 유형 직원이 작성한 보고서 내용은 대부분 리더의 마음에 든
다. E 유형의 경우처럼 오타나 누락 사항이 거의 없기에, 결재를
할 때에도 꼼꼼히 안 봐도 된다. 직원의 얼굴을 보며 보고서의 초
점, 방향 등을 구두로만 확인해도 별 탈이 없다.
▶ 칭찬과 질책을 할 때에도 Analyst 직원에게는 Fact로 말해야 된다.

김 대리, 보고서의 결론과 근거 자료가 잘 연결되어 있네요.
수고했어요.

박 과장, 통계자료에 틀린 내용이 포함되어 있던데, 어떻게 생
각해요?

▶ A 유형 직원은 기획서 작성, 시장 분석, 고객자료정리 등 혼자
생각하는 업무에 강점이 있다. 반면에 고객을 만나서 설득하고,
임기응변이 필요한 유동적 업무를 맡기면 힘들어한다.

Director(디렉터) - 지휘자

D 유형은 주도형, 불도저형으로 부를 수 있으며, 일 처리에 있어서 추진력이 강하고 결과 지향적인 사람이다. 의사결정이 빠르고 과감하며, 대화를 할 때에도 결론 중심으로 간결하고 분명하게 말한다.

D 유형 직원은 회의 때에도 자신의 의견을 숨기지 않고 소신껏 말한다. 장황하게 말하거나 우회적이지 않고 요점을 직접적으로 말하며, 리더의 생각과 반대되는 의견도 거리낌 없이 말하는 유형이다.

만약 리더가 D 유형에 대한 사전 이해가 없으면, 이런 직원을 무례하게 생각하기 쉽다. 그러나 그 직원이 D 유형이라는 것을 미리 알고 있으면, 침착하게 경청할 수 있는 여유가 생기지 않겠는가?

D 유형 직원과 대화할 때에는 리더가 말하고 싶은 요점을 간단명료하게 말하는 것이 좋다. 이들은 재빨리 문제의 핵심을 짚어내고, 맡은 일에 대한 해결 능력도 높기 때문이다.

어려워도 마감 시간을 맞출 수 있으며, 승부욕과 도전 정신이 강하다. "책임을 갖고 추진할 테니, 리더는 간섭하지 말아 주세요." 하는 마음을 가지고 있는 직원이다.

D 유형 직원에게 리더는 어떻게 대해 줘야 할까? 이들이 리더에게 바라는 말과 행동은 다음과 같다.

Director 유형의 직원이 원하는 리더의 말과 행동
① 중요 핵심만 챙기고, 경미한 사항은 위임하는 리더
② 의사결정이 빠르고, 추진력이 있는 리더

③ 말보다 행동으로 보여 주는 리더

④ 직원의 실수를 덮어 주고, 어려움을 해결해 주는 리더

▶ D 유형은 갈등이나 의견 차이가 있을 때 우회적으로 말하는 것을 싫어한다. 할 말이 있으면 1:1로 만나서 솔직하게 담판을 짓는 스타일을 선호한다.

▶ 의견을 말할 때에도 본론이나 결론을 먼저 말하고, 세부적인 사항은 필요한 범위 내에서 덧붙이는 것이 좋다. 두서없이 지루하게 말하는 것은 D 유형의 성격에 적합하지 않은 소통 방식이다.

▶ 업무를 지시할 때에는 목표와 기대하는 결과를 명료하게 제시하고, 세부 추진 방법은 직원을 믿고 위임하는 것이 좋다. 진행 과정에 세세한 간섭을 하면 D 유형 직원의 사기를 저하시키게 된다.

▶ D 유형 직원은 프로젝트 책임자 역할을 부여하면 책임감을 가지고 일한다. 비록 하위 직급이라도 독자적 과제를 부여하면 자기 책임하에 잘 처리한다. 반면에 다른 사람을 지원하는 업무나 보조자의 역할을 부여하면 의욕이 떨어지게 된다.

직장생활에 유리한 유형은 따로 없다

동물들 세계에 전쟁이 났다. 사방에서 동물들이 몰려들었고, 사자가 총지휘관이 되었다. 모여든 동물들은 서로를 쳐다보며 한심하다는 듯이 수군거렸다. "개미는 저리 작은데 어디다 쓰겠어?" "코끼리는 덩

치가 커서 적에게 금방 들키고 말걸?" "토끼는 겁쟁이 주제에 어떻게 싸움을 한다고 온 거야?"

이때 총지휘관인 사자가 호통을 쳤다. "시끄럽다. 모두 조용히 해라! 개미는 작아서 잘 안 보이니 적진에 정탐을 보낼 것이고, 코끼리는 힘이 세니 보급 물자를 운반시킬 것이다. 그리고 토끼는 잘 달리니 전령으로 쓸 것이고⋯⋯."

READ 성격유형분석에 의한 네 가지 유형 중에서 어떤 유형이 직장 생활에 가장 좋을까? 정답은 "모든 업무에 유리한 유형은 따로 없다."이다.

함께 일하다 보면 팀원들의 강점이 확연하게 드러나요.
누구는 일정이나 준비물을 잘 챙기고, 누구는 야근하는 동료들을 위해 야식 같은 걸 준비하는 데 뛰어나요.
자료를 꼼꼼하게 확인하는 친구도 있고, 당일에 발군의 순발력으로 행사를 진행하는 직원도 있어요.

어떤 READ 유형이 좋은가에 대한 정답은 결국, 현재 담당하는 업무가 자신의 성격유형에 매칭이 되면 유리하고, 미스 매칭이 되면 불리하다고 할 수 있다. 예컨대 고객과 관계를 트고 설득하는 영업 업무는 Energizer에게 유리하며, 경영분석, 예산, 감사 등 업무는 Analyst에게 유리하다고 할 수 있다.

전남 광양에 소재한 P사의 사례를 보자. 700여 명의 직원이 근무하고 있는데, 인사부장이 필자가 진행하는 READ 성격유형분석 교육에 참석한 후 이를 직원들의 업무 재배치에 활용하여 성공한 사례이다.

노조에 먼저 취지를 설명하고 이해를 얻은 후에, READ 성격유형과 업무 내용이 미스 매칭된 직원 중에 희망자에 한하여 업무를 바꿔주는 방안을 추진하였으며, 80여 명의 직원이 신청하였다. 이들은 적성에 맞는 업무로 변경이 되었으며, 이후 업무에 활력을 찾았고 조직의 성과도 뚜렷하게 증대되었다.

리더는 자신의 성격유형을 인지해야 한다

현재의 READ 성격유형은 '태어난 나'와 '만들어진 나'의 합작품이란 것은 앞에서 살펴본 바와 같다. '태어난 나'는 유전적이거나 어릴 때부터 형성된 특성이며, '만들어진 나'는 담당 업무와 직책에 따라 서서히 증대된 특성이다.

예컨대 예산, 품질 등의 업무를 장기간 담당하면 Analyst 성격이 증대하며, 팀장, 사장 등 직책이 올라갈수록 Director 성격이 올라가는 경향이 있다.

따라서 리더가 회사 밖의 친구를 만났을 때는 Relator나 Energizer 특성을 보이지만, 출근하여 직원을 업무적으로 대할 때에는 Analyst 또는 Director의 성격이 주로 작동할 수 있다.

이러한 측면에서 직원들과 업무적 소통을 할 때에 리더 자신이 Analyst 쪽에 가까운가? 아니면 Director 쪽에 가까운가? 두 가지 중의 하나로 단순화해 보는 것도 실행에 도움이 된다. 두 가지의 장단점을 쉽게 기억하고, 보완책을 찾는 데 도움이 되기 때문이다.

Analyst 쪽의 리더

직원에게 주는 이미지는 '지나치게 따지는 리더', '까칠하고 재미가 없는 리더', '시간이 걸리고 타이밍을 놓치는 리더', '칭찬 격려가 없는 리더' 등이다.

이러한 리더가 직원을 동기부여하고 관계를 좋게 하기 위해서는 다음과 같은 노력이 발전적 포인트가 된다.

▶ 지나친 세부사항을 생략하고 큰 그림을 이야기하자.
▶ 눈높이를 낮추고, 직원을 많이 칭찬하자.
▶ 엉뚱한 아이디어에 맞장구 치며, 창의성을 격려하자.
▶ 일만 챙기지 말고, 직원의 인간적 고민에 귀 기울이자.

Director 쪽의 리더

직원에게 주는 이미지는 '자신감과 추진력이 있는 리더', '적극적이고 고집이 센 리더', '경청하지 않고 혼자 말하는 리더', '칭찬과 배려가 적은 리더' 등이다.

이런 리더에게 직원들은 "딴소리하지 않고, 지시받은 대로만 하면 된다."고 계산한다. 따라서 Director 쪽의 리더가 슈퍼 리더로 발전하기 위한 노력 포인트는 다음과 같다.

▶ 지시하기 전에 질문하고 경청하자.
▶ "무슨 소린지 알았고……." 등 직원의 말을 끊지 말자.
▶ 의견을 강요하지 말고 기다리며, 차근차근 협의하자.
▶ 직원과 의견이 다를 때는 목소리부터 낮추고 설명하자.

중년으로 접어들면 대부분 목소리가 커지지만 D 유형 리더는 더욱 그렇다. 그냥 말해도 화내는 것처럼 들릴 수 있으며, 목소리를 높이면 직원은 윽박지른다고 느낀다.

D 유형 리더는 "내가 무슨 심한 말을 했다고……." 하는데도 직원은 혼내는 것으로 느낄 수 있기에, 같은 대화라도 차분한 목소리로 말하는 노력이 필요하다.

D 유형 리더는 먼저 자신의 말투부터 점검해 보자. 녹음을 해서 들어 보는 것도 유용한 방법이다. 직원과 대화할 때와 회의 때의 목소리를 녹음해 보면 자신의 말투가 잘 드러난다. 목소리가 큰 것은 물론 "아니~~~.", "그게 아니고." 등 습관적 단어도 뚜렷하게 나타난다. 이것을 고친다면 직원들에게 비치는 리더의 이미지는 얼마나 좋아지겠는가?

READ 성격유형 진단 도구의 지원

READ 성격유형분석 도구는 미국 Gallup의 마커스 버킹엄(M. Buckingham)을 비롯하여 국내외 전문가들의 협업에 의해 개발된 결과물이다. 우리나라에서는 특허로 등록되어 있으며, 저작권은 필자가 대표로 있는 ㈜조직리더십코칭원에서 관리한다[8].

이 진단 도구를 직장에서 직원들과 함께 사용해 보고 싶은 독자는 표지의 저자 연락처로 메일 요청하면, 진단지와 보조 자료를 지원받을 수 있다.

이를 통해 리더가 부서 단위로 직원들과 함께 READ 성격유형 진단을 하고, 그 결과를 모두에게 공유하면 조직 활성화에 많은 도움이 된다. 리더와 직원 간의 상하 관계만이 아니라, 직원들 간의 협업 증대에도 상당한 기여를 하게 된다.

팀장님, 그동안 직원들의 말을 중간에 끊어서 서운했는데, 알고 보니 D 유형이라 그랬군요.

박 대리, 그동안 참 까칠하게 굴더니만 A 유형이었구만. 이제야 이해가 된다(하하).

최 과장은 영업 자료를 넘겨 줄 때마다 정확성이 떨어져 못마땅했는데, 이제 보니 E 유형이었구만.

지시보다
질문 스킬을 발휘하라

제약회사인 A기업이 새로 진출한 사업에 실패하자 임원들이 수군 대기 시작했다. "처음부터 무리한 사업이었다. 그때 나는 반대를 하고 싶었는데, 사장님을 비롯하여 다 하자는 분위기라 나만 안 된다고 하기가 뭣해서 가만 있었다."

이처럼 모두가 동의하는 듯하지만 사실은 아무도 동의하지 않는 현상을 '애빌린의 역설(Abilene Paradox)'이라고 한다[70].

더운 여름날 무료한 가족들에게 미안한 생각이 들어서 가장이 막내에게 무심코 한마디 한다. "애빌린, 시내에 가서 외식이나 할까?" '170km나 떨어져 있는 그곳을 왜?' 모두들 속으로 내키지 않았지만 분위기를 깰까 봐 따라 나선다. 왕복 4시간을 시달리며 식사 한 끼 하고 집에 도착하자 모두 합창하듯이 말했다. "난 솔직히 가고 싶지 않았어."

가족 간이든 회사이든, 의사결정에 옳은 판단을 하려면 서로의 의견이 교환되어야 하지 않겠는가? 하지만 아버지이든 사장이든 리더가 카리스마를 가지고 대화를 주도하면 참석자들은 듣기만 하고, 솔직한 의견을 말하지 않는다.

잘못된 의사결정의 지름길이 되는 이러한 현상을 예방하기 위한 대책은 '질문을 통한 쌍방향 소통'을 하는 데에 있다. 질문을 할 때에 상대방의 의견을 들을 수 있으며, 특히 MZ 직원의 아이디어를 이끌어 낼 수 있다.

질문 능력이 리더의 경쟁력

질문을 해야 좋다는 것을 공감하는 리더들도 현실 속의 행동에서는 질문을 별로 하지 않는다. 지시하는 습관 속에 살아오기도 했지만, 질문을 하는 방법을 잘 모르는 것이 그 원인이다.

코칭에서 만난 L사 부장도 필자에게 그런 애로를 말했다. "회의에서 직원이 말이 없습니다. 내 말만 기계적으로 받아 적고 있으니, 어떻게 해야 할까요?"

직원들이 말을 하지 않는 원인을 찾기 위해 필자는 그 부장에게 회의에서 발생하는 대화 사례를 들려 달라고 요청했다.

부장: 영업실적을 높이기 위한 방안을 각자 말해 보세요.

대리: 적극적인 고객 미팅을 위해 저녁이나 휴일에도 법인카
　　　드를 쓰게 해 주세요.

부장: 그건 아니지요. 현실적으로 실현 가능한 다른 의견을 말
　　　해 보세요.

과장: 코로나19 이후로 다른 회사들도 영업실적이 안 좋을 겁
　　　니다.

부장: 실적 개선 대책을 찾자고 하는데, 그게 의견이 되겠어
　　　요? 그럴듯한 방안을 찾기 위해 머리를 좀 쓰세요.

이 대화에서 직원의 입장을 한번 생각해 보자. 용기를 내어 의견을 말했는데, 부장이 "그건 아니지요.", "머리를 좀 쓰세요." 하고 면박을 주고 있다. 이런 대접을 받은 직원은 자존심이 상하고, 다음부터는 말하지 않겠다고 다짐을 할 것은 자연스런 결과이다. 결국 회의에서 직원이 말을 하지 않을 때 가장 큰 원인은 리더에게 있다고 할 수 있다.

《아웃라이어》의 저자 말콤 글래드웰(M. Gladwell)은 "나이가 들고 경험이 쌓여 갈수록, 우리는 자신이 내린 판단의 정확성에 대해서 과대 평가한다."고 하였다[32].

인간관계의 고전을 많이 저술한 데일 카네기는 더 재미있는 표현을 했다. "당신의 판단이 51% 이상 항상 옳으면, 스트레스 받는 현재의 직장을 때려 치우고 뉴욕으로 가서 증권투자를 하라. 돈 버는 것은 시간문제다."[15].

그러나 의사결정에 착오가 없는 탁월한 리더일수록 '내가 틀릴 수 있다'는 겸손한 마음으로, 직원의 의견을 들어 보려는 질문을 많이 한

다. 반면에 겸손하지 않은 리더일수록 질문이 적고, 자기 주도적인 판단을 하는 것에 습관화 되어 있다.

P사의 홍보 전문가인 최 상무의 사례이다. 어느 날 각 사업부의 담당자를 모아 홍보 전략을 수립하자고 미팅을 주관하였다. 참가자들은 열심히 자료를 수집하고 의견을 말했지만, 토론은 거의 없이 최 상무가 논의를 주도하고 회의를 마쳤다. 얼마 후 후속 회의가 다시 소집되었으나 이때는 참석자도 크게 줄었으며, 회의 성과는 거의 없었다.

최 상무의 경우처럼 리더가 똑똑한 체 말이 많으면, 조직문화와 성과는 다음과 같은 악순환으로 이어지게 된다.

리더가 답을 알고 있다고 생각한다.
→ 리더가 대화를 주도하고 답을 지시한다.
→ 직원들은 리더의 지시에 따라 일을 한다.
→ 성과는 떨어지고 조직은 쇠락한다.

리더는 매일의 크고 작은 결정에서 자신이 옳은 판단을 한다고 확신하지만, 틀릴 가능성이 의외로 많다. 탁월한 리더들은 이 한계를 인식하고 이것을 보완할 방법으로 직원들의 머리를 활용하는데, 그 방법이 바로 질문이다.

직원: 부장님, 1안, 2안이 있는데 어떤 것으로 할까요?
부장: 박 과장은 어떤 안이 좋다고 생각해요?
직원: 저는 둘 다 무방하다고 생각합니다.

부장: 그 이유에 대해 좀 더 설명해 주겠어요?

리더가 대화에서 직원들보다 똑똑하다고 생각하면 직원들은 입을 닫기 시작한다. 지시사항을 받아 적기만 할 뿐 머리를 쓰지 않는 현상이 나타난다.

직원들의 반대의견을 환영하자

직원들이 활기차게 의견을 말하게 하려면 리더가 어떻게 해야 할까? "앞으로 내 견해에 구애되지 말고, 자유롭게 의견을 말해 주세요." 라고 하면 직원들이 솔직하게 의견을 말하기 시작할까? 그렇지 않다. 전임 리더의 밑에서 입을 닫고 지내 왔다면, 그 습관이 쉽게 바뀌지 않기 때문이다.

직원들의 침묵하는 습관이 변하는 데에는 시간이 좀 걸린다는 것을 기억하자. 하지만 리더가 진정성을 가지고 3개월 정도 노력하면, 직원들은 달라지기 시작한다. 이 기간에 직원들의 의견을 진정으로 환영하는 리더의 마음을 말과 행동으로 보여 주는 것이 필요하다.

서로 같은 의견이라면, 회의에서 얻을 것이 없습니다.
나와 다른 의견을 활발히 말해 주는 것이 나를 도와주고, 회사를 위하는 길입니다.

적극적으로 자기 의견을 말하는 직원에게 리더가 작은 선물을 하는 것도 좋다. 커피 쿠폰이나 영화 티켓 등 간단한 선물을 주는 것도 상징적인 가치가 있다.

리더가 이러한 행동을 지속하면 직원들은 '침묵하는 것보다 말하는 것이 이득이다'라고 생각하며, 차츰 입을 열기 시작한다.

상향 위임의 함정을 조심하라

"질문으로 리드하라."는 슬로건을 실천하려는 리더도 빠지기 쉬운 함정이 있다. 처세에 밝은 직원이 문제의 해결 방안을 리더에게 요청해 오는 함정이다.

저는 아직 경험이 적어 판단이 애매합니다.
상무님은 경험이 많으시니, 한 말씀만 해 주시면 일이 빨리 진행되겠습니다.

이처럼 직원이 리더에게 해결책을 선택해 달라고 요청하는 것을 '상향 위임(Upward delegation)'이라고 한다. 이때 리더가 해답을 주는 것은 직원이 고민할 것을 대신해 주는 것에 불과하다.

직원을 셀프 리더로 성장시키는 슈퍼 리더가 되려면, 이러한 함정에 빠지지 않아야 한다. 답을 주지 말고 질문으로 다시 돌려주는 것이 해결책이다.

직원: 부장님, 하반기 사업계획서 결재 바랍니다.

부장: 현재보다 가장 크게 달라진 것은 무엇이지요?

직원: 온라인 배송 비중을 두 배로 올리는 것입니다.

부장: 온라인 배송의 장점에 대해 조사한 내용을 좀 말해 주세요.

그런데 질문에 대한 직원의 대답이 리더의 기대에 못 미칠 때가 있는데, 이때에 리더는 자칫하면 감정적으로 화를 내기 쉽다.

그게 말이 된다고 생각해요?

회사 사정을 알고 하는 소리요?

생각을 좀 하고 말하세요.

이러한 반응은 직원의 의견 자체를 들여다보기보다, 직원의 판단력이나 태도를 비난하는 것이다. 이러한 실수를 비껴 나가는 방법이 '중립적인 질문'을 추가하는 데에 있다.

'당신이 틀렸다'고 하는 것은 사람을 미워하는 것이지만, '중립적 질문'은 직원의 판단력이나 사람 자체에 대한 평가가 아니라, 아이디어 자체의 문제점을 거론하는 것이다.

김 대리의 의견을 채택한다면 ~~~문제가 예상되는데, 어떻게 하면 좋을까요?

아이디어 자체의 취약점을 함께 풀어 보자는 취지이다. 중립적 추가 질문은 직원의 감정을 건드리지 않으며, 직원의 답변을 통하여 제3의 아이디어를 찾아낼 수도 있다. 이쯤 되면 직원의 의견이 틀렸다는 리더의 당초 생각이 바뀌어, 직원의 제안대로 결론을 맺어도 무방하다.

리더의 겸손과 토론 활성화

유머를 들을 때에도 요령이 있다. 이미 알고 있는 유머를 들어도 처음 듣는 것처럼 박장대소하며 들어 주는 것이다. "너무 재미있는데, 다른 사람에게 말해도 되느냐."고 너스레를 떨면 상대방은 더 좋아한다. 반대로 "그것이 언제적 유머인데, 그런 개그를 하느냐?"고 아는 체를 하면 분위기가 썰렁해진다.

직장의 업무 대화에서도 직원이 말하는 아이디어를 리더가 이미 알고 있는 경우가 많다. 그런 경우에도 최소한 "김 대리의 의견은 기존 아이디어를 더 강화시켜 준다."고 인정하고 환영해야 한다. 망설임 끝에 용기를 내어 말하는 직원에게 "그것은 이미 알고 있다."고 말하는 것은 활기찬 소통을 방해하지 않겠는가?

GE의 전 회장 제프리 이멜트는 말했다. "회의를 하다 보면, 내 머릿속에는 이미 답이 떠오르는 경우가 있다. 그러나 나는 답을 말하지 않고 조용히 듣는다. 참석자들의 토론으로 정답이 완성되도록 기다리는 것이다."[35].

리더가 회의를 활기차게 진행하는 데에는 지시보다 질문이 중심이 되어야 한다. 그리고 직원이 적극적으로 의견을 표명할 수 있도록 편안한 대화 분위기를 유지하는 노력도 필요하다.

이를 실행하는 데 도움이 되는 스킬에는 다음의 세 가지가 있다.

첫째, 리더는 맨 나중에 의견을 말해야 한다.

유태인의 탈무드에는 '재판에서 사건을 심리할 때는 젊은 법관부터 발언해야 한다'는 기준이 있다. 우리나라의 합의부 재판에서도 후배 법관부터 발언하는 관행이 있는데, 선배 판사가 말한 다음에 그와 반대 의견을 후배 판사가 말하기가 부담스러워지는 것을 없애기 위함이다.

리더와 직원의 관계는 판사들의 선후배보다 더 어려운 관계이기에, 리더가 회의에서 자신의 의견을 먼저 말하는 것은 직원들이 자유롭게 말하는 것을 방해한다.

> 부장 자격이 아니라, 회의 참석자의 한 사람으로 내 의견을 먼저 말하면 ~~~입니다.
> 그러나 내 의견에 구애되지 말고, 여러분의 의견을 자유롭게 말해 보세요.

이렇게 리더가 먼저 의견을 말하면 직원들은 입을 다물어 버린다. "부장 생각이 이미 정해진 것 같은데, 우리가 다른 의견으로 시간 낭비할 필요가 있느냐?"라고 생각하며 의견을 내지 않는다.

아이디어가 풍성하기로 유명한 미국의 디자인 회사 IDEA에는 '회의에서 상급자는 먼저 의견을 말하지 않는 것'을 원칙으로 한다.

이 회사의 회의에서 리더의 역할은 다양한 의견이 개진되도록 분위기를 조성하고, 토론이 주제에서 벗어나지 않도록 하며, 특정인이 발언을 독점할 때에 이를 조절해 주는 역할에 집중하도록 하고 있다.

둘째, 판단이 애매하면 직원의 의견을 채택해야 한다.

리더의 생각과 직원의 의견이 서로 다르면서, 어떤 의견이 정답일지 애매할 때가 있다. 극단적으로 두 의견이 옳을 가능성이 50:50으로 애매한 상황이라고 가정해 보자. 리더의 생각에는 X가 좋을 듯한데, 직원은 Y가 좋다고 하는 경우라면, 누구의 의견을 채택해야 할까?

이때는 직원의 의견을 채택하는 것이 바람직한데, 여기에는 다음의 두 가지 이유가 존재한다.

▶ 직원이 리더에게 반론을 제기할 정도면 즉흥적인 의견이 아니다.

바보가 아니라면 직원은 리더에게 반론을 말하여 갈등을 만들기를 원치 않는다. 반론을 말할 때에는 그만한 확신, 자신감, 그리고 리더와 회사를 위한 충정이 있을 때이다. 따라서 50:50으로 판단이 애매하면 직원의 의견을 채택하는 것이 옳은 결정이 될 확률이 높다.

▶ 직원은 앞으로도 유익한 의견을 활발하게 제시한다.

직원의 입장을 생각해 보자. 의견이 서로 다른 상황에서 리더가 직원의 의견을 채택해 주면 그 직원은 어떤 느낌이 들겠는가? "내 의견을 존중해 주는구나.", "반대 의견을 말해도 되는구나." 하고 생각하지 않겠는가? 그리고 앞으로도 생산적인 의견을 활발하게 말하는 셀프 리더로 발전해 갈 것이다.

셋째, 직원이 말할 때에 리더는 메모하며 들어야 한다.

리더는 자신의 상사가 말할 때에는 메모하며 듣는다. 그런데 왜 직원의 말에는 메모하며 듣지 않을까? 상사의 말은 구구절절이 좋은데, 직원의 말에는 영양가가 없어서일까?

사실 신기술과 IT 정보가 폭증하는 오늘날에는 후배와 MZ 직원들로부터 귀담아들어야 할 내용들이 한두 가지가 아니다.

탁월한 리더는 직원들로부터 좋은 아이디어를 얻기 위해 애쓰는 사람이다. 그 수단으로 리더가 직원들의 말을 메모하며 경청하면, 부수적인 효과도 얻을 수 있다.

리더는 좋은 아이디어를 축적할 수 있으며, 직원은 리더로부터 존중받는다는 느낌을 갖게 되는 효과이다.

토론을 촉진하는 5가지 질문의 원리

이제 질문을 어떻게 해야 하는지 구체적인 스킬을 살펴볼 순서이다. 질문에는 좋은 질문 또는 '강력 질문(Powerful Question)'이라는 것이 있다.

"그 질문을 받고 보니 머리가 번쩍 뜨입니다."라는 반응이 있다면 강력 질문이다. 그런 질문을 받기 전까지는 생각하지 못했던 상자 밖의 생각을 끌어낼 수 있는 효과가 나타난다[7].

좋은 질문을 한다는 것은 '예술의 영역'에 속한다는 말이 있다. 간단한 매뉴얼이 있는 것이 아니라, 창의성이 필요하다는 뜻이다. 질문자의 지혜와 직관, 호기심이 발휘될 때 좋은 질문을 할 수 있다.

답이 정해져 있는 질문, 앞뒤 맥락 없이 하는 질문, 아는 척하기 위한 질문. 질문 자체를 이해하기 어려운 질문 등은 좋은 질문이 아니다.

리더십 교육장에서 만난 대부분의 리더들은 질문하는 방법을 몰라 어려움이 많다는 고충을 토로한다.

문제 해결을 위해 질문을 해도, 직원들은 속마음을 숨겨요. 어떻게 질문해야 합니까?

직원들의 의견을 듣고 싶은데, 말을 안 합니다. 그러니 또 제가 말하게 되지요.

회의에서 직원들은 침묵하고 리더만 말합니다. 직원들은 노트에 적기만 하고.

이런 현상이 발생하게 된 책임은 누구에게 있을까? 직원들에게도 일부의 원인이 있겠지만, 주된 책임은 리더에게 있다고 봐야 한다. 쌍방향 소통이 이루어지기 위해서는 리더가 질문으로 대화를 이끌어야 하는데 현실은 그렇지 못하기 때문이다. 우리나라 리더들은 효과적 질문에 대한 교육이나 훈련을 받은 적이 거의 없었다고 해도 과언이 아니다.

학교에서 돌아오는 자녀에게 한국 엄마들이 가장 많이 하는 말은 "오늘 뭘 배웠니?"이다. 반면에 노벨상 수상자를 가장 많이 배출하는 유태인의 엄마는 "오늘 학교에서 선생님에게 무슨 질문을 했니?"이다 [54].

2010년 서울에서 개최된 G20정상회의 폐막식의 기자회견장에서 발생한 일이다. 미국 오바마 대통령이 등단해서 말했다. "훌륭한 행사를 한국에서 개최하셨기에, 먼저 한국 기자들에게 질문을 받겠습니다. 어떤 질문이 있습니까?" 그런데 아무도 질문을 하지 않았다.

오바마 대통령이 당황하며 다시 물었다. "질문 없습니까?" 세 차례나 질문을 요청해도 300여 명이 넘는 한국 기자들 중 질문하는 사람이 한 명도 없었다. 결국 중국의 루이청강 기자가 "한국 기자를 대신하여 질문하겠다."며 질문을 이어 가는 웃지 못할 상황이 벌어졌다.

왜 이런 현상이 벌어졌을까? 초등학교부터 선생님의 수업을 듣기만 하며 성장했기 때문이다. 이렇게 성장한 사람들이 오늘의 직장 리더들이고 직원들이다. 질문하는 것이 필요하다는 것은 알지만, 어떻게 질문해야 하는지 알지를 못하기 때문이다.

질문을 하는 두 가지 상황

좋은 질문의 스킬을 살펴보기 전에 먼저 질문을 하는 두 가지 상황을 구분해 보자. 가장 쉬운 질문의 상황은 상대방이 말한 내용이 이해가 안될 때 그 뜻을 묻는 것이다.

"조금 전에 말한 내용이 무슨 뜻이지요." 하고 물어보는 경우이며, 이러한 질문은 '할까 말까'의 용기의 문제일 뿐이다.

질문 스킬이 필요한 또 다른 상황은 토론을 촉진하는 질문이다. 상대방이 다른 각도에서 생각해 보도록 도움을 주는 질문이 이에 해당한다. "문제를 해결하는 다른 시도는 어떤 것이 가능할까요?" 등과 같은 경우이다.

질문의 스킬을 모르겠다는 것은 당연히 이 두번째 상황을 두고 하는 말이다. 어떻게 하면 좋은 질문을 할 수 있을까? 여기에는 단답형 매뉴얼은 없지만, 그래도 다음과 같은 네 가지의 중요한 원리가 있다.

▶ 닫힌 질문보다 열린 질문
▶ 부정 질문보다 긍정 질문
▶ 추상명사에 대한 구체화 질문
▶ 장황한 말에 대한 Jump-Up 질문

이러한 원리를 알고 있으면 질문의 능력이 크게 증대된다. 이하에서 각각의 질문 기법에 대하여 하나씩 자세히 살펴보자.

닫힌 질문보다 열린 질문

닫힌 질문(Closed Question)은 상대방이 Yes 또는 No로 대답이 가능하거나, 몇 가지 중에 선택할 수 있도록 하는 질문이다. 반면에 열린 질문(Open Question)은 대답의 범위에 울타리를 치지 않고, 자유로운 생각을 말하도록 하는 질문이다.

이 두 가지 질문 기법 중에서 상대방의 다양한 생각을 듣기 위해서는 닫힌 질문보다 열린 질문이 좋다는 것은 긴 설명이 필요 없다.

열린 질문의 표준 형식은 "~~~에 대해 말해 주겠어요?"이다. 직원에게 "직장 생활이 어때요?"라고 물으면 "보통입니다."라는 대답이 돌아올 수 있다. "무엇이 그렇지요?" 하고 다시 물으면 "전부 다 그래요." 하고 대답한다. 대답이 거슬리지만 나무랄 수 없는 이유는 나의 질문에 대한 대답의 외형은 갖췄기 때문이다.

이러한 것을 예방하는 열린 질문이 "~~~에 대해 말해 주겠어요?"이다. "직장 생활에 대해 말해 주겠어요?"라는 형태이다. 이러한 질문은 "직장 생활이 어때요?"라는 질문보다 대답의 범위가 몇 배로 확장되는 장점이 있다.

"어때요?" 하고 물으면 "별로예요."라는 대답이 가능하지만 "~~~에 대해 말해 주겠어요?"라는 질문에는 상대방도 한마디 대답으로 부족함을 안다. 다양한 대답을 할 가능성이 높아진다.

송 과장, 비대면 영업 방법에 대하여 생각하는 바를 말해 주겠어요?

김 선임, 업무를 하면서 개선이 필요한 사항들은 어떤 것들이 있을까요?

하반기 사업계획에 대한 박 대리의 구상을 말해 주겠어요?

이처럼 직원과 소통할 때 가급적 열린 질문을 해야 하지만, 닫힌 질문이 필요한 예외적인 상황도 있다. 다음은 닫힌 질문이 필요한 상황들이다.

▶ 직원이 장황하게 말하는 것을 차단하거나 교통정리를 하고자 할 때.
▶ 표현 능력이 부족한 직원에게 대화의 실마리를 만들어 주어야 할 때.

김 대리는 1안, 2안 중에 어떤 의견을 찬성하나요?

여러분, 부서 회식을 이번 주에 할까요? 아니면 다음 주에 할까요?

부정 질문보다 긍정 질문

"실패한 이유가 무엇인가?", "불만이 무엇인가?" 등 부정적인 의미에 초점을 두는 질문이 '부정 질문(Negative Question)'이다. 반면에 "무엇이 해결되면 만족하겠는가?", "앞으로 어쩌면 되겠는가?", "성공하려면 어떻게 하면 되겠는가?" 등의 해결 방안을 찾는 것이 '긍정 질문 (Positive Question)'이다.

동일한 상황에서도 부정 질문이나 긍정 질문 중 어느 것이나 선택이 가능하지만, 부정 질문보다 긍정 질문을 할수록 Yes를 받아 낼 수 있으며, 상대방에게 긍정의 에너지를 주는 장점이 있다.

심리학자 트버스키(A. Tversky)와 카네만(D. Kahneman)의 실험을 보자. 실험 참가자들에게 '무지방 99%인 A쇠고기'와 '지방 1%인 B쇠고기' 두 종류를 보여 주었다. 그중 하나를 선택하게 하자 대부분 A를 선택했다.

심지어 '무지방 98%'와 '지방 1%' 중에서도 전자를 택하는 사람이 많았는데, 무지방이라는 긍정의 표현이 동의를 얻어 내는 데 큰 영향을 미친 것이다. 부정 질문보다 긍정 질문이 효과적이라는 것을 보여 주는 연구라 할 수 있다[118].

이처럼 긍정 질문을 할수록 좋은 결과를 가져오지만, 현실의 리더들은 부정 질문을 하는 데에 더 습관화되어 있다. 예컨대, 직원의 업무 실수 등 문제를 만나면 리더는 "왜?", "무엇 때문에?"라는 부정 질문으로 다그치는 경우가 대부분이다.

매출액이 감소하는 원인이 무엇입니까?

김 대리, 왜 계약 수주에 실패했지요?

무엇 때문에 일을 이렇게 망쳐 놨지요?

이처럼 부정 질문을 하면 다음과 같은 두 가지의 단점이 따라온다.

첫째, 직원을 비난하는 내용으로 대화가 진행된다. 그러면 직원은 방어적이 되고 감정적인 앙금이 생기며, 서로의 관계가 나빠지게 된다.

둘째, 과거를 바라보며 문제의 원인을 찾는 데에 초점이 맞춰진다. 양지가 아니라 음지를 바라보는 것처럼 대화 분위기가 어둡고 무거워지며, 상대방에게 미래로 나아가는 에너지를 북돋워 주지 못한다.

이런 측면에서 미래의 발전과 관점 전환을 위해서는 부정 질문보다 긍정 질문으로 직원을 이끌어야 한다. "왜?"가 아닌 "무엇을 할 수 있는가?"에 초점을 두는 것과 같다.

물론 항상 긍정 질문만 해야 한다는 말은 아니다. 직원이 실수를 했을 때나, 실패의 원인을 찾을 때에는 부정 질문이 필요할 때도 있다. 그러나 이때에도 부정 질문은 가급적 짧게 하고, 미래를 향한 긍정 질문에 초점을 두어야 한다. 긍정 질문은 직원에게 마음의 상처를 주지 않으면서, 해결 방안을 찾게 도와주기 때문이다.

따라서 대화의 시작은 문제의 원인을 찾는 과거 질문을 하더라도, 본론에서는 앞으로의 대책을 묻는 미래 질문, 긍정 질문에 치중할 때에 좋은 결과가 나타난다.

아울러 리더가 직원을 나무랄 일이 있을 때에는 감정적이 되고 말실수를 하기 쉬운데, 이때 "부정 질문보다 긍정 질문을 하자."는 원리를 기억하고 있으면, 직원에게 상처 주지 않고 좋은 대화로 마무리할 수 있다.

송 차장, 후배 직원과 관계를 개선하는 데에 어떤 액션이 필요할까요?

이 대리, 내년에 승진하려면 어떤 노력이 있어야 할까요?

김 선임, 다음에 실적을 올리고 싶지요? 어떤 계획을 구상하고 있지요?

긍정 질문은 순방향의 질문이다

긍정 질문은 상대방이 원하는 것을 순방향으로 물어보는 방식이기도 하다. 순방향이란 '상대방이 원하는 결과'를 얻게 한다는 뜻이다. 즉 "어떻게?"를 찾는 것이 순방향의 질문이다.

순방향을 찾는 데에는 '상대가 원하는 결과'가 무엇인지를 생각하면 된다. 예컨대 업무실적이 낮은 직원이 원하는 것은 실적을 올리는 것이므로, 이때 순방향 질문은 "업무실적을 높이려면 어떻게 하면 되겠는가?"이다. 반면에, "업무실적이 나쁜 이유가 무엇인가?"라고 물으면 역방향의 부정 질문이 된다.

교회 목사님의 입장을 생각해 보자. 목사님의 소망은 많은 사람들이 교회에 나오는 것이다. 따라서 "목사님, 제가 술과 담배를 끊지 못하는데 그래도 교회에 다녀도 됩니까?" 하고 물으면 순방향의 질문이다. 이 질문에 대하여 목사님은 100% "그래도 되지요." 하고 대답할 것이다.

반면에 목사님의 소망과 역방향의 질문을 하면 대답은 달라진다. "목사님, 제가 교회를 다니면서 술과 담배를 계속해도 됩니까?" 이 역방향의 질문에 목사님은 "가급적이면 끊는 것이 좋겠지요."라고 대답할 것이다.

순방향의 질문과 관련하여 심리학에 '회피 목표'와 '접근 목표'라는 개념이 있다. 동일한 상황에서 접근 목표, 즉, 양지를 바라보는 긍정적인 목표로 설득하는 것이 동기부여가 되고 성과가 좋다는 내용이다.

회피 목표 예시	접근 목표 예시
뱃살 줄이기	복근 만들기
왕따 안 되기	많은 친구 만들기
스트레스 안 받기	활기차게 살기

이 중에서 '스트레스 안 받기'와 같이 회피 목표를 설정하고 시작하면 그 결과가 신통치 않다. 노력하는 과정에 즐거움이나 에너지가 생성되지 않기 때문이다. 직장인의 경우에도 실적이 떨어지면 어쩌나 걱정하면서 일하면, 불안하고 즐거움이 없어지게 된다.

이런 원리에서 "고객불만을 어떻게 줄일까?"의 회피 목표보다 "고객 만족을 어떻게 높일까?"의 접근 목표가 직원에게 힘을 주며, 업무 성과를 좋게 한다.

'접근 목표'와 '회피 목표'의 심리학 개념을 소통에 활용한 것이 "부정 질문보다 긍정 질문을 하자."이다. 접근 목표를 찾는 것이 긍정 질문, 미래 질문, 순방향 질문이며, 회피 목표를 찾는 것이 부정 질문, 과거 질문, 역방향 질문이다[7].

리더가 직원과의 소통에서 부정 질문보다 긍정 질문을 하면 다음과 같은 세 가지의 장점이 따라온다.

▶ 꾸지람의 상황에도 상처를 주지 않고, 상대를 존중하는 분위기로 대화가 이어진다.

▶ 상대에게 긍정의 에너지를 주게 되어, 앞으로 다시 분발하게 한다.

▶ 대화 후에도 리더와 직원 간의 상호 관계가 우호적으로 유지된다.

회의 주제를 긍정 문구로 설정하자

접근 목표, 긍정 질문 등의 원리를 다른 곳에도 응용할 수 있는데, 그것은 직장에서 회의를 할 때 주제를 '긍정의 문구로 설정'하는 방법이다.

마사히코 쇼지는 《질문력》에서 "긍정 문구로 주제를 설정하는 것만으로도 대화를 긍정 분위기로 몰고 갈 수 있다."고 하였다[26].

긍정 문구로 표현된 회의 주제는 밝은 분위기로 대화를 촉진하지만, 부정적 문구로 주제를 표현하면 후속 논의에서 책임 회피와 상대비난, 그리고 문제의 원인을 찾는 데에만 치중하게 된다.

일본의 전국시대 쇼군 오다 노부나가의 일화이다. 전투에서 패할 때마다 휘하 장수들이 밤에 모여서 "무엇 때문에 패했는지, 무엇이 잘못되었는지." 등 패배한 원인에 대한 논란을 벌였다. 하지만 이후에도 패전이 계속되자, 노부나가가 화가 나서 소리쳤다. "오늘 밤부터 패전의 원인에 대해 한마디라도 하는 놈은 목을 치겠다. 앞으로는 어떻게 하면 이길 수 있는가에 대해서만 말하라." 그러자 이후의 전투에서부터 연전연승을 하는 결과가 나타났다.

연패를 연승으로 바꾸게 된 이유가 회의 주제를 "어떻게 하면 이길 수 있는가?"의 긍정의 문구로 설정한 데에 있었다. 이처럼 회의 주제를 긍정 문구로 표현하면, 이어지는 대화가 책임 회피와 상대 비난이 아니라 문제해결을 위한 협조적 대화로 이어지지 않겠는가?

직장의 상황을 생각해 보자. 회의를 할 때에는 보통 어떤 과제에 문제가 생겼을 때가 많기에, 회의 주제도 문제점 중심의 부정적 문구로 표현되기가 쉽다. '매출 감소 원인과 대책', '고객불만 해결 대책' 등이다.

이때 리더는 회의를 시작하기 전에 '안건을 긍정 문구로 재구성(Re-Framing)'하는 작업부터 하는 것이 좋다. 회의 담당자가 준비한 부정적 문구의 회의 주제를 긍정 문구로 다시 정한 후에 논의를 시작하는 것이다[7].

아래 박스의 왼쪽에 예시된 주제들이 '문제 중심' 또는 '부정 문구'로 표현된 주제들이며, 이를 긍정 문구로 재구성하면 오른쪽과 같이 바뀌게 된다.

문제 중심 회의 주제	긍정적 재구성(Re-Framing)
시간관리의 어려움	시간가치 높이기
변화에 따라가지 못함	변화에 앞서가기
갈등 방지하기	협업과 소통 촉진하기
실행력의 부족	과감한 실행방안 찾기

이와 같이 회의 주제를 긍정 문구로 재구성하면, 그늘진 곳을 바라보다가 밝은 곳을 바라보는 것처럼 대화 분위기가 희망적으로 바뀐다. 책임 추궁이 아니라 과제 해결을 위한 협조적 분위기로 대화가 이어지는 것을 쉽게 볼 수 있다.

회의 주제를 긍정의 문구로 재구성하는 방법은 다음의 절차를 따르면 쉽게 할 수 있다.

▶ 회의 초기에 '이슈를 해결하여 무엇을 얻고자 하는가?'를 질문한다.
▶ 그리고 '얻고 싶은 그 무엇'을 대화나 회의 주제로 표현하면 된다.

이런 방법은 직원과 1:1 대화를 할 때에도 동일하게 응용할 수 있다. 직원이 어떤 고민을 말할 때는 대부분 "~~~이 문제입니다."라고 표현한다. 부정적 문구의 대화 주제이므로 이를 다음과 같은 대화를 거치면서 '긍정적 재구성'을 할 수 있다.

> 팀원: 시간관리가 어려워 스트레스가 많습니다.
> 리더: 시간관리를 잘하고 싶은 목적은 무엇인가요?
> 직원: 자기계발을 하고 싶습니다.
> 리더: 그러면 주제를 '자기계발을 위한 시간관리 방안'으로 하
> 면 되겠군요.

추상명사에 대한 구체화 질문

MZ세대는 모바일 폰을 통한 문자 소통으로 살아왔기에 얼굴을 보며 소통하는 대면력(對面力)이 약하다는 것은 주지의 내용이다. 리더와 소통할 때에도 침착하게 자기 의사를 표현하는 것을 어려워하며, 무슨 뜻인지 애매할 정도로 추상적인 말을 할 때도 많다.

이때 리더가 도와줄 수 있는 방법이 '추상명사에 대한 구체화 질문'이다. 직원의 말이 무슨 뜻인지 모호한 경우에는 그 뜻을 막연히 짐작하지 말고, 그 의미를 구체화하기 위한 질문을 해야 한다.

직원: 팀장님, 직장 생활이 재미가 없습니다.

팀장: 그렇군요. 그래도 어쩌겠어요. 직장 생활이 다 그런 것
　　　아니겠어요?

직원: 회사를 계속 다녀야 할지 그만두어야 할지도 모르겠어요.

팀장: 고민이 많군요. 그러나 견디다 보면 차츰 적응이 될 겁
　　　니다.

이 대화에서 리더가 실수하는 것은 무엇일까? 직원이 말하는 추상적 내용에 대하여 구체화 질문을 하지 않는 것이다.

"직장 생활이 재미가 없다."는 말은 그 의미가 모호한 추상적 내용이다. 이때 "그렇군요." 하면서 리더 나름의 추측을 해서는 안 된다. '담당 업무가 싫은 모양이군', '승진을 못 해 불만이군' 등 리더의 여러가지 추측은 틀릴 가능성이 농후하다. 추측하지 말고 구체화 질문을 해야 하는 이유이다.

팀장: '직장 생활이 재미가 없다'는 것은 구체적으로 어떤 내용
　　　일까요?

직원: 제가 좋아한 이성 직원이 퇴사를 해 버렸기 때문입니다.

추가 질문을 함으로써 직장이 재미없는 이유가 좋아한 이성 직원의 퇴사 때문이라는 의외의 사실을 알게 되었다. 이와 같이 직원과의 대화에서 추상명사가 등장할 때에 리더는 '구체화 질문'으로 반드시 그 의미를 물어보는 것이 필요하다.

리더로부터 추가 질문을 받으면 직원은 자신이 말하고자 하는 의견을 보다 정확히 표현할 수 있다. 나아가 "팀장님이 내 생각에 대해 관심을 보여 주시네." 하고 고맙게 생각하기도 한다. 리더가 추가 질문을 할수록 MZ 직원의 EVRIPC 특성 중 하나인 '수평적 소통(Equal)'의 욕구를 충족시켜 주는 데에도 도움이 된다.

최 대리, 업무 스트레스가 많다고 하는데 어떤 내용인지 궁금합니다.

고객의 기대치가 변했다는 의견은 어떤 내용이지요?

그에 대한 사례를 한두 개 들어 주겠어요?

척도 질문은 추상명사의 구체화에 유용하다

친구가 "건강 검진을 했는데 혈압이 높다고 하네~~~." 하고 말하면, 우리는 자동적으로 "혈압 수치가 얼마인데?" 하고 물어본다. 혈압이 높다는 추상적 내용에 대하여 얼마나 높은지 그 정도를 계량화하기 위한 질문이 척도 질문이다.

직원과의 대화에서도 "직장 생활이 재미가 없다.", "일이 힘들다.", "스트레스가 많다." 등 주관적이고 추상적인 용어로 표현되면 그것의 정도를 알 필요가 있다. 이때 "10점 만점에 몇 점 정도인가?"의 형태로 묻는 척도 질문을 하면 유용하다.

> 직원: 팀장님, 요즘 업무 스트레스가 많아 힘듭니다.
> 팀장: 다른 직원들의 스트레스가 평균 5점이라면, 김 대리의
> 스트레스는 몇 점이나 될까요?
> 직원: 8~9점이 넘을 것입니다.

이 척도 질문으로 김 대리의 스트레스 정도를 구체적으로 짐작할 수 있다. 8~9점 정도라면 어떤 조치를 해 줘야 할 정도로 심각한 수준이 아니겠는가? 만약 같은 질문에 대하여 직원이 5~6점 정도라고 대답하면 당장의 조치를 하지 않아도 될 것이다.

척도 질문을 할 때에는 "직원들의 스트레스가 평균 5점이라면." 하고 비교의 가이드를 제시하는 것이 필요하다. 가이드를 제시하지 않고 "스트레스가 몇 점이나 될까요?" 하고 질문한 경우에는, 직원이 8점 정도라고 대답해도 그것이 어느 정도로 심각한 상태인지 해석하기가 어려워진다.

필자는 가족들과 외식을 했을 때에도 "오늘 외식이 좋았어요?" 하고 묻기보다, "10점 만점에 몇 점이지요?" 하고 물어 본다. 가족들로부터 "좋았어요."라는 대답보다 "오늘 9점 나왔어요."라는 대답을 들을 때, 외식 만족도를 보다 정확히 파악하는 데에 도움이 된다.

장황한 말에 대한 Jump-Up 질문

직원들과 존중의 소통을 하려면, 리더는 상대방의 말을 중간에 끊지 않고 끝까지 듣는 것이 바람직하다. 그런데 현실에서 이렇게 행동하기가 어려울 때가 있다. 가령 시간이 없거나, 뻔히 알고 있는 내용을 직원이 장황하게 말할 때에 리더는 어떻게 해야 할까?

리더와 직원은 평소에 업무에 관한 상호작용을 계속하기 때문에 서로의 상황을 대강은 알고 있다. 따라서 직원이 어떤 의견을 말하기 시작하면 그것이 무슨 내용인지 리더는 대충 짐작할 수 있는 경우가 많다.

그럼에도 불구하고 직원이 장황하게 말을 하면, 리더가 인내하며 끝까지 듣고 있는 것은 효과적이지 않다. 시간 낭비이고 짜증나는 상황이 될 수도 있기에, 이때의 효과적 대안은 'Jump-Up 질문'을 하는 것이다.

흔히 경청을 '상대방의 말을 끝까지 인내하며 다 들어 주는 것'이라고 생각한다. 이를 시간적인 개념의 경청이라 한다. 하지만 진정한 경청은 시간적 개념이 아니다.

경청의 본질은 '상대방의 말과 숨겨진 감정을 충실히 파악'하는 데에 있다. 따라서 끝까지 듣지 않아도 상대방의 메시지를 제대로 파악하기만 하면 경청을 제대로 한 것이다.

Jump-Up 질문은 상대가 장황하게 말하는 중간에 "박 대리의 의견은 ~~~하다는 것인가요?" 하고 묻는 형태이다.

직원: 팀장님, 제 영업 실적에 대해 드릴 말씀이 있습니다. 열심히 일했지만, 실적이 부진합니다. 실적은 영업 지역의 특성에도 영향을 받고~~~.

팀장: 박 대리의 생각은 영업 실적이 낮은 이유가 담당 지역이 불리하기 때문이라 말하고 싶은 것 같은데, 내가 바로 이해했나요?

직원: 예! 맞습니다. 그런 측면을 업무실적 평가 때에 감안해 주시면 좋겠습니다.

"박 대리의 생각은 영업 실적이 낮은 이유가 담당 지역이 불리하기 때문이라 말하고 싶은 것 같은데, 내가 바로 이해했나요?"가 Jump-Up 질문이다. 직원이 장황하게 말을 할 때에 리더가 이를 듣는 척하며 건성으로 듣거나, 딴생각을 하는 것보다 훨씬 낫다.

Jump-Up 질문은 직원의 소통 욕구를 도와주는 역할도 한다. 대면 소통을 어려워하는 MZ 직원은 인사평가 불만 등 갈등 대화의 상황에서 차분하고 논리적으로 말하는 것을 어려워하는데, 이때에 리더가 Jump-Up 질문을 하면 그 직원의 소통을 도와주는 결과에 이르게 된다.

"말하고 싶은 내용이 ~~~인 것 같은데 맞습니까?" 이러한 Jump-Up 질문에 대하여 직원이 "예! 맞습니다." 하면 서로의 시간을 절약하면서도 '상대 존중(Equal)의 소통'을 원만하게 마친 것이다.

그런데, 만약 리더의 Jump-Up 질문에 대하여 직원이 "아닙니다, 그런 뜻이 아닙니다." 하고 말한다면 어떻게 해야 할까? 그때에는 "아, 그렇군요. 계속 이야기해 주기 바랍니다." 하고 다시 듣기를 이어 가면 된다.

직원들의
잠재력을 활용하라

직원들과 우호적 관계 속에서 최고의 조직 성과를 달성하는 슈퍼 리더는 혼자서 동분서주하지 않는다. 직원들과 토론하고, 집단의 지혜를 모으며 직원들의 업무수행 의욕을 끌어올리는 리더이다.

이러한 슈퍼 리더십을 성공적으로 실행하는 데에 필요한 또 다른 스킬이 권한위임이다. 직원들의 잠재 능력을 믿고, 권한위임을 함으로써 리더는 좀 더 중요한 일에 집중할 수 있게 되기 때문이다.

권한위임은 직원에게 "알아서 잘해 보세요."라고 하는 것이 아니다. "알아서 해 보라."고 하고서 나중에 "이게 아닌데~~~." 하는 리더를 직원들은 특히 싫어한다. 이것은 권한위임이 아니라 '리더십 방임'이기 때문이다.

이하에서 성공적인 권한위임과 일의 방향성 제시에 관한 실행 스킬에 대하여 자세히 살펴보자.

리더의 통제심리와 권한위임의 실패

2차 세계대전 당시 독일 장군이었던 에리히 폰 만슈타인(E. Manstein)이 장군으로 승진할 부하 장교들을 평가할 때에, 리더의 유형을 다음 네 가지로 구분하였던 것은 널리 알려진 이야기이다[4].

  ▶ 똑똑하고 부지런한 '똑부형 리더'
  ▶ 똑똑하고 게으른 '똑게형 리더'
  ▶ 멍청하고 부지런한 '멍부형 리더'
  ▶ 멍청하고 게으른 '멍게형 리더'

이 네 가지의 리더 유형 중에서 최상의 리더는 누구일까? 만슈타인은 '똑게형'이 최상이라고 하였다. 얼핏 생각하면 '똑부형'이 최고일 것 같은데, 왜 똑게형이 더 좋은 리더라고 하였을까?

그 이유는 리더가 똑똑하고 부지런하면 지시와 감독이 심해지며, 직원들에게 권한위임이 되지 않기 때문이다. 결국 똑부형 리더는 직원들의 잠재력을 끌어내지 못하고, 장기적으로 조직의 전체 성과를 떨어뜨리는 결과에 이르게 된다.

리더가 바쁘면 성과가 떨어진다

물론 리더가 똑똑하거나 부지런한 것 자체가 나쁜 것은 아니다. 관건은 이것이 소속 직원의 창의성과 자발성을 끌어내는 데 방해가 되지 않도록 해야 한다는 점이다. 만약 리더가 지시하고 통제하기보다 질문하고 토론하는 소통에 노력한다면, 게으른 리더가 낫다는 말은 생기지 않을 것이다.

K기업의 유 상무 사례를 보자. 그는 연중에 2~3번은 몸살 과로로 병원에 입원을 한다. 그리고 팀장들에게 "당신들은 일하다가 쓰러져 병원에 입원한 적이 있는가?"라고 일갈한다.

그런데 중요한 것은 유 상무가 어떤 업무를 챙기느라 쓰러지게 되었는가이다. 필자가 인터뷰를 해 보니 부장, 팀장들에게 위임해도 좋을 사항이 유 상무 업무의 약 60%를 차지하고 있었다.

삼성경제연구소의 조사에서도 우리나라 기업의 고위 리더들이 권한위임을 제대로 하지 않는 것이 큰 문제점으로 나타났다. 부장, 팀장에게 위임하면 더 효과적으로 추진될 사항들을 임원이 직접 챙기는 데 근무 시간의 약 50%를 보내고 있었다.

이 현상은 중간 계층의 리더들에게도 마찬가지였다. 직원들에게 위임하면 더 잘 돌아갈 수 있는 사항들을 직접 챙기느라 부장, 팀장들은 동분서주하고 있었다.

H사 영업2팀장의 사례를 보자. 팀장 2년 차인 그는 하루가 어떻게 지나가는지 모를 정도로 바쁘게 지낸다. 아침 7시 30분에 가장 먼저 회사에 출근하여 직원들에게 시킬 일을 점검하는 것으로 일과를 시작한다.

이후 하루 종일 직원들의 일을 잡아 주고 점검하다 보면 퇴근 시간은 저녁 9시를 넘길 때가 많다. 월요일부터 금요일까지 직원들과 씨름하다 보니 밀린 일을 처리하기 위해 토요일에 출근하기도 한다.

그런데 옆 사무실의 영업1팀장은 전혀 다르다. 아침에도 자신보다 30분이나 늦게 출근하여 팀원들과 간단한 회의를 마치고, 낮에는 직원들의 일에 별로 개입도 하지 않는다.

팀원들과 회의를 할 때에도 업무의 우선순위나 방향에 대하여 논의할 뿐, 세부적 방법을 지시하지도 않는다. 화가 나는 것은 그런 1팀장의 업무성과가 자신보다 더 좋으며, 팀원들로부터 받는 인기가 더 높다는 점이다.

세계적인 인사컨설팅 기업인 타워스 페린(Towers Perrin)이 전 세계 직장인 8만 6천여 명(한국 직장인 1,016명 포함)을 대상으로 권한위임의 현황을 조사한 적이 있다[94].

이 조사에서 조사대상 16개국 가운데 우리나라 리더의 권한위임 수준이 최하위로 나타났다. "직원이 주도적으로 일하도록 권한이 적절히 위임되고 있다."고 답한 우리나라 직장인들은 31%에 불과하였으며, 69%는 리더가 간섭하고 통제함으로써 일이 더 안 된다고 응답하였다.

간섭하고 싶은 본능을 참아야 한다

어느 초보 화가에게 스승이 호랑이를 그려 보라고 했다. 초보 화가는 열심히 호랑이를 그렸지만, 호랑이가 아니라 고양이에 가까웠다.

지켜보던 스승은 더 이상 참지를 못하고 초보 화가의 손을 잡고 호랑이를 그려 주었다.

다음 날에도 초보 화가에게 다시 호랑이를 그려 보라고 했다. 그런데 또 고양이를 그리고 있어서 스승은 꾸지람을 하고 다시 그리라고 하였다. 그랬더니 이번에는 고양이도 제대로 그리지 못하고 말았다.

직장에서도 리더가 직원에게 권한위임을 한다지만 자칫하면 스승화가와 같이 행동하기 쉽다. 간섭을 자제하고 직원이 소신껏 일하도록 환경을 만드는 것이 쉬운 일은 아니다. 리더에게는 간섭하고 싶은 본능이 있고, 그럴 권한이 있기 때문이다.

미국 해군사관학교는 4학년이 되면 졸업 과제로 바다에서 실제 운항 훈련을 실시한다. 이때 교관은 생도들에게 모든 조종을 맡기고 뒤로 물러나며, 어지간한 풍랑이 있어도 관여하지 않는다.

미숙한 생도들의 조종에 교관은 자기도 모르게 입과 손이 움직이지만, 간섭을 참으려고 입술을 깨물며 참는다. 파도가 지속되면 몇 시간이나 굳게 깨문 입술에서 피가 흐르기도 한다. 여기서 생긴 슬로건이 "캡틴은 피가 나올 때까지 입술을 깨물어야 한다."이다.

"명선수는 명감독이 되지 못한다."는 말이 있다. 미국 메이저리그의 분석결과, 현역 때 명선수가 감독이 된 후에도 그 명성을 유지하는 경우는 거의 없었다. 이런 현상이 나타나는 원인이 "나야 나!" 태도 때문이 아니겠는가?

리더가 되면 누구나 자신에게 부여된 권한을 행사하고 싶은 '파워 욕구'가 작동하며, 자신이 직원들보다 더 유능하다는 '리더십 인플레이션' 심리가 생기게 마련이다. 따라서 이러한 심리적 오만을 억제하는 것이 슈퍼 리더가 되기 위한 또 다른 테스트가 된다고 해도 과언이 아닐 것이다.

GE를 세계 최고의 기업으로 키운 잭 웰치 전 회장은 《최후의 리더십》에서 리더가 조직을 활성화하기 위해서는 다음과 같이 행동해야 한다고 강조했다[19].

▶ 소홀히 관리하는 법을 배워라.
▶ 직원에게 한숨 돌릴 기회를 주어라.
▶ 직원이 성취감을 갖도록 만들어라.

이 세 가지 중에서 특히 우리의 눈에 띄는 표현이 "소홀히 관리하라."이다. 이것은 직원의 일 처리에 리더가 일일이 간섭하지 말라는 의미와 다름 아니다.

직원에게 기대하는 업무 목표, 가용 자원, 성과 평가 등 권한위임에 필요한 구체적 내용을 소통한 후에, 리더는 참고 기다리라는 뜻이 아니겠는가?

권한위임을 못 하는 리더의 심리

이처럼 직원에게 권한위임을 확대하면 서로에게 좋음에도 불구하고, 현장의 리더들이 그렇게 하지 못하는 데에는 다음과 같은 세 가지 심리적 이유가 존재한다.

첫째, 자신이 통제해야만 성공할 수 있다고 생각한다.

리더의 위치가 되면 자신이 조직을 장악하고 통제해야만 성공할 수 있다고 생각하는 심리가 생긴다. 직원은 경험과 능력이 자신보다 부족할 뿐 아니라, 지시하고 간섭하지 않으면 열심히 일하지 않을 것이라는 생각에서다. 나아가 직원에게 지시하고 통제하는 것이 리더의 존재 이유라고 생각하기도 한다.

둘째, 리더십 인플레이션 증후군 때문이다.

인사평가 등 권한을 가진 리더에게 직원은 좋은 관계를 유지하고 싶어한다. 이를 위해 직원은 별것도 아닌 리더의 아이디어에 "대단하십니다." 하고 아부의 말을 하기도 한다.

이런 상황 속에 몇 년 지내다 보면, 리더는 자신의 능력을 실제 이상으로 인플레이션시키며, 자신이 직원들에게 일일이 지시하는 것이 더 효과적이라는 착각에 빠지게 된다.

셋째, 권한위임의 실행 스킬을 잘 모르기 때문이다.

권한위임은 '방임적 관리'와는 전혀 다른 방식이다. 직원에게 "자네만 믿네. 잘 알아서 해 주게."라고 말해도 직원이 최선을 다해 주면 얼마나 좋겠는가?

그러나 직원 중에는 리더의 기대에 못 미치는 직원도 있으며, 근무 태도에 문제가 있는 경우도 더러 있다. 따라서 직원들 각자의 상황에 맞게 성공적 권한위임을 하기 위해서는 구체적인 실행 스킬을 리더가 알아야 한다.

제대로 된 권한위임은 직원과 리더 모두에게 알찬 열매로 돌아오지만, 그렇지 못하면 부작용도 그만큼 커지게 된다는 것은 긴 설명이 필요 없다.

이하에서 권한위임의 실행 스킬에 대해 자세히 살펴보자.

성공적 권한위임의 스킬

어떤 업무를 위임할 것인가

리더들에게 "소관 업무 중에서 직원들에게 위임하면 좋겠다고 생각되는 항목들을 적어 보세요." 하고 물어보면 답변 내용에 공통적인 특징이 나타난다. 반복적이고 재미가 없거나, 중요성이 떨어지는 업무들이다. '30만 원 이하의 비용처리', '주간 업무실적 작성', '사장 지시사항 관리' 등 모두 리더 자신이 하기 싫은 업무들이다.

보람도 있고, 중요성이 있는 업무는 리더가 직접 처리하고, 덜 중요하고 재미없는 일을 직원에게 맡기는 것은 진정한 의미의 권한위임이 아니다. 따라서 권한위임의 효과가 제대로 나타나기 위해서는, 어떤 업무를 위임할 것인가에 대한 리더의 생각부터 바뀌어야 한다.

직원에게 위임할 업무를 정할 때에는 다음 사항들을 고려하여 판단하여야 한다[36].

첫째, 직원의 강점과 역량을 기준으로 판단해야 한다.

비록 중요한 일이라도 직원이 잘 처리할 수 있는 분야가 있다면 그 일을 직원에게 위임하고, 재미없는 일을 차라리 리더가 담당하겠다는 마음가짐이 필요하다.

팀원들의 주간 업무실적을 집계하여 금요일 오전에 팀장이 임원에게 보고하는 L사의 사례를 보자. 실적 집계는 다들 기피하는 뒤치다꺼리 업무라, 팀의 막내 직원이 담당하고 있었다. 어느 날 늦게까지 일하는 막내를 보고 팀장이 물었다.

팀장: (목요일, 밤 8시) 늦은 시간에 퇴근도 못 하고 무슨 일이 지요?

막내: 주간 업무실적 작성을 아직 마치지 못했습니다.

팀장: 아니! 팀원들이 각자의 실적을 낮에 전해 주지 않나요?

막내: (감정이 북받치며) 다들 퇴근 시간쯤에 줍니다.

팀장은 이 문제를 개선하기 위해 이틀 후 팀원 회의를 소집하였다.

팀장: 주간 업무실적 집계는 재미없는 일이지만 누군가는 꼭 해야 할 일이지요.

그동안 김 주임이 담당하면서 자료 취합에 어려움이 있다고 하니, 앞으로는 팀장인 내가 직접 하면 좋겠어요.

그러면 여러분 각자의 업무 진행 상황도 자세히 파악하는 장점도 있겠습니다.

직원들: 그러면 각자의 자료 제출은 자동으로 빨라 지겠네요.

업무실적 집계는 팀장이 담당하는 것이 옳다는 취지의 말이 아니다. 귀찮고 재미없는 일을 차라리 팀장이 담당하더라도, 능력만 있다면 직원에게 중요한 일을 맡기겠다는 마음가짐이 리더에게 있어야 성공적 권한위임이 가능해진다는 의미이다.

둘째, 리더가 할 일은 플러스 방식으로 선별하자.

예산을 짤 때 'Zero Base Budget'이라는 개념이 있다. 지난 해에 예산이 배정된 분야에 올해에도 자동으로 배정하는 방식이 아니라, 제로 베이스에서 올해 새롭게 필요한 예산만을 편성하는 방법이다. 그래야 관행적인 예산 사용을 예방할 수 있기 때문이다.

리더가 직원에게 위임할 업무를 선별할 때에도 제로 베이스 접근이 필요하다. "리더의 소관 업무 전부를 직원에게 위임할 수 있다."는 관점이 먼저이며, 리더가 직접 처리해야 할 사항은 Zero에서 출발하는 것이다. "모두 위임하되 ~~~업무만은 리더가 직접 처리해야 할 사항이다."라고 하는 관점이 Zero에서 출발하는 '플러스 방식'이다.

하지만, 조직의 내부를 들여다보면 대부분의 리더들은 마이너스 방식을 사용하고 있다. "모든 업무를 내가 챙겨야 하지만, 단순한 일은 위임해도 되겠지." 이는 바구니에서 맛없는 과일을 솎아 내는 방식에 비유할 수 있다.

다음은 리더십의 석학 워렌 베니스(W. Bennis)의 경험담이다. "신시내티대학의 총장이 된 지 10개월이 되면서 나에게 문제가 있다는 것을 알았다. 책상 위의 엄청난 서류들로 지쳐서, 나 자신이 대학 발전을 방해하고 있다는 사실을 발견했다."[56].

이를 계기로, 리더에게 권한이 집중되는 현상을 '베니스의 법칙'이라고 부른다. '조직의 모든 결정은 CEO가 수행하는 것이 원칙이며, 중간 간부나 직원은 CEO를 보조하기 위해 존재한다'는 관점이다.

모든 결정은 CEO가 하는 것이 당연하며, 그중에 영양가 없는 업무를 아래로 위임하면 된다는 접근이 '마이너스 방식'이다. 하지만 베니스 총장은 "조직 발전을 위해서는 플러스 방식으로 접근해야 한다."고 강조했다.

오늘날 MZ 직원들은 IT 활용 능력이 탁월하며, 취업하기 어려운 상황에서 여기까지 오느라 많은 준비를 거쳤기에, 과거의 어떤 세대보다 잠재 능력이 우수하다고 해도 과언이 아니다.

이들에게 리더가 적극적으로 권한위임을 해 주면 의외로 자기 몫을 잘할 수 있다. 이제 리더는 소관 업무의 모두를 위임할 수 있다는 Zero Base의 방식으로 출발해야 한다.

그러기 위해 리더는 자신의 소관 업무에서 이루어지는 세부 사항들을 전부 A4 용지에 나열해 보자. 그리고 이 항목들 중에서 자신이 직접 처리하지 않으면 안 될 사항만 '플러스 방식'에 의해 골라내자.

나머지 업무는 직원들에게 위임하는 것이 정답이며, 이 작업을 매년 한 번씩 하면 좋다. 이것이 리더가 동분서주하지 않으면서도 성과를 극대화하는 똑게형 리더의 방식이기도하다.

일의 방향성 제시와 피드 포워드

직원에게 권한위임으로 자율성을 부여할 때에는 '어디로', '왜', '어떻게' 가야 하는지 지도를 보여 주어야 한다. 이것을 '피드 포워드(Feed Forward)'라 하는데, 일이 끝난 후에 하는 피드백보다 더 중요하다고 해도 과언이 아니다.

현명한 양치기는 양을 아무 데나 풀어 놓지 않는다. 풀이 많은 곳, 돌아와야 할 시점, 벗어나면 안 되는 경계를 분명하게 알려 준다. 권한위임은 "믿고 맡기니 알아서 하라."는 것이 아니기에, 피드 포워드로 일의 방향성을 명료하게 제시해 주어야 한다.

피드 포워드를 할 때에도 리더가 일방적으로 설명하는 것은 좋지 않으며, 직원에게 질문하면서 '합의의 과정'을 거치는 것이 좋다. 리더의 생각을 말하기 전에 질문과 경청으로 직원의 의견을 듣는 자세라면 금상첨화이다.

일의 방향성 제시와 피드 포워드 단계에서 직원과 충분히 소통해야 할 내용에는 다음의 5가지가 있다[46]. 그리고 이것을 제대로 해 줄 때 성공적 권한위임이 이루어지게 된다.

(1) 기대 성과

조직 내 외부의 경영 환경을 설명하고, 일의 결과에 어떤 성과가 기대되는지를 명확하게 해야 한다. '언제'까지 완성되어야 하며, 어떤 '질적 결과'가 기대되는지를 충분히 이해시키는 것이 중요하다. 이 때에 리더 자신의 기대는 물론 주요 이해 관계자들의 기대 사항도 같이 말해 주는 것이 필요하다.

(2) 실행 지침

위임된 업무를 추진할 때에 직원이 준수해야 할 제약조건이 있을 때가 있다. 예컨대, "문서 확정 전에 관련 부서와 협의를 거쳐야 한다."는 등의 제약 조건이 있다면 그러한 지침을 미리 말해 주어야 한다.

아울러 실행 방법에서 실패 경로를 리더가 알고 있다면 이것도 알려 주어야 한다. '무엇을 하지 말아야 하는지'를 알려주되, '무엇을 할 것인가'는 직원에게 위임하는 방법이라고 할 수 있다.

나아가 유관 부서와의 업무 연계성과 사전조율 사항, 일의 주요 흐름과 각 단계별 주안점 등에 대해서도 충분히 공유해 주어야 한다.

(3) 가용 자원

권한위임(Empowerment)은 직원에게 일할 수 있는 힘을 부여해 준다는 의미이다(Em + Power). 이를 위해 리더가 지원할 수 있는 사항에는 어떤 것이 있는지를 직원에게 알려줄 필요가 있다. 인적, 재정적, 기술적 자원은 물론 아이디어 토론 등 리더 개인이 도와줄 수 있는 자원도 말해 주는 것이 좋다.

(4) 성과 확인

일의 결과에 대한 평가의 시기와 방법을 직원에게 명료하게 말해야 한다. 특히 수개월 이상 걸리는 장기 프로젝트는 중간 점검을 할 필요가 있으며, 이때에도 중간 보고의 시기와 필요 내용에 대해 미리 합의를 해 두어야 한다.

(5) 성과 보상

일을 완수했을 때, 담당자가 얻게 되는 이익 등 보상에 대하여도 미리 알려 주어야 한다. 성과가 좋을 때는 금전적 보상과 인사평가에 반영이 되며, 성과가 미흡할 때에 부서와 개인에 미치는 영향 등도 미리 말해 주어야 한다.

이상의 권한위임에 관한 피드 포워드를 할 때에도 직원의 수준에 따라 논의의 수위를 조절해야 한다는 점은 긴 설명이 필요 없다.

예컨대 경험과 역량이 낮은 직원에게는 목표를 낮게 설정하고, 더 자세한 지침을 주며, 보다 많은 가용 자원을 알려 주어야 하고, 중간 점검을 자주하며, 즉각적인 피드백을 해 주어야 한다.

반면에 경험과 역량이 우수한 직원일 경우에는 보다 높은 목표를 제시하면서도 지침을 간략하게 하고, 중간 보고나 확인은 최소한으로 하는 것이 바람직하지 않겠는가?

리더 혼자 말하지 않아야 한다

직원에게 권한위임 대화를 할 때에는 쌍방향의 소통을 하면서 '합의'의 과정을 거치는 것이 중요하다. 리더 혼자만의 따발총 같은 설명은 곤란하다는 뜻이다.

상황에 따라 '기대 성과'나 '성과 보상'에 대하여 리더의 생각과 다른 의견을 직원이 제시할 수도 있다. 이런 경우에는 리더의 입장만 일방적으로 말할 것이 아니라, 질문과 경청으로 직원의 의견을 반영해야 설득력이 높아지지 않겠는가?

나아가 대화를 마무리할 시점에 '합의 내용을 직원에게 말해 보도록 요청'하는 방법을 사용하면 효과가 좋다. 그러면 내용 전달이 제대로 되었는지 확인도 되며, 위임 받은 사항을 완수해야 한다는 책임감을 직원에게 더 강하게 갖게 할 수도 있다. 리더의 설명 끝에 직원이 단순히 "알겠습니다." 하고 말하는 경우와는 상당히 다른 효과가 나타난다.

> 리더: 오늘 A프로젝트 진행에 관련하여 기대 목표와 성과 보상 등 여러 얘기를 나눴습니다. 혹 추진에 어떤 애로사항이나 질문이 있을까요?
>
> 직원: 지금은 없습니다만, 나중에 생기면 말씀 드리겠습니다.
>
> 리더: 그러면 오늘 대화 내용을 김 대리가 한번 정리해 주겠어요?
>
> 직원: 예. ~~~ ~~~ ~~~ ~~~.

수행 방법에는 자율성을 부여하자

권한위임은 목표와 실행 지침 등을 명확하게 한 후에 일을 추진하는 과정에는 리더의 관여를 최소화하는 것을 전제로 한다. '결과를 체크하되, 과정은 간섭하지 않는 방법'인 셈이다.

오늘날은 1년의 기간이 멀게 느껴질 정도로 ICT 기술이 발전하고, 업무 정보와 활용 방법도 현기증이 날 정도로 빠르게 변하고 있다. 이런 환경에서 리더가 그동안 해 왔던 방법으로 일하도록 직원에게 지시하는 것은 발전에 방해가 되기 쉽다. 따라서 직원의 잠재력과 창의성을 살리기 위해서는 수행 방법에 대한 자율성을 부여하는 것이 옳은 방향이다.

더구나 MZ 직원들의 일하는 방법은 리더의 예상과 많이 다를 수 있으며, 리더의 마음에 들지 않거나 심지어 이해하기 어려울 때도 많다. 이어폰을 꽂고 음악을 들으면서 근무해야 일에 집중이 된다고 말하기도 한다. 학생 시절부터 이어폰으로 노래를 들으며 공부했기에 그 말이 사실이기도 하다.

그 외에도 MZ 직원들이 좋아하는 일하는 방식이나 근무환경에는 다음과 같은 것들이 있다[69].

▶ 모바일 기기로 일하기
▶ 카페에서 회의하기
▶ 온라인 시스템으로 보고하기
▶ 채팅으로 회의하기
▶ 산책하면서 아이디어 토의하기
▶ 편한 복장으로 일하기 등

가정에서 부모가 자녀에게 이어폰 빼고 공부하라고 지시하는 것이 효과가 없듯이, MZ 직원들에게 어떻게 행동하라고 방법을 지시하는 것은 효과적이지 않다.

리더가 직원을 믿지 못하고 업무수행의 방법과 과정을 일일이 통제하는 경우에는 다음과 같은 부작용이 따라온다.

▶ 직원은 수동적이 되고, 창의성과 잠재력 발휘가 어려워진다.
▶ 일의 과정에 대한 '자기 통제'가 떨어져 직원의 스트레스가 증대한다.
▶ 존중받고 싶은 직원의 욕구가 무시되어 근무 의욕이 떨어진다.

직원에게 필요 사항을 지원해야 한다

직원에게 자율성과 권한을 위임했을 때에도, 성공적 결과가 있기 위해서는 리더가 해야 할 조치들이 아직 남아 있다. 직원이 자율적으로 추진해 가는 데 어려움은 없는지 계속 관찰하고, 필요한 사항이 발생하면 신속하게 지원해 줘야 한다는 점이다.

예컨대 업무 능력이 부족한 직원은 교육을 보내 주거나 OJT를 실시해야 한다. 시스템과 작업 도구가 부족하다고 느끼는 직원에게는 그 시스템과 도구를 언제, 어디에서 구할 수 있는지 알려 주어야 한다. 그리고 자주 칭찬과 지지를 해 주는 것도 리더가 챙겨야 할 부수적인 행동이다.

리더를 역이용하는 함정을 경계해야 한다

앞에서 우리는 조직의 각급 리더들이 아래로 위임해도 되는 일을 하느라 근무 시간의 50%를 뺏기고 있다는 삼성경제연구소의 조사 결과를 보았다. 이 조사를 한 연구원이 임원들에게 물었다. "왜 부장들이 할 일에 임원이 시간을 뺏기고 있습니까?" 이 질문에 대한 임원들의 답변을 보자.

위임된 사항은 보고하지 않아도 된다고 해도, 자꾸 내 방으로 들어옵니다.
그런 사람을 못 오게 할 수도 없군요.

처세의 달인 소리를 듣는 사람들은 말한다. "리더 다루기는 의외로 간단합니다. 혼자 처리하지 말고 자꾸 리더에게 물으면 됩니다."

상무님, 혹시 제가 판단을 잘못했을까 걱정이 되어 그러는데요.

경험이 많으신 상무님이 한마디 팁을 주시면, 신속한 일 추진에 큰 도움이 되겠습니다.

이런 밀을 들으면 리더는 순간 기분이 좋다. "이 사람이 나를 알아보는 구만." 그리고 덥석 훈수의 함정으로 빠져든다. "그건 말이야 ~~~하면 잘될 거야." 리더의 이러한 행동이 바로 '상향 위임(Upward

Delegation)의 함정'에 빠지는 것이라는 것을 잊지 말아야 한다.

어느 조직에서나 상위 리더가 될수록 처리할 일은 많고 시간은 부족한데, 이를 위한 시간은 누가 만들어야 할까? 리더 자신의 몫이 크지만 직원들의 협조가 있어야 한다.

따라서 만약 직원들이 눈도장 찍기 전략을 일삼는다면 겉으로는 리더를 추종하는 것 같지만, 실제로는 리더를 괴롭히고 조직 발전을 방해하는 것에 다름 아니다.

이런 상황을 예방하기 위해서 리더는 직원들이 어떤 사항을 보고하러 오는지 관찰할 필요가 있다. 중요하지 않은 사항을 '눈도장' 찍으러 보고하는 경우에는 이를 차단해야 하고, 반대로 필요한 보고조차 안 하면 오히려 직원을 불러서 보고를 받아야 마땅하지 않겠는가?

정보공유와 업무추진의 나침반

직원이 위임받은 일을 한 방향 정렬된 모습으로 추진하게 하는데 필요한 리더의 또 다른 역할은 정보공유를 제대로 해 주는 것이다. 경영상황에 대한 정보를 직원에게 말해 주지도 않으면서 "회사 사정에 맞게, 스스로 알아서 일하라."고 하면 곤란하지 않겠는가?

최 과장, 회사 사정 몰라요? 어찌 경비를 그렇게 지출합니까?

당신은 무슨 생각으로 이런 엉뚱한 판단을 했지요?

부서장의 마음을 그리 몰라요? 그 정도는 말 안 해도 알아서
움직여 줘야지.

직원이 자율성을 갖고 제대로 움직이게 하려면 '어떻게 움직여야
하는지' 알려 주어야 하는데, 이를 위한 필수적 조치가 경영정보를 직
원들에게 신속하게 알려 주는 것이다.

따라서 인사상 비밀 등 불가피한 사항이 아니면 가급적 많이, 그리
고 빨리 공유해야 한다. 조직의 정보는 리더가 독점해서는 안 되는 공
동의 자산이기 때문이다.

리더와 직원들 간에 정보의 비대칭성은 리더의 예상보다 더 크다
는 점을 유의하자. 임원회의, 부장회의 등에 참여하는 리더에게는 수
시로 접하는 경영 정보가 새삼스럽지 않지만, 간부회의 한번 가 보지
못한 직원들은 경영 정보에 목말라 있다.

리더가 이런 정보를 최대한 직원에게 공유해 주면, 위임된 일이 방
향성 있게 추진되게 하는 데 좋은 나침반이 되어 준다.

나아가 정보공유는 직원들에게 조직에 대한 소속감이나 존중받고
있다는 느낌을 갖게 만든다. 따라서 간부회의에 참여한 리더는 비밀이
아니라면, 회의내용을 가급적 빠른 시점에 직원들에게 설명해 주어야
한다.

부장: 여러분 잠깐 업무를 쉬고, 티 타임 좀 할까요?

조금 전에 끝난 간부회의 내용에 대해 알려 드릴게요.

주요 내용은 ~~~ ~~~ ~~~입니다.

또 궁금한 사항이 있으면 물어보세요.

업무 방향의 일관성 유지

직원이 위임 받은 일을 자율적으로 추진하면서도 전체 조직이 한 방향으로 정렬되기 위해 필요한 또 다른 사항은 리더가 말하는 메시지에 일관성이 있어야 한다는 점이다.

이를 위해 다음의 두 가지 측면이 준수될 필요가 있다.

▶ 리더 자신의 메시지의 일관성

▶ 리더들 상호간의 메시지의 일관성

첫째, 리더 자신의 메시지에 일관성이 있어야 한다.

회의나 1:1 대화에서 리더가 말한 메시지에 일관성이 없거나, 방향성이 틀리면 직원들은 난감해한다.

부장: 이번 달에 박 대리는 영업비용을 상당히 많이 썼네요.

대리: 지난번에 1인당 상한선 내에서 자유롭게 써도 좋다고 말씀하셔서⋯⋯.

부장: 말이 그렇다는 것이지, 상한선까지 실제로 다 써 버리면

어찌 합니까?

리더의 메시지가 일관성이 있으려면 언행이 앞뒤로 일치해야 한다. 예컨대 인사평가의 원칙으로 '성과와 능력'을 천명하다가도 막상 연말의 승진자 결정 시점에 고참 우선의 결과가 나오면 직원들의 기분은 어떻겠는가? 메시지의 일관성이 없으면 직원들은 점차 리더의 말을 믿지 않게 된다.

둘째, 리더들 상호 간에 메시지의 일관성이 있어야 한다.

조직의 내부를 들여다보면, 리더가 바뀌었을 때 업무의 방향성과 일관성이 송두리째 변해 버리는 경우가 더러 있다. 후임 리더는 전임 리더가 하던 것을 계속하면 자신의 실적에 표가 나지 않는다고 계산하기 때문이다.

그리고 전임 리더의 방침을 무시하거나 확 바꿔 버리고, 자신의 새로운 방향과 목표를 제시한다. 이런 현상을 자신을 보여 주고자 하는 '현시주의(顯示主義)'라고 부른다.

물론 조직의 변화를 위해 전임자와 다르게 하는 것이 타당한 경우도 더러 있다. 그러나 수년~수십 년 이어져 온 조직의 연속성을 감안하면, 전임 리더가 해 왔던 업무 방향을 후임자가 완전히 무시하는 것은 난센스라고 해도 과언이 아니다.

리더가 바뀌었을 때 '정책 변화를 할 수 있는 상한선은 30% 정도'라는 경험적 조언이 있다. 왜냐하면, 어떤 조직이든 지금의 정책과 시스템은 시행착오를 거치며 진화해 왔기에 나름의 이유와 효용성이 있기 때문이다.

이런 측면을 도외시하고 리더가 바뀌었다고 기존 정책을 송두리째 바꿔 버리는 것은 득보다 손실이 크다. 따라서 신임 리더는 새로운 방침을 추진할 때에는 '왜 바꿔야 하는지'에 대한 명확한 이유가 있어야 한다. "반드시 바꿔야 할 이유가 없다면, 반드시 바꾸지 않아야 한다." 혁신의 지도자였던 미국 케네디 대통령이 한 말이다.

다시 직장의 리더 입장으로 돌아와 보자. 새로 발령을 받은 리더라면 정책 변화의 구상을 어떻게 찾을 수 있을까? 특히, 전임 리더가 해 왔던 정책 중에 앞으로도 계속해야 할 사항이 있다면, 이를 찾아 내는 쉬운 방법은 무엇일까?

그것은 후임 리더가 인사 이동 직후에 전임 리더를 찾아가서 식사나 티 타임을 하면서, 전임 리더가 해 왔던 그동안의 정책과 경험, 조언 등을 들어 보는 방법이다.

이를 통해 후임 리더는 자신의 정책 구상에 대한 현실적 아이디어를 얻을 수 있을 뿐만 아니라, 전임 리더가 역점을 두었던 정책과도 적절한 수준의 일관성을 유지할 수 있게 된다.

후임: 새로 역할을 맡으니 선임자인 부장님의 조언을 듣고 싶습니다. 성과 달성에 필요한 핵심적인 관리 포인트에 대해 부장님의 그동안의 경험과 아이디어를 부탁드립니다.

전임: X프로젝트가 거의 마무리 시점에 있는데, 이것을 계속하는 것은 필요하다고 생각합니다. 그리고 ~~~ ~~~ ~~~.

후임: 직원 각자의 강점이나 제가 관심을 가져야 할 또 다른
　　　부분들은 어떤 것이 있을까요?
전임: A직원이 작년부터 부서 이동을 원했는데 ~~~.

이처럼 두 사람의 리더가 만나서 의견을 나누면 리더들 상호간에 메시지의 일관성을 합리적으로 유지할 수 있으며, 나아가 '인맥 관리'라는 부수적인 효과도 따라온다.

전임 리더는 자신을 찾아주는 후임 리더를 매너 있는 사람으로 생각하고, 계속 협조적인 관계로 이어지기 때문이다.

하지만, 조직의 현장에서 이 간단한 방법을 실천하는 리더는 의외로 많지 않다. 때문에 전임 리더가 쌓아 온 경험적 지식들이 활용되지 못하고, 맨땅에 헤딩하듯이 후임 리더의 시행착오가 다시 시작되는 형국이다.

인사평가 과정을
갈등 없이 관리하라

직원에게 권한을 위임하고 자율성을 부여했다면, 다음에 리더가 해야 할 과제는 인사평가를 공정하게 하고, 결과에 대한 피드백 면담을 갈등 없이 진행하는 것이다.

직장인이 1년 동안 동분서주하면서 일하는 목적은 연말의 성과 평가를 잘 받기 위한 것이라고 해도 과언이 아니다. 그런데, 농부의 수확은 옆 사람하고 경쟁하지 않지만, 직장의 인사평가는 경쟁 속에 이루어지기에 여러 가지가 복잡해진다. 평가 시기가 되면 평가를 하는 리더와 평가를 받는 직원들 모두 밤잠을 설칠 정도로 스트레스를 받는 것도 이 때문이다.

기존 세대는 평가 결과에 불만이 있어도 리더에게 이의 신청을 하거나, 평가 근거에 대한 해명을 요구하는 경우는 별로 없었다. 가슴앓이로 운명을 한탄하며 술을 마시는 것으로 넘어가는 경우가 보통이었다. 이 시기의 리더들은 인사평가의 불만 관리를 그다지 심각하게 고려하지 않아도 그런대로 넘어갔던 셈이다.

> 승진 때가 된 다른 선배에게 양보하도록 김 대리에게 C를 줬는데, 이해하겠지…….

> 평가 권한은 나에게 있는데, 자기가 별 수 있겠어?
> 불만이 있겠지만, 며칠 지나면 정상으로 돌아오겠지.

그러나 이제는 달라져야 한다. 인사평가의 전 과정을 잡음이 없도록 관리하지 않으면 정정요청이나 이의신청 등으로 시끄러워진다. 아울러 인사평가의 마지막 단계인 피드백 면담을 리더가 원만하게 진행해야 직원이 업무에서 멀어지지 않는다.

특히 자기주장(Voice)이 강한 MZ 직원들에게 피드백 면담을 순조롭게 진행하는 것은 대단히 민감하고 중요한 숙제가 되었다. MZ 직원들은 공정성과 투명성에 대한 기대가 높으며, 대학생 시절에도 학점이 부당하다 싶으면 바로 교수님 면담을 요청한 세대들이다[2].

직장에서도 평가 결과가 낮으면, "지시하신 대로 했잖아요. 그땐 다른 말씀 없으셨는데요." 하고 항변한다. 심지어 리더가 말한 것을 녹음해 둔 직원도 있다. 이메일 받은 것을 증거자료로 가지고 와서 리더의 평가 결과에 동의할 수 없다며 항의하는 사례도 더러 있다. 그래도 항의가 반영되지 않으면 익명성 온라인 커뮤니티인 'Blind'에 온갖 비난으로 도배를 하기도 한다.

MZ 직원들이 평가 결과에 좀 더 민감한 것은 사실이지만, 기존 직원들이라고 하여 인사평가에 무관심한 것은 아니다. 결국 연봉, 승진 등에 직결되는 인사평가는 모든 직장인에게 중요한 사항일 수밖에 없다는 것은 긴 설명이 필요 없다.

따라서 리더가 평소에 칭찬, 질문, 권한위임 등 긍정의 리더십으로 조직을 잘 이끌었다고 해도, 인사평가의 과정을 제대로 관리하지 못하면 난처한 상황에 빠진다. 리더에 대한 분노가 생기기도 하며, 직원의 근무 의욕이 일순간에 떨어져 버린다. 유능한 직원에게는 이직을 결심하는 계기가 되기도 한다.

모든 직장인이 좋은 평가를 받으려고 경쟁하는 상황에서 모두를 만족시키는 인사평가의 방안을 시행하는 것은 불가능에 가깝다. 그럼에도 불구하고 인사평가 불만을 최소화할 수 있는 '예방적 관리 방법'이 없는 것은 아니다. 이 방법을 활용하면 리더와 직원 모두에게 평가 관련 갈등과 스트레스를 크게 완화할 수 있다.

이제 슈퍼 리더들이 사용하는 인사평가의 예방적 관리와 평가결과에 대한 피드백 면담의 순조로운 진행 원리와 스킬에 대하여 자세히 살펴보자.

평가에 손해 봤다는 직원의 심리

연봉 7천만 원에 현재 직장으로 옮긴 L사의 박 과장은 기분 좋게 근무 중이었다. 그런데 자신과 같이 영입된 비슷한 스펙의 동료가 연봉 8천만 원이란 것을 최근에 알게 되었다. 그러자 갑자기 회사의 보상 기준이 불공정한 것 같고, 근무 의욕이 떨어지는 자신을 발견했다.

보상과 평가에 대한 만족이나 불만은 자신이 받은 결과 못지 않게, 다른 사람이 받은 결과와 '비교'를 하기 때문에 나타나는 현상이다.

아담스(J. S. Adams)는 '공정성 이론(Equity Theory)'에서 "개인들은 타인과의 비교 속에서 자신의 사회적 위치를 평가한다."고 하였다[124]. 비교를 할 때에는 보상의 금액이 많고 적음만으로 하지 않고, '투입 대비 보상의 비율'에 차이가 있는지를 본다.

자신의 일에 대한 투입(Input)과 그로부터 얻어지는 보상(Output)의 정도를 다른 사람의 그것과 비교하는 것이다. Input에는 근무 시간, 노동 강도 등 직접적인 것뿐만 아니라, 학력, 근무 경력, 자격증 등도 포함된다. Output은 연봉, 인사평가, 포상금 등이다.

만약 자신의 투입 대 보상의 비율이 다른 사람의 그것과 비슷하거나 동일하다면 평가가 공정하다고 받아들인다. 하지만, 그 비율이 자신에게 불리하면 불만을 갖게 되며, 추가 보상을 요구하거나 일을 태만히 하는 등의 방식으로 공정성을 회복하려는 행동을 한다.

여기서 중요한 것은 "대다수 직원이 인사평가 또는 보상에서 자신이 손해 봤다고 생각한다."는 점이다. 그 이유는 투입(Input)과 보상

(Output)을 계산할 때, 모두가 자기 중심적으로 판단하기 때문이다.

이처럼 자기 중심적으로 계산하는 데에는 다음의 두 가지 심리적 현상이 작동한다.

첫째, 투입(Input)에는 자신의 것은 많게, 타인의 것은 적게 인식한다.

직장에서 일을 하거나 과제를 수행하는 동안 자신이 쏟은 노력과 고민은 잘 알지만, 타인의 것은 눈에 보이지 않기에 잘 모른다. 예컨대, 영업 직원이라면 고객을 만나려고 주말에도 찾아간 자신의 노력은 알지만, 동료가 무엇을 했는지는 알 수가 없다.

투입을 경험, 전문성, 성실성 등 역량과 태도까지 고려하면 그 차이는 더 커진다. 자신의 투입은 '다양한 노력의 결정체'로 높게 평가하지만, 타인의 그것은 거의 알지 못하고 있다. 결국 자신의 투입은 높게, 타인의 투입은 낮게 평가하는 결과를 가져온다.

둘째, 보상(Output)에 대하여는 타인의 것은 많게, 자신의 것은 적게 인식한다.

미국의 한 연구에서 직장인들을 대상으로 다음과 같이 질문했다. "동료들과 비교할 때, 자신의 업무성과가 얼마나 양호하다고 생각하는가?" 이 질문에 응답자의 40%가 자신의 업무성과를 상위 10%에 해당한다고 대답했다. 나머지 응답자들도 자신의 성과가 상위 25% 이상에 해당하며, 평균 이하라고 응답한 사람은 2%에 불과하였다[3].

이처럼 자신의 업무 성과가 높다고 인식하면, 인사평가에서 A고과 등 높은 보상을 받기를 기대하기 마련이다. 하지만 대부분의 조직에서 평가 시스템에 의해 적은 수의 직원들만 A고과를 받게 되며 대다수는 B, C고과를 받도록 되어 있다. 결국 대다수 직원들은 평가에 손해 봤다는 불만이 생길 수밖에 없는 심리 상태에 놓여 있다고 할 수 있다.

반면에 동료의 보상에 대하여는 판단 기준이 달라진다. 우선, 경쟁 관계에 있는 동료가 높은 업무성과를 달성하고, 인사평가를 좋게 받은 상황을 생각해 보자. 이때 동료가 기울인 투입(Input)은 알 수가 없기 때문에, 좋은 업무실적을 달성한 배경을 운이나 환경 탓으로 돌린다.

그가 영업직원이라면 '좋은 고객을 만나서' 등으로 생각하는 것과 같다. 결국 노력(Input)은 적은 동료가 높은 평가(Output)를 받았으므로 공정하지 않고, 내가 손해 봤다고 느끼는 것이다.

이상의 공정성 이론을 감안해 보면, 인사평가의 불만을 최소화 하는데, 리더가 무엇을 해야 하는지에 대한 힌트를 얻을 수 있다. 그것은 직원 개개인의 투입(Input)과 보상(Output)에 대한 리더의 생각을 평소에 알려 주는 것이다.

분기 1회, 1:1 대화로 피드 포워드하자

피드 포워드(Feed Forward)는 문자 그대로 과제의 진행 중에 또는 미리 의견을 나누는 예방적 피드백을 말한다. 연말에 종료되는 인사평가와 피드백 면담을 스트레스 없이 마칠 수 있으려면, 리더는 분기별 1회 정도로 개별 직원과 1:1 피드 포워드 대화를 하는 것이 필요하다.

이 자리에서 직원이 잘하는 사항에 대해 칭찬하는 것도 좋지만, 일

처리에 대한 직원의 미흡한 부분도 Fact 중심으로 말해 주는 것이 필요하다.

김 대리가 진행한 프로젝트는 계획보다 일정이 지연된 아쉬움이 있습니다.

고객의 만족도를 지금보다 더 높여 주기 바랍니다.

아울러 경쟁관계에 있는 다른 동료 직원의 투입과 산출에 대한 정보도 '적절한 수준'에서 알려 주어도 좋다. 이 방법은 직원에게 자기의 투입만 과대 평가하지 않도록 하는 효과가 있을 뿐만 아니라, 직원 상호 간의 업무 노하우 공유와 선의의 경쟁을 유도할 수도 있다.

최 대리와 비슷한 업무를 하는 박 대리는 요즘 ~~~을 추진한다고 하더군요.
좋은 아이디어로 생각되어, 잘해 보라고 말했습니다.

진행 중인 ~~~과제는 ~~~방법을 시도하면 좋을 것 같은데 어떻게 생각합니까?

평가의 세 가지 공정성

H사의 김 과장은 연말이 가까워 오자 승진에 대한 기대감이 높아졌다. 그동안 열심히 일해 왔으며, 평가자인 부장도 평소에 "수고 많아요." 등 격려의 말을 많이 해 주었기 때문이다. 금년에 A고과를 받고, 잘하면 승진도 가능하겠다는 예상을 했다.

하지만 연말에 그가 부장으로부터 받은 성적표는 C였다. 김 과장은 도저히 이해가 되지 않았다. "어떻게 이런 결과가 나오지?" 근무의욕 저하는 말할 것도 없고, 부장에 대한 분노로 얼굴조차 보기 싫어졌다.

김 과장이 부장에게 분노하는 것은 C고과라는 낮은 평가를 받은 결과 때문만이 아니다. 연말의 평가 시점까지 김 과장의 일 처리에 어떤 개선이 필요한지 부장으로부터 아무런 중간 대화가 없었다는 점이 더 큰 원인이었다.

심지어 연말의 평가면담 자리에서도 형식적인 면담만 할 뿐, 낮은 고과를 받은 이유에 대해서도 납득이 될 수 있는 설명이 없었다.

공정성의 3가지 측면을 관리해야 한다

직장인의 1년 농사에 대한 결산은 성과 평가이다. 최고 등급을 받은 10~20%의 직원을 제외하고, 나머지 대부분의 직원들은 평가 결과가 부당하다고 생각하는 구조라는 것은 전술한 바와 같다. 리더는 고민 고민해서 공정하게 평가했다고 생각하지만, 다수 직원들은 불만을 갖는다는 것을 유의해야 한다.

평가를 받는 입장에 있는 직원은 모두 자신의 입장에서 업무 성과를 판단하기에, 주관적일 수밖에 없다. 이는 동료 직원도 마찬가지이며, 평가를 하는 리더도 마찬가지다. 즉 인사평가에는 모두가 동의할 수 있는 100% 공정한 결과는 존재하지 않는다는 점을 이해하고 넘어가자.

그런 제약 속에서, 리더가 힘써야 할 역할은 직원이 '공정하게 느끼도록' 하는 것이 관건이다. 그렇다면 리더가 어떻게 해야 직원이 인사평가 결과를 공정하다고 느끼게 할 수 있을까?

이에 대한 해답을 찾기 위해서는 다음과 같은 공정성의 세 가지 측면을 이해할 필요가 있다[68].

▶ 분배의 공정성(Distributional Justice)
▶ 과정의 공정성(Procedural Justice)
▶ 상호작용의 공정성(Interactional Justice)

첫째, '분배의 공정성'은 결과의 공정성을 말한다.

예컨대, 일꾼들을 고용한 주인이 일의 양에 따라 100을 일한 사람은 100만 원, 70을 일한 사람은 70만 원을 지불하는 것이 분배의 공정성이다.

직원들의 성과 평가에서도 실적을 100% 계량화가 가능하다면, 이에 따라 평가하는 것이 분배의 공정성에 해당한다.

둘째, '과정의 공정성'은 일을 시작하기에 앞서 일할 장소, 임금 계산 기준 등 일꾼들의 관심사항을 미리 공개하고, 타당한 건의가 있으면 반영하는 '절차'를 거치는 것을 말한다. '절차의 공정성'이라 부르기도 한다.

셋째, '상호작용의 공정성'은 주인이 일꾼을 인격적으로 무시하지 않으며, 근무 중에 애로사항은 없는지 살피고 격려하는 등 인간존중의 상호작용을 하는 것을 말한다.

비록 100만 원의 좋은 보상을 받아도 주인이 인격을 무시하고, 땀 흘려 일하는 동안 관심도 보여 주지 않으면 일꾼들은 주인을 좋아하지 않는다.

위 세 가지의 공정성 중에서 흔히 '분배의 공정성'이 직장인들의 불만 예방에 제일 중요할 것으로 예상하기 쉽다. 하지만, 여러 연구에 의하면 '과정의 공정성', '상호작용의 공정성'도 분배의 공정성 못지 않게 직원들의 불만 예방에 많은 영향을 미치는 것으로 확인되었다.

아울러 오늘날 많은 조직에서 직원들의 업무실적은 계량화되어 자동으로 집계되는 비중이 커지고 있다. 따라서 리더가 분배의 공정성을 높이는 데 노력해야 할 역할은 많지 않거나, 차츰 줄어들고 있다고 할 수 있다.

결국 공정성 증대에 리더가 더 많은 영향력을 미칠 수 있는 부분은 '절차적 공정성'과 '상호작용의 공정성'에 있다는 점을 인식할 필요가 있다.

앞 사례의 김 과장도 연말에 성과 평가에 불만을 갖는 것은 C고과라는 결과 때문만이 아니다. 부장이 평소에 "수고 많아요." 등 막연한 말만 하다가 연말에 C고과를 주었기 때문이다. 과정의 공정성, 상호작용의 공정성을 도외시한 부장의 평소 언행이 김 과장에게 '황당하고 불공정한 평가'라는 불만을 갖게 만드는 것이다.

예방적 피드백과 평가불만 예방

어떤 직원에게 연말에 C고과를 부여해야 할 정도로 직원의 일 처리가 기대에 못 미칠 때에는 연말이 오기 전에 미리 직원과 면담을 했어야 한다. 중요한 것은 타이밍이다.

미리 이야기했어야 할 개선점을 시간이 한참 흐른 뒤에 알려 주는 것은 안 하는 것보다 못하다. 리더가 평소에는 말이 없다가 연말 면담에서 문제점을 지적하는 것이 이에 해당하며, 그러면 직원은 반발하기 쉽다.

피드백의 방식에도 신중을 기해야 한다. 존중과 수평적 소통(Equal)의 욕구가 강한 MZ 직원들은 다른 사람 앞에서 지적 받는 것을 특히 싫어한다. 사소한 것이라면 메모나 이메일로 해도 무방하지만, 평가에 관계된 사항은 가급적 1:1로 만나서 얼굴 보며 피드백해 주어야 한다[69].

팀장: 김 대리, 1/4분기까지의 업무 성과가 목표 대비 5%가 부
족하네요.

직원: 코로나19로 영업 환경이 안 좋습니다. 다른 직원들도 비
슷하지 않나요?

팀장: 시장 상황이 어렵기는 하지만, 그런 속에서도 목표를 초
과 달성한 직원들도 있습니다.

연말에 성과 평가를 마치고 인센티브를 받거나 승진하게 되는 직원은 소수이다. 대다수 직원들은 B, C 등의 고과를 받게 되며, 리더에게 섭섭한 감정을 갖기 쉬운 처지이다. 이것을 최소화하고 직원에게 지속적인 에너지를 줄 수 있는 것이 평소에 1:1 대화를 통하여 예방적 피드백을 해 주는 데에 있다.

리더의 이러한 노력이 '과정의 공정성'과 '상호작용의 공정성'을 크게 높여 준다는 것은 앞에서도 살펴보았다. 비록 C고과를 받은 직원도 예방적 피드백을 받았다면, 연말에 성과가 높지 않아 낮은 평가를 받아도 그것을 자기 탓으로 받아들이게 되며, 평가 과정이나 평가 결과가 부당하다고 항변하지 않는다.

낮은 고과를 받아서 비록 섭섭함은 있을 수 있지만, 그것이 부당하다고 이의신청을 하거나 Blind 커뮤니티에 비난의 글을 올리지는 않는다는 점이다.

이러한 예방적 피드백은 MZ 직원들에게는 더욱 중요하다. 이들은 IT Native(원주민)로 실시간 소통에 체질화되어 있는 세대이며, 업무 진행에서도 리더로부터 빠른 피드백을 받기를 원한다. 평소의 일 처리

에도 잘한 것은 칭찬받고, 부족한 부분에 대해서는 즉시 피드백받기를 원한다.

나아가 MZ 직원들은 좋은 말만 듣기를 원하는 말랑한 세대는 아니다. 자신이 수행하는 업무에 부족함이 있다면 리더가 이를 정확히 관찰하고, 객관적 피드백을 해 주면 거부하지 않는다. 오히려 자신을 발전시켜 줄 수 있는 좋은 리더로 받아들이는 쿨한 면도 가지고 있다.

리더가 중간 피드백을 할 때에는 계량적 실적을 알려 주는 것 못지 않게, 일하는 모습에 대한 관찰 결과를 알려 주는 것이 좋다. 피드백을 위한 리더의 관찰은 직원의 잘잘못을 가리는 '지적'과 다르며, '관찰'은 직원의 업무 처리를 그대로 보는 것이다.

지적은 직원을 나무라는 공격의 말이지만, 관찰은 직원의 성장을 돕는 것이다. 지적이 리더의 감정과 주관에 기초한 것이라면, 관찰 피드백은 Fact에 근거한 것이기도 하다[78].

탁월한 경영성과로 이름을 날렸던 GE의 잭 웰치(J. Welch) 전 회장은 "근무 시간의 50%를 직원 관리에 쓴다."고 하였다. 그가 말한 '직원 관리'는 업무 진행에 대해 관찰과 피드백 대화를 하는 것이기에, 많은 시간 할애에도 충분히 수긍이 가는 활동이라 할 수 있다.

웰치는 회장이기에 면담 상대방은 중역들이었다. 이 면담을 통하여 중역들은 자신의 업무실적이 회장의 기대에 얼마나 부응하는지 미리 가늠할 수 있었으며, 좋은 평가를 받으려면 어떤 변화가 있어야 하는지를 사전에 짐작할 수 있었다. 그렇기에 연말에 "내가 왜 C고과를 받아야 합니까?" 하는 중역들의 반발은 한 건도 없었다[66].

부장이나 팀장이라고 다를 것이 없다. 매일 함께 동고동락하다가 연말에 직원의 업무 성과를 평가하여 인사평가를 A, B, C 등으로 차별화하려면, 스트레스가 보통이 아니다. 이런 고충을 최소화하는 핵심 대책이 연중에 미리 예방적 피드백 면담을 하는 것이다.

분기별 1회 정도로 개별 직원과 1:1 면담 기회를 갖고, 고칠 부분이 있으면 미리 피드백을 해 주자. 딱딱한 사무실 환경이 아니라, 점심 후 커피 타임이나 산책하면서 말해도 좋다.

> 부장: 김 과장, 6월 말이 되었네요. 연초 계획한 목표가 잘 진행되고 있나요?
> 과장: 계량 목표는 100% 달성하고 있습니다만, 질적인 개선은 내 세울 것이 아직 없습니다.
> 부장: 부서원 대다수가 계량 목표는 100% 달성하고 있습니다. 김 과장도 연말의 좋은 평가를 받기 위해서 질적인 개선 사항도 2~3건 정도는 기대합니다.

특히 연말 평가결과가 낮게 예상되는 직원에게는 예방적 피드백 대화를 더 신경 써서 해야 한다. 흔히 2/4분기 정도가 지나면, 직원의 일하는 모습과 업무의 예상 성과가 리더의 눈에 대충 보인다. 이를 통해 성과가 낮을 것으로 예상되는 직원에게 더 깊이 있고, 진정성 있는 대화를 미리 해 주는 것이 리더의 체크리스트에 반드시 포함돼야 한다.

이런 대화를 한다는 것은 리더에게도 부담이 되겠지만, 그래도 이 과정을 거침으로써 연말의 더 큰 스트레스를 방지할 수 있다. 이 대화에서 인격적 비난의 용어가 아니라, 관찰 가능한 행동과 Fact로 차분하게 말하면, 별 어려움 없이 소통을 할 수 있다.

> 김 대리의 2/4분기 실적이 목표의 80%에 그칩니다. 어떤 구상이 있습니까?
> 실적 개선이 되지 않으면, 연말의 평가 결과가 낮을 것이 예상됩니다.
> 목표를 100% 이상 초과 달성한 직원들도 있으니, 김 대리도 분발해 주기 바랍니다.

피드백 대화를 할 때에는 '노력'이나 '창의성'이 부족하다 등의 '인격을 평가하는 추상명사'를 사용하는 것은 금물이다. "목표 대비 5%가 부족하다." 등의 객관적 용어를 사용해야 한다.

이런 방식으로 중간 피드백을 받은 직원은 연말에 C고과를 받아도 황당해하지 않는다. 자신의 입무실적에 대한 위치를 미리 알고 있었기 때문이다.

연말 평가면담의 대화 스킬

이제 '진실의 순간(Moment of Truth)'이 다가왔다. 연말에 최종 평가 결과를 직원에게 알려 주고 설명하는 시간을 말한다. 최상위 A고과를 받은 약 10% 직원에게는 웃으면서 기분 좋게 면담을 끝낼 수 있지만, B 이하 고과를 받은 90%의 직원에게 평가면담을 한다는 것은 여간 힘든 일이 아니다.

과거에는 많은 기업에서 연말에 인사평가가 끝나면, 리더는 결과만 해당 직원에게 통보하는 수준이었다. 그러나 오늘날은 평가의 공정성을 높이고, 직원의 사기 저하를 방지할 목적으로 평가면담을 의무화하는 조직이 많아졌다.

뿐만 아니라 과거에는 평가면담을 대충해도 넘어갔지만, 오늘의 직원들, 특히 MZ 직원들에게는 통하지 않는다. 이제, 리더는 평가면담의 핵심 스킬을 숙지하고 이를 실행할 수 있어야 한다. "아 다르고, 어 다르다."는 말이 있듯이 면담을 할 때에는 말을 어떻게 하느냐가 갈등 완화에 큰 영향을 미친다.

> 리더: 김 대리, 회사 규정상 연말 평가면담을 해야 하기 때문에 불렀어요.
>
> 직원: (경직된 마음으로) 예……!
>
> 리더: 금년에 C고과를 받게 되었어요. 만족스럽지 않겠지만, 내년을 기약하며 이해하기 바랍니다.
>
> 직원: 제 업무실적이나, 노력이 부족하다고 생각지 않는데요.
>
> 리더: 다른 직원은 더 열심히 했다고 봐야지요. 왜 자기 입장만 생각합니까?

이런 면담을 거치고 나면, 직원은 좌절감과 리더에 대한 미움이 생기기 쉽다. 평가 결과가 C라서 섭섭하기도 하지만, 김 대리를 더 낙담하게 하는 것은 '쌍방향 대화'가 없었다는 점이다.

리더와 직원이 서로의 관점을 차분하게 주고받는 대화가 쌍방향 대화인데, 위 면담에서는 직원에게 자기 입장을 말할 기회가 제대로 주어지지 않았다. 이렇게 면담이 이루어지면 '상호작용의 공정성(Interactional Justice)'이 없어져 버린다.

아마도 김 대리는 면담이 끝나면 바로 사무실을 떠나거나, 다음 날부터 휴가를 내서 며칠 동안 출근하지 않을 수도 있다. 그리고 며칠이 지나면, "자기가 별수 있겠어?" 하는 리더의 예상처럼 출근은 할 것이다.

하지만, 근무 의욕이나 리더에 대한 존중의 마음은 바닥을 치고 만다. 그리고 새해가 되어 연초에 리더가 "열심히 해 봅시다." 하고 근무 분위기를 띄워도, 직원은 냉소적으로 반응하고 열심히 일하지 않는다.

면담 대화가 제대로 진행되었는가를 판단하는 데에는 다음의 세 가지 기준이 적용된다[3]. 이 기준이 지켜지면 C고과 등 낮은 성적표를 받은 직원도 반발심이나 의욕 저하가 별로 생기지 않는다고 할 수 있다.

▶ 면담 과정에 리더가 고압적인 자세로 말하지 않았는가?
▶ 직원을 도와주려는 진정성이 느껴지게 대화가 되었는가?
▶ 면담 과정에 직원에게 말할 기회를 충분히 주었는가?

평가면담에서 직원들은 누구나 자신은 최선을 다했다고 생각하며, 좋은 평가를 받아야 한다고 리더에게 주장한다. 이런 순간에 리더가 직원의 감정을 자극하지 않고, 평온하게 대화를 효과적으로 진행하는 데에는 지켜져야 할 원리와 방법이 있다.

평가면담을 진행하면서 위 3가지 기준을 달성하기 위해 리더가 따라야 할 세부 실행 스킬에는 다음과 같은 것들이 있다[101].

첫째, 인격적 평가의 말을 하지 않아야 된다.

"책임감이 부족하다.", "협동심이 약하다." 등의 표현은 인격을 평가하는 말이며, 리더의 주관적 판단일 뿐이다. 평가 결과를 통보해 주는 자리에서 리더가 이런 표현을 하는 것은 화난 직원의 감정에 기름을 붓는 격이며, 최악의 면담 대화이다.

하지 않아야 할 두번째 말은 '다른 사람과 비교하는 말'이다. 다른 사람과 비교하는 것은 '인격적 평가'의 또 다른 형태이며, 사람을 기분 나쁘게 하는 대표적 표현이라고 할 수 있다.

"정 과장은 다른 과장들에 비해서 도전 정신이 부족한 것 같아요." 라고 말하면, 그가 어떤 느낌이 들지는 안 봐도 비디오다. "비교는 폭력이다."는 크리슈나므르티(J. Krishnamurti)의 말은 면담 대화에서도 기억해야 할 내용이다[86].

면담 대화에서 비교를 할 때에는 사람이 아니라 '객관적 기준'과 비교해야 한다. "이 일은 평균 3일이 소요되는데, 정 과장은 4일이 소요되었다."라고 말하면 상대방은 반발하지 않고 조용히 듣는다.

부장: 천 과장, 고과가 C로 부여되었어요. 결과에 대해 어찌 생각하세요?

과장: 나름대로 열심히 노력했기에 좋은 고과를 예상했습니

다만…….

부장: 열심히 노력한 것은 알아요. 그런데 고객 관리 방식에
아쉬운 점이 있어요.
고객별로 니즈가 다른데 표준제안서를 그대로 보내곤
했지요.
내가 몇 번이나 말했는데 계속되었고, B고객을 경쟁사
로 뺏기기도 하고…….

"열심히 노력했다."는 과장의 말에 대하여 부장은 "열심히 노력한
것은 알아요."라고 수용하고, 고압적이지 않게 대화를 이어 가면서 객
관적인 Fact로 차분하게 설명을 하고 있다.

"고객별로 니즈가 다른데 표준제안서를 그대로 보내곤 했다.", "내
가 몇 번 말했는데 계속되었고, B고객을 경쟁사로 뺏겼다." 등의 표현
은 객관적인 Fact이다. 인격 평가의 용어가 아니기에 상대방이 상처를
받지 않는 방법으로 대화가 진행된다.

둘째, 상대방에게 말할 기회를 충분히 주어야 한다.

하버드대학의 갈등관리 교육 교재에 다음의 슬로건이 나온다. "감
정이 오픈되면, 갈등은 해소된다."[102]

면담 대화에서 낮은 고과를 받아 섭섭하게 생각하는 직원의 항변
을 들어 준다는 것은 리더에게 힘든 순간이지만, 그래도 직원에게 감
정을 오픈할 수 있는 기회를 주어야 한다. 직원이 감정 분출의 기회를
가진 경우가 그렇지 못한 경우보다 감정 회복의 속도가 훨씬 빠르기

때문이다.

인사평가 면담이라는 무거운 자리에서 직원에게 말할 기회를 주려면, 리더가 먼저 적절한 질문을 하는 것이 필요하다. "리더가 직원을 도와줘야 한다."는 권고는 이때에도 해당하는 말이다.

질문을 하는 경우에도 단순히 "할말 있으면 하세요." 하는 정도로는 약하다. 이런 질문에는 직원에게 특별히 강한 불만이 없는 한 입을 다물고 말기 때문이다.

직원의 감정을 오픈시키는 것이 향후의 근무 의욕에 필요하다는 점을 기억하면, 리더가 자원해서 그런 대화 흐름을 만드는 것이 필요하지 않겠는가? 그러려면 직원이 속마음을 오픈할 수 있도록 리더가 먼저 '열린 질문'을 하면 좋다.

> 부장: 금년에 허 과장의 업무 성과에 대하여 스스로 어떻게 평
> 가합니까?
> 과장: 코로나19 상황에서도 나름 선방을 했다고 생각합니다.
> 부장: 그런 평가에 대하여 객관적 기준은 무엇인가요?

평가 면담의 자리이기에 리더의 질문에 대하여 직원은 자신의 실적이 양호하다고 말한다. 그럴 때 객관적 기준이 잘못되었다면 그것을 언급하는 것은 필요하지만, 직원이 주관적으로 자신의 성과를 주장할 때에 리더는 그것을 반박할 필요가 없으며, 단지 상대의 입장을 공감해 주는 말로 족하다. 공감은 '동감'이 아니기에 리더가 내린 평가 결과와 모순이 생기지 않는다.

부장: 어려움 속에 나름 선방했다는 허 과장의 입장은 잘 들었습니다.

허 과장의 성과는 다른 직원들에 비하여 어떻게 생각하세요?

과장: 다른 직원들의 성과를 제가 어떻게 자세히 알 수 있겠습니까?

부장: 모든 직원들이 자신의 입장을 말하고 있습니다.

허 과장을 포함하여 직원들 상호 간에 공정한 결과가 나오도록 최선을 다하겠습니다.

위와 같이 상대방에게 말할 기회를 주고 난 후에, 최종적으로 허 과장에게 C고과가 주어졌다면 어떻게 될까? 당연히 허 과장은 섭섭해한다. 그러나 그것은 결과에 대한 불만일 뿐 '상호작용'에 대해서는 불만이 거의 없어진다.

또한 감정을 오픈할 기회를 줌으로써 '상호작용의 공정성(Interactional Justice)'이 크게 증대되었기에 평가결과에 대한 섭섭함은 수일 내에 없어진다. 그리고 며칠이 지나지 않아 허 과장은 업무에 온전히 돌아오고, 리더에 대한 반감 없이 열심히 일하기 시작한다.

셋째, 방어적으로 반응하는 것을 당연하게 생각하자.

인사평가 면담 자리에서 리더가 진정성을 가지고 충분히 설명을 해도 여전히 반발하는 직원이 있을 수 있다. 이때 리더는 자칫하면 침착성을 잃고, 함께 언성을 높이며 감정적이 되기 쉽다. 그리고 평가면담에서는 하지 않아야 할 말 실수를 하곤 한다.

> 직원: 부장님이 뭐라 말씀하시든 저는 평가 결과를 이해하기
>   어렵습니다.
> 부장: 내가 충분히 설명해도 계속 불만인데, 그러면 곤란하지
>   요.
>   동료들보다 김 과장의 업무성과가 나은 것이 뭐가 있다
>   고 그럽니까?

평가면담에서 항변하는 직원을 태도가 불손하다고 생각하지 않아야 한다. 역지사지하면 항변하는 직원의 심정을 이해할 수 있지 않겠는가? 1년 농사를 망친 직원이 거칠게 반응하는 것은 어쩌면 당연한 현상이며, 이 자리에서까지 직원을 침착하게 만든다는 것은 리더의 능력 밖이다.

직장의 리더는 심리 치료사가 아니다. 반발하는 직원의 심정을 이해하는 것은 필요하지만, 정상으로 회복시키는 것까지 리더가 책임질 수는 없다. 부모조차도 자녀의 감정을 100% 조절할 수 없음을 생각하며 위안을 삼아도 좋다.

리더가 정성을 다해 위에서 설명한 면담 대화의 준수사항을 실천했다면 그것으로 충분하다. 그럼에도 불구하고 직원의 감정이 상해 있다면, 그 책임은 직원에게 있다고 보아도 좋다.

넷째, 개선사항은 다음 기회에 말하자.

C고과, D고과 등 미흡한 성적표를 제시할 때에 리더는 직원에게 "무엇이 부족하며, 어떤 개선이 이루어져야 다음에 좋은 평가를 받을 수 있다."는 것을 말해 주는 경우가 있다.

그런 말을 하는 배경에는 '직원을 위하는 순수한 마음'이거나 또는 '미흡한 평가결과를 부여하는 리더의 결정이 정당함'을 방어하기 위한 심리가 내재돼 있기도 하다.

그러나 개선사항은 연말이 아닌 평소의 분기별 대화, 즉 예방적 피드백의 자리에서 이미 했어야 했다. 그런 사전 대화는 하지 않은 채, 연말 평가면담의 자리에서 개선사항을 말하는 것은 효과적이지 않다.

모든 결과가 마무리되어 불만스럽게 마주 앉아 있는 직원에게 리더가 훈시를 하는 것은 타이밍이 좋지 않다. 그 말이 직원의 가슴에 전달되지도 않을 뿐만 아니라, 특히 리더의 결정을 정당화하려는 경우에는 직원의 거부감이 증대되기 쉽다.

심지어 리더의 설명이 머리로는 옳은 내용일지라도 직원의 가슴에는 화를 북돋울 뿐이다. 따라서 이 자리에서는 간단히 평가결과를 알려 주고, 직원의 입장을 듣는 것에만 한정해야 한다.

그리고 개선사항은 냉각기간을 거친 후 별도의 대화 기회를 가져야 한다. 이 자리에서 리더가 진정성을 가지고 직원의 발전을 위한 개선사항을 말해 주면 효과 만점이다. 이때는 직원이 좀 더 객관적 관점에서 리더의 조언을 경청한다.

평가면담은 전산 입력 전에 해야 한다

평가면담을 언제 할 것인가의 시점은 다음의 두 가지 중에 선택할 수 있다.

- ▶ 최종 결론을 내려 결재를 끝냈거나 평가 시스템에 등록을 끝낸 시점, 즉 더 이상 수정이 불가능한 시점
- ▶ 리더의 메모장이나 전산 시스템에 자료 입력만 하고 최종 완료 처리를 하기 전 시점, 즉 수정이 가능한 시점

이 두 가지 시점 중에서 바람직한 것은 후자의 '수정이 가능한 시점'이다. 객관적 자료를 바탕으로 업무실적을 평가하여도 막상 직원과 1:1 대화를 해 보면, 새로운 내용들이 대두될 때가 있기 때문이다.

리더가 미처 파악하지 못했던 직원의 또 다른 성과가 나타나거나, 정량적 실적은 부족하지만 정성적 측면에서 반영해 주어야 할 새로운 사항을 발견할 수도 있다.

만약 평가 처리의 전산 절차까지 모두 종료하고 난 후에 평가면담을 하면 새로운 사항이 발견되었을 때에 이를 반영할 수 없는 문제가 생긴다. 따라서 모든 직원에 대한 면담을 마치고 나서, 전산 시스템의 입력 내용을 최종 확정하는 것이 좋은 방법이다.

정서적 소통으로
내 편을 만들어라

인간적 유대감과 직장생활의 활력

유머 하나, 카터 전 미국 대통령 부부는 금슬 좋기로 유명했다. 어느 강연에서 그 이유를 질문 받자 카터 대통령이 대답했다. "저희 부부의 금슬을 만든 것은 애정이 30이고, 용서가 70입니다." 그러자 뒤에 앉아 있던 로절린 여사가 일어났다. "애정이 10이고, 용서가 90으로 수정하겠습니다."

개인의 삶이나 직장 생활에서 행복과 성공을 이루는 기초는 인간적 유대감이다. 나아가 그런 인간적 유대감을 강화하는 데에는 정서적 소통이 관건이지만, 오늘날 우리의 소통 환경은 거꾸로 가고 있다. 직장인들도 SNS 등으로 관계의 네트워크가 확대되는 것 같지만 정서적 관계는 더욱 파편화되어 가고 있기 때문이다.

페이스북에 수백 명의 친구와 팔로워를 가진 MZ 직원들도 속마음을 나누는 진정한 친구는 별로 없는 사람이 많다. 이런 배경에서 '인공지능 시대에 더욱 중요해지는 것은 소통과 관계 역량'이라고 미래학자들은 이구동성으로 강조한다[25].

제프 콜빈(G. Colvin)은 《인간은 과소평가되었다》는 책에서 "앞으로 기계가 대체 불가능한 일은 거의 없다. 하지만 상대를 진심으로 이해하고 위로해 주며, 같이 기뻐하는 공감 능력은 인간만이 갖고 있다. 이러한 능력은 인공지능이나 로봇이 결코 따라올 수 없으며, 이러한 공감과 관계 능력을 갖추기만 하면 인공지능의 등장에 겁먹을 필요가 없다."라고 하였다[71].

코로나19를 겪으며 사람들은 절실히 경험했다. 친구나 직장 동료들과 함께 밥 먹고 대화하며, 친한 관계를 유지하는 것이 얼마나 소중한 것이지를. 'High Tech, High Touch'란 말이 있는 것처럼, IT 기술의 발달과 비대면 일 처리가 많아져도 사람들의 인간적 접촉에 대한 욕구는 절대 줄어들지 않는다.

직장에 소속되고, 인정받고 싶어요

우리는 처음 만나는 사람에게 자신을 소개할 때 어디에 소속되어 있는지를 말한다. "저는 ○○회사에 근무하는 ○○○입니다." 동호회, 독서모임 등 많은 소속 단체가 있지만, 자기를 소개할 때 우선적으로 인용하는 단체는 직장이다. 가장 많은 시간을 보낼 뿐만 아니라, 삶의 거의 모든 영역에 영향을 미치는 곳이 직장이기 때문이다.

이런 직장에서 과거에는 동료들 간에 집들이, 돌잔치 등으로 오가며, 서로의 가정 생활까지 알 수 있을 정도로 친밀감이 있었다. 하지만 오늘날의 MZ 직원들은 "직장 동료는 직장 동료일 뿐, 더 이상의 관계는 맺지 않는다."고 말하기도 한다. 그런데 역설적이게도 이러한 직원들일수록 삶의 외로움을 더 느낀다는 점이다.

사생활이 중요하다며 직장 동료들과 잘 어울리지 않는 MZ 직원이 퇴근하면 무엇을 할까? 배달 음식을 시키면 먼저 사진부터 찍고, SNS에 올린다. 그리고 온라인 친구들이 "좋아요."를 얼마나 빨리, 많이 눌러 주는가를 초조하게 쳐다보면서 시간을 보낸다. 직장에서 부서 회식에도 잘 참석하지 않는 직원이지만, 그럴수록 속마음은 외롭고 허전한 것이 사실이다.

인간은 로봇이 아니기에 사람 간의 관계 욕구는 없어질 수 없다. "행복은 소유가 아니라 관계에 있다."는 말은 직장이라고 해서 달라지지 않는다. 직장 동료들과 좋은 관계를 맺고 싶은 것은 사회적 동물인 인간의 본능이기 때문이다.

이런 이유에서 직장의 부서원들 상호 간에 개인적 관심사가 공유되지 않는 곳은 정서적 유대감이 약하며, 조직의 성과도 떨어진다. 한때 아마존에서 100주 연속 베스트셀러가 되었던《최강 조직을 만드는 강점 혁명》에서 커트 코프만(C. Coffman)은 "직장에 절친한 친구가 있을 경우, 그 사람의 근무 의욕이 54%가 증가한다."고 하였다[83].

직장의 동료들 간에, 또한 리더와 직원 간에 인간적 유대감이 없으면 직원들은 직장 생활에 재미를 못 느끼고, 조직은 활력을 잃게 되며, 점차 업무 성과의 저하로 이어진다.

웃음이 없는 조직, 직원들 간에 냉랭하며 침묵하는 조직은 시너지를 만들지 못한다. 업무 미팅을 해도 다양한 아이디어가 제시되지 않으며 개인 간, 부서 간의 협업이 원활하게 이루어지지 않기 때문이다.

이처럼 조직 활성화에 중요한 요소인 인간적 유대감은 동료들 사이보다 상하 간의 유대감이 특히 중요하다. 직원의 입장에서 보면 직속 상사로부터 인정받으며, 좋은 관계로 근무하는 것만큼 중요한 것이 무엇이 있겠는가?

따라서 리더가 직원들과 유대감 증진을 위해 인간적 고충에 관심을 갖고, 평소에 정서적 소통을 하면 그 효과는 관계증진 뿐만 아니라 업무성과의 증대로 이어진다[83].

오늘날 리더는 MZ 직원들의 사생활이나 인간적 고충에 대하여 "묻지도 말고 따지지도 마라.", "오직 업무 이야기만 하라."는 경향들이 있는데. 그것은 정답이 아니다.

상대방이 부담스러워하지 않는 적절한 수준에서 리더는 직원들의 사생활에 대한 관심을 갖고, 정서적 소통을 하는 것이 슈퍼 리더의 모습이다.

그런데 자신을 잘 오픈하지 않는 MZ 직원들에게 리더가 어떻게 하면 좀 더 가까워지는 정서적 소통을 할 수 있을까? 평소 직원들과 정서적 소통을 하지 않다가 다음과 같이 갑자기 관심을 표시하는 것도 부자연스럽게 된다.

팀장: (월요일 아침, 미팅 시작 전에) 김 대리, 주말에 뭐 했어
　　요?
대리: 평범하게 개인 시간을 보냈습니다. 회의나 시작하시지요.
팀장: 나는 그냥 아침 인사차 가볍게 물어본 것인데.

리더가 어떤 직원의 집안 장례식에 참여해서 조문객들과 30분간
한 대화로 알게 된 내용이 10년 동안 함께 근무하면서 알았던 내용보
다 많은 경우가 흔하다. "햐! 최 과장에게 그런 개인적 애로사항이 있
었다니, 진즉 알았다면 내가 좀 격려하고 도와줄 수 있었을 텐데."

사람은 누구나 '자신만의 스토리'가 있으며, 주변 사람들에게 격려
받고 싶은 고충이 있게 마련이다. 이러한 직원의 고충과 관심사를 리
더가 알아주는 것은 협조적 관계를 구축하고, 활기찬 조직을 만드는
데 바탕이 된다. 인간관계론의 선구자 데일 카네기도 "관계 형성의 고
수는 상대방의 관심사를 알아 주는 사람이다."라고 하였다[15].

그런데, MZ세대는 '사생활 중시'와 '대면력 부족' 특성 때문에 본의
아니게 직장에서 리더와 업무 외에는 대화하기를 피하는 듯이 보인다.
이런 MZ 직원까지도 편안하게 자신을 오픈할 수 있도록 도와줘야 할
위치에 있는 사람이 리더가 아니겠는가?

사마천은 《사기》에서 "선비는 자신을 알아주는 사람을 위해 목숨
을 바치고, 여인은 자신을 기쁘게 해 주는 이를 위해 화장을 한다(士爲
知己者用, 女爲悅己者容)."라고 하였다[38].

'자신을 알아주는 사람'을 오늘의 직장에 적용하면 어떤 뜻이 될까?
두 가지를 생각할 수 있다. 인정과 칭찬하는 것이 첫째이고, 인간적 고

충과 관심사를 알아주는 것이 그 다음이다. 리더가 일만 챙기지 않고, 직원의 인간적 고충에 관심을 가질 때, 직원은 리더를 고맙게 생각하고 따르지 않겠는가?

> 과장: 부장님, 요즘 퇴근이 계속 늦으니 가정에도 애로가 있습니다.
>
> 부장: 박 과장이 근래에 일이 많아 늦게까지 고생이 많습니다. 가정에 애로가 있다 하니 무슨 내용인지 말해 줄 수 있을까요?
>
> 과장: 고3 자녀가 있는 중에, 또 아버지가 병원에 입원 중입니다.
> (눈물을 글썽이며) 아내 혼자 뒷바라지를 하느라…….
>
> 부장: 그런 애로사항이 있는 줄 미처 몰랐네요. 우선 퇴근이라도 정시에 할 수 있도록 방안을 찾아보겠습니다.

직원의 인간적 고충을 들었을 때, 리더가 그것을 빨리 해소해 줄 수 있으면 제일 좋을 것이다. 하지만 조직의 형편 때문에 고충 해결이 어려운 상황도 많은데, 이때에도 고충을 경청해 주고 마음을 알아주는 것만으로도 효과가 나타난다.

하버드대학의 연구에서 "고충과 불만은 리더가 진정성을 갖고 경청해 주는 것만으로도 불만의 90%가 해소된다."는 사실이 확인되었다 [102].

리더의 인간적 면모를 오픈하자

직원이 리더에게 인간적 고충을 말할 정도로 편안한 관계가 되려면, 리더가 먼저 자신의 인간적 면모를 직원에게 오픈해야 한다. 이를 위한 좋은 방법은 '자랑하기보다 약점을 노출'하는 것이다.

"직원의 환심을 사는 가장 좋은 방법 중 하나는 당신의 무지나 약점을 인정하는 일이다. 그럼으로써 당신에게는 전문성을 나눌 수 있는 대화의 문이 열리며, 비로소 당신은 직원의 치어리더가 될 수 있다." 켄 블랜차드(K. Blanchard)의 말이다[84].

> 부장: (점심식사 후 커피 타임) 김 대리, 둘이서 식사를 하니 좋네요.
>
> 김 대리는 나에게 궁금한 사항이 없어요?
>
> 직원: 글쎄요. 늘 열심히 사시는 부장님 아닙니까?
>
> 부장: 나는 고1, 고3 두 자녀가 있어서 요즘 집에서도 내가 수험생 같아요.
>
> 주말에는 좋아하는 등산도 못 가고, 얘들 학원 운전기사 노릇을 합니다.
>
> 김 대리는 주말에 취미 생활을 잘하고 있습니까?
>
> 직원: 아! 저는 방송대학에 다니는데, 주말에 밀린 숙제를 하느라 바쁩니다.
>
> 부장: 방송대학을 다니고 있군요. 그럼 내 후배인데.

김 대리가 방송대학을 다니는 이야기를 오픈하는 것은 부장이 먼저 자신의 인간적 면모를 오픈했기 때문이다. 정규 대학이 아니라 방송대학을 다닌 것을 약점으로 생각해 왔지만, 이를 오픈하는 정서적 소통이 이루어지고 있다.

인간관계론으로 유명한 데일 카네기(D. Carnegie)는 "상대방의 호감을 얻기 위해서는 약점을 노출하라."고 하였다. 자랑이 아니라 약점을 말할 때 상대방은 나를 솔직한 사람으로 느끼고 친밀감을 갖게 되기 때문이다[15].

하지만 직장의 많은 리더들은 거꾸로 하고 있다. 직원과 대화할 때 약점이나 인간적 소탈함이 아니라 주로 자랑의 말이 많다. "재테크가 잘되어 재미를 봤다."거나 "동기들보다 빨리 승진했다."거나 "이전 부서에서 높은 성과를 달성했다."는 등의 내용이다. 이러한 자랑은 상대방과 거리감을 느끼게 만들고, 심리적 벽을 높게 쌓는 결과를 가져온다.

흔히 리더는 생각한다. "직원에게 약한 모습을 보이면, 내 권위가 약해질 것이다."라고. 하지만 자랑이나 강점을 말하는 리더와 대화한 직원들은 인간적 유대감을 느끼지 못한다. "그분과 이야기를 하면 내가 작아지는 느낌이 듭니다." 결국 정서적 친밀감이 생기지 않으며, 속마음을 오픈하지 않는 냉랭한 관계로 지낼 뿐이다.

리더의 약점 노출이 장점이 있다고 해도 물론 지켜야 할 수준은 있다. 치명적 약점을 오픈해서는 안 된다는 점이다. "배우자와 이혼할 것 같다.", "회사 그만둬야 되겠다." 등의 말은 직원과의 대화에서 할 수 있는 적절한 수준을 넘는다. 자칫 그 말을 소문내기라도 하면 부작용이 따르지 않겠는가?

적절한 수준의 약점은 제3자에게 소문이 나도 웃고 넘길 수 있는 수준이다. 예컨대 "부부싸움을 해서 일주일째 말도 안 하고 지낸다.", "사춘기 자녀가 공부는 안 하고 게임만 해서 골치 아프다.", "대리 때 업무 실수로 상사에게 혼난 적이 많다." 등이다.

이런 말을 들은 직원은 어떤 생각이 들까? 리더를 얕잡아 보기보다 솔직함과 인간적인 친밀감을 느낀다. 그리고 "부장님, 실은 저도 ~~~~~~." 하면서 자기를 오픈하기 시작한다.

실수를 했으면 적극 사과하자

직원에게 인간적 면모를 보이는 또 다른 방법은 리더가 실수를 했을 때 사과를 하는 것이다. "리더는 똑똑하고, 실수하지 않아야 한다."는 것은 잘못된 착각이며, 이를 '존 웨인 증후군(John Wayne Syndrome)'이라고 한다.

서부 영화에서 영화배우 존 웨인이 쓰러지지 않고 악당을 무찌르는 것에 비유해서 생긴 말이지만, 영화가 아닌 현실에서 실수하지 않는 리더는 없다.

직원을 셀프 리더로 성장시키는 슈퍼 리더는 겸손한 성품에서 비롯된다. "내가 틀릴 수 있다."는 겸손함이 있기에 지시가 아니라 질문하고, 직원의 머리를 활용하려고 한다. 실수를 했을 때 이를 솔직히 인정하고 양해를 구하는 겸손한 모습이 슈퍼 리더의 특성이다.

심리학자 캐시 애론슨(K. Aronson)은 실험을 통하여 "실수나 허점이 매력을 더 증진시킨다."는 현상을 발견하고, 이를 '실수 효과(Pratfall Effect)'라고 이름 붙였다[82].

사람들은 완벽하기보다 약간 빈틈이 있는 상대방을 더 좋아한다는 것이다. 특히 민주적 교육으로 성장하고 상호 존중을 특징으로 하는 MZ 직원들은 꼰대가 아니라 실수를 인정하는 리더를 더 좋아한다.

약점 노출이나 실수를 인정하는 것을 마케팅에 활용하는 기업도 있다. 한 식료품 코너에 있는 안내문 사례를 보자. "오늘 딸기는 생산지에 비가 와서 평소보다 덜 달고, 다소 무릅니다. 참고 하십시오." 이를 본 고객들은 어떤 생각을 할까? "참 양심적인 가게이네……. 다른 물건들도 믿을 만하겠구만." 하고 생각하며 다른 과일을 구입해 갈 것이다[60].

유머 하나, 어느 부인이 대학교수에게 "저의 자식이 선생님 밑에 있는 A양과 혼담이 있는데, A양은 어떤 사람입니까?" 하고 물었다. 결혼이라고 하여 교수는 A양을 극구 칭찬해 주었는데, 뒷날 혼담이 깨지고 말았다. 교수의 지나친 칭찬 때문이었다.

누구나 장점과 단점이 있게 마련인데 장점만을 말하니까 믿기지 않았던 것이다. 만약 "A양은 약간 덤벙대기는 하지만, 온순하고 착실하며 책임감도 강하다."고 약점까지 말하면서 장점을 강조했다면 결혼이 성사되었을 가능성이 높다.

그렇다면 리더가 실수를 많이 해도 직원에게 사과만 하면 무방하다고 할 수 있을까? 물론 아니다. 가급적 실수가 적으면 좋을 것이다. 그러나 실수를 했을 때에 그냥 넘어가지 않고 솔직하게 사과하는 것이 포인트이다[50].

부장: 박 과장, 시간되면 휴게실에서 차 한잔 나눌까요?

과장: (휴게실) 부장님, 뭐 하실 말씀이라도…….

부장: 오전의 업무회의에서 박 과장의 의견을 충분히 듣지 않고, 내 생각만을 지시한 것 같아요.

과장: 아! 예…….

부장: 내가 마음이 급해 일방적 지시를 했는데, 미안합니다.

과장: 그렇게 말씀해 주시니까 감사합니다. 오전에는 좀 섭섭했습니다.

패트릭 렌시오니(P. Lencioni)는 《CEO가 빠지기 쉬운 5가지 유혹》에서 "리더가 할 수 있는 가장 강력한 말은 '내가 틀렸다'이다."라고 하였다[88].

하지만 현실의 리더들은 주로 반대로 행동한다. 실수를 하거나 잘못된 결정을 한 경우에도 자신의 권위나 체면을 생각해서 사과나 결정을 번복하지 않는다.

이 시대에 필요한 리더의 덕목은 똑똑하고 실수하지 않는 완벽함에 있는 것이 아니라, 실수했을 때에 솔직하게 사과하는 데에 있다는 점을 기억하자.

1:1 대화로 관계의 문턱을 넘자

대부분의 리더들은 직원들과 가까워지기 위해 나름의 방법으로 소통을 시도하고 있기도 하다. 단체 회식을 하고, 2차로 자리를 옮겨서 맥주잔을 기울이는 것도 그런 노력의 일환이다.

이런 자리에서 리더는 말한다. "여러분 저와 함께 근무하면서 섭섭한 일이나 불만이 있으면 오늘 허심탄회하게 말해 주세요." 하지만 이러한 상황에서 나오는 직원들의 불만이나 건의 사항은 별로 중요하지 않거나 경미한 내용들이 대부분이다.

직원A: 부장님, 휴게실에 간식을 좀 비치해 주세요.
직원B: 주간 팀 회의를 월요일 오전이 아니라 오후에 하면 안
되나요?
회의자료 준비하느라 월요일 아침에 정신이 없습니다.

어떤 직원이 만약 승진 탈락으로 인한 불만이나 담당 업무를 바꾸고 싶은 고충 등 진짜 애로가 있다면, 이를 동료들이 있는 회식 자리에서 말을 하겠는가? 바보가 아니라면 말하지 않는다. 여럿이 있는 자리에서 가슴속의 진짜 고충을 말하지 않는 것을 '문턱 효과(Threshold Effect)'라고 부른다.

이 문턱을 극복하고 진짜 고충이나 개인적 불만을 들을 수 있기 위해서는 다른 사람이 없는 자리에서 1:1 대화를 해야 하지 않겠는가? 특히 개인적 얘기를 잘하지 않는 MZ 직원에게는 더욱 그렇다.

1:1로 직원의 속마음을 들을 수 있는 대화를 할 때에는 시간과 장소가 자연스러울수록 좋다. 점심시간에 우연을 가장하여 "어! 김 대리, 아직 식사 안 갔네요. 나랑 같이 갈까요?" 하고 초대하면 된다. 그리고

점심 식사 후에 둘이서 커피를 마시거나 산책하면서 대화하면 효과적이다.

이 자리에서 업무 고충은 없는지 등을 물어볼 수 있다. 두 사람의 관계가 아직 서먹한 사이라면 좀 더 가벼운 주제, 예컨대 취미생활이나 출퇴근 애로 등 소소한 인간적 관심사를 나누는 것도 좋다.

P사에 항상 툴툴거리는 최 대리가 있었는데, 팀장은 최 대리의 태도 변화를 위해 우선 가까워져야 되겠다고 판단했다. 이를 위해 팀장이 활용한 방법은 직원의 취미를 파악하고, 스몰 토크(Small Talk)로 물꼬를 트는 것이었다.

먼저 다른 직원에게서 최 대리의 취미가 고양이 키우는 것이라는 정보를 얻었다. 이후 팀장은 1:1 대화 기회에 그의 취미에 관심을 가지고 이야기를 나눴으며, 이후에도 고양이 이름을 기억하고 가끔씩 안부를 물어보곤 했다. 그러자 최 대리는 점차 팀장에게 툴툴거리지도 않고 협조적으로 바뀌었다.

다만 이러한 정서적 소통이나 인간적 고충을 파악하기 위한 대화는 갑자기 성공하지 않는다. 첫술에 배부르지 않는 것과 같다. 하지만 3~6개월 정도의 시간을 가지고 리더가 노력하면, 그제서야 직원도 조금씩 호응해 온다.

정서적 소통은 업무적 소통의 바탕

리더가 직원과 하는 대화 내용에는 '업무적 소통'과 '정서적 소통' 두 가지가 있다. 보고서 내용이나 과제 회의 등 일과 관련된 내용이 업무적 소통이며, 사적인 고민이나 삶의 비전, 관계 갈등이나 경력에 대한 고민 등은 정서적 소통의 영역이다.

리더들에게 "당신은 직원들과 소통을 잘하고 있습니까?" 하고 물어보면, 대부분의 리더들은 "잘하고 있다."고 대답한다. 업무적 소통을 생각하며 대답한 것이다. 하지만, 업무적 소통은 조직의 계층 구조상 자동적으로 이루어진다. 리더의 지시나 질문에 대하여 직원 입장에서 보고하고 대답하지 않을 사람이 누가 있겠는가?

삼성경제연구소에서 직장인 935명을 대상으로 한 조사에서 응답자의 65.3%가 "직장에서 소통이 잘되지 않는다."고 답했으며, 특히 정서적 소통의 수준이 53점으로 가장 낮았다[123].

정서적 소통은 속마음을 오픈하는 것이기 때문에 강요가 아니라 자발성에 의해 좌우되기에, 직원이 리더를 좋아하고 신뢰할 때에만 정서적 소통이 잘 이루어질 수 있다.

여기서 중요한 사실은 "정서적 소통이 잘되어야 업무적 소통도 활발하게 이루어진다."는 점이다. 정서적 소통이 무난하게 이루어져 리더와 직원 간에 유대감이 있는 상황에서는 업무 회의에서도 와글와글 소통이 이루어진다. 상대방에 반대 의견을 말해도 서로가 열린 마음으로 들어주기 때문에 갈등이 생기지 않는다.

하지만 서로간에 정서적 편안함이 없다면 업무적 소통에서 조금의 반대 의견에 봉착해도 감정적이 되기 쉽고, 생산적인 의견 교환이 이루어지지 않는다. 결국 리더가 직원들과 업무적 소통을 잘 할 수 있느냐의 분수령도 본질적으로는 정서적 소통에서 판가름 난다는 사실이다.

정서적 소통의 성패는 공감적 경청

정서적 소통은 입으로 표출하는 말을 듣는 것이 아니라, 가슴속의 숨겨진 감정까지 알아주는 능력에서 좌우된다. 다음은 외부 영업을 마치고 피곤한 모습으로 사무실에 들어오면서 직원이 팀장에게 하는 말이다.

직원: 팀장님, 힘들어서 회사 못 다니겠습니다.
팀장: 힘들지 않은 일이 어디 있어?
　　　남의 돈 벌어먹기가 그리 쉬운 줄 알아?
직원: …….

위 대화에서 직원이 침묵해 버리는 것은 팀장이 자신의 속마음을 몰라주기 때문이다. 아마도 그는 어깨를 늘어뜨리고 있다가 6시면 말 없이 퇴근해 버릴 것이다.

경청의 핵심 스킬이 무엇일까? 그것은 말하는 사람이 '이해받고 있다고 느끼게 해 주는 것'이다. 즉 입으로 하는 말의 내용이 아니라, 상대방의 마음(감정)을 알아주는 데에 있다. 평소에 우리가 수없이 들어왔던 '공감적 경청'의 의미도 바로 이런 것이다.

리더가 직원의 말을 공감적으로 경청하면, 두 사람은 친밀해지고 마음속 고민까지 공유하는 정서적 소통이 이루어진다.

흔히 경청을 '귀만 열어 두면 되는 쉬운 것'이라고 생각한다. 그러나 가슴 속의 숨겨진 감정을 듣기 위해서는 가만히 있어서는 곤란하며, '감정 반사'를 해 주는 것이 관건이다.

직원: 팀장님, 힘들어서 회사 못 다니겠습니다.

팀장: 외근에서 힘든 일이 있었나 보네. 어떤 내용인데?

직원: 고객사의 담당자가 어찌나 갑질을 하고 사람을 무시하는지…….

팀장: 그런 일이 있었구만. 이 대리가 오늘 많이 속상했겠네.

협상과 설득, 커뮤니케이션에 대한 연구와 교육으로 유명한 곳이 미국의 하버드대학교 Law School이다. 법적 분쟁을 소송으로 해결하기보다 협상과 대화로 해결하는 것이 낫다는 배경에서다.

하버드대학에서 '설득의 고수는 어떻게 소통하는가'에 대한 연구를 한 바 있는데, 여기서 확인된 것은 "설득의 고수는 대화 시간의 70%를 경청하는 데 사용하며, 감정을 공감해 주었다."는 점이다[102].

얼핏 생각하면, 논리로 무장되어 청산유수로 자신의 주장을 펼치는 사람이 설득에 성공할 것 같지만, 연구 결과는 그 반대이다. 자기 주장을 강하게 펼치는 사람일수록, 설득 효과가 떨어지는 현상이 나타나는 것이다. 그 이유는 상대방의 반발 심리가 작동하기 때문이다.

직장에서도 리더가 질문과 경청을 하지 않고, 자신의 의견만을 강조하면 직원은 일할 의욕이 없어진다. 심지어 리더의 의견에 대해 직원이 논리적으로는 동의할 때에도 감정적으로는 협조하고 싶지 않은 반감이 생기기도 한다.

내 말은 들어 보지도 않고 자기 말만 하네…….
그래 당신 잘났다. 혼자 잘해 보시지.

이런 부작용을 예방하는 원리가 직원의 말을 충분히 듣고, 공감할 부분은 먼저 공감해 주는 데에 있다. 이처럼 경청과 공감이 먼저 이뤄지면 상대방도 내 말을 우호적으로 들어 주기 때문이다. 이 단계에 이르러서야 서로가 윈-윈 할 수 있는 진정한 설득이 이루어지는 것이다.

직장에서 리더는 직원의 제안을 거부해야 할 때도 많이 있다. 직원이 용기를 내어 말했지만, 리더의 입장에서 다른 결론을 맺어야 할 상황이다. 이때에 리더가 해야 할 소통의 핵심 스킬은 먼저 경청하고, 직원의 입장을 공감해 주는 데에 있다. 그리고 나서 리더의 생각을 제시해야 한다.

직원이 좌절하는 것은 리더가 자신의 의견을 거절해서가 아니다. 직원은 바보가 아니기에 리더도 의견 수용에 제약이 있다는 것을 알고 있으며, 자신의 의견이나 요청을 리더가 다 채택해 주리라 기대하지도 않는다.

직원이 속상해하는 것은 대화에서 자신의 감정을 리더가 공감해 주지 않기 때문이다.

직장 생활 몇 년 차인데, 그런 말을 하는 거요?
여러 소리 하지 말고, 시키는 대로 따라 주세요.

기존 세대는 리더의 지시가 마음에 안 들어도 '까라면 까는' 식이었다. 속이 상하면 휴게실에 가서 담배 한 대 피우거나, 퇴근 후 동료들과 술 한잔으로 풀었다. 그러나 MZ세대는 다르다. 리더의 소통 방식이 마음에 들지 않으면 마음의 상처를 받을 뿐만 아니라, Blind에 "꼰대 때문에 회사를 계속 다녀야 할지 모르겠다."고 하소연하며 난리를 피운다.

리더는 직원의 의견에 '동감'할 수 없는 경우는 많다. 그러나 어떤 경우에도 '공감'은 가능하지 않겠는가? 공감을 한 후에 리더의 생각을 말하는 것이 고수들의 설득 원리이다.

대리: 영업 쪽에서 오전에 주문서가 넘어와야 하는데 아직 못
　　　받았어요.
　　　오늘 처리를 못 하면 제 책임이 되는데…….
팀장: 늦으면 박 대리가 비난을 받으니 중간에서 억울하다는
　　　거네요.
　　　내가 영업 쪽과 상의해서 개선점을 찾아볼게요. 얘기해
　　　줘서 고마워요.

숨겨진 감정까지 듣는 경청의 기술

우리 주변에는 "저 사람하고는 소통이 안 돼." 하고 생각나는 사람이 있다. 그 사람은 말하기, 듣기, 읽기, 쓰기 등 소통의 네 가지 방법 중에서 무엇을 못하는 사람일까? 듣기를 못하는 사람이다. 틈난 나면 자기 말을 하고, 상대의 말은 경청하지 않는 사람에 대해 우리는 소통이 안 되는 사람이라고 불평한다.

유머 하나, 영어 공부를 시작한 50대 남자가 친구에게 말했다. "난 말이야, 영어가 말하기는 되는데, 듣기가 잘 안돼." 그러자 친구가 대꾸했다. "그럼 한국말은 잘 듣냐?"

직원에게 질문하거나 경청하지 않고 자기 말이 많은 리더를 꼰대라고 부른다. 꼰대의 의미에는 '과거의 고정관념에 빠져서 시대 변화를 모르는' 것도 있으나, 또 다른 특성은 자기 말로 남을 가르치려는 사람이다. 꼰대일수록 말하기를 좋아하지만, 성숙한 사람일수록 듣기를 즐거워한다.

조선일보에서 2009년 특집 시리즈로 미국 하버드대 등 세계의 경영대학원 학장들과 인터뷰를 한 적이 있다. 여기서 "리더에게 필요한 능력은 무엇인가?"라는 질문에 가장 많이 나온 답변이 '경청 능력'이었다[62].

리더의 성숙도를 가장 뚜렷이 보여 주는 특징이 듣기이다. 니콜스(R. Nichols)는 그의 저서 《강한 회사는 회의 시간이 짧다》에서 "듣기 능력은 읽기나 쓰기보다 세 배 정도 어렵고 중요하다."고 하였다[11].

경청을 잘하지 못하는 사람은 귀에 이상이 생겼기 때문이 아니다. 상대방에 말할 기회를 주지 않고, 자기가 대화의 주인공이 되는 것이 원인인데, 이것은 직장에서 상위 리더가 될수록 더 빠지기 쉬운 습관이다.

이런 리더는 회의나 1:1대화에서 직원이 말을 시작하자마자 5분도 안 되어 "무슨 말인지 알았고 ~~~.", "그건 아니지." 하며 중단시키고, 자신의 말을 하기 시작한다.

스티븐 코비(S. Covey)는 《성공하는 사람들의 7가지 습관》에서 경청을 못하는 사람의 대화 습관을 다음의 두 가지로 제시했다[46].

▶ 주제를 자기 것으로 바꾼다.
▶ 자서전적 의견을 말한다.

'주제를 자기 것으로 바꾼다'는 것은 상대방이 어떤 의견을 말할 때에 이를 차분히 경청하지 않고, 끊고 들어가 자기 생각을 말하는 것을 말한다.

자서전이란 자기가 쓴 자기 이야기다. 상대방의 이야기 도중에 "내 생각에는 말이야~~~." 하면서 자기의 경험이나 논리를 풀어놓기 시작하는 것을 코비는 '자서전적 의견을 말한다'고 하였다.

흔히 '경청의 반대말은 질문'이라고 생각하지만, 틀렸다. 질문은 경청을 잘하기 위한 수단이며, 슈퍼 리더에게 오히려 필요하고 바람직한 스킬이다.

경청의 반대말은 '자기 말하기'이며, 지시적 리더가 흔히 하는 행동이다. 직원이 말하는 중간에 '주제를 자기 것으로 바꾸고, 자서전적 의견을 말하는 것'에 습관화되어 있다.

> 대리: 팀장님, 컴퓨터 Dual 모니터를 구입하면 업무효율이 높아지겠습니다.
> 팀장: 회사 사정 몰라요? 그런 것 말고, 비용을 절약하는 방안을 말해 보세요.
> 과장: 비용이 발생하는 요소들을 찾고 분석해야 하니 시간을 좀 주시기 바랍니다.
> 팀장: 뭐가 그리 복잡해요. 오늘부터 고객과 식사 비용을 절약하고~~~.

많은 리더들이 경청이 좋다는 것을 알고는 있지만 제대로 실천하지 못하고 있는데, 그 원인에는 다음과 같은 두 가지의 심리가 깔려 있다.

첫째, 자신을 나타내고 싶은 본능 때문이다.

세상에는 두 종류의 사람이 있다. "말하고 있는 사람과 말하려고 기다리는 사람." 이처럼 인간은 누구나 자신을 나타내기를 원하며, 기회가 있을 때마다 자신의 생각을 말하거나 대화를 주도하려고 한다.

직급이 같은 동료나 친구 간의 대화에서도 그럴진대, 하물며 상위의 리더가 되면 아래 직원의 대화를 가로채는 행동이 무의식적으로 일어난다. 말할 수 있는 멍석이 깔렸기 때문이다. 업무 회의에서뿐만 아니라, 회식 자리에서도 리더가 대화를 주도하는 것도 이 때문이다.

둘째, 조언하려는 충동 때문이다.

자신의 판단이나 경험이 옳다는 생각에서 상대를 가르치려는 현상이다. "내 판단에는 말이야~~~." 하면서 조언해 주는 것이 직원을 도와주는 것으로 인식한다. 하지만 리더의 이러한 행동을 좋아하는 직원은 거의 없다.

최근에 필자는 P사 상무에게 리더십 코칭을 하는 자리에서 난감한 경험을 했다. 90분의 미팅 시간에 상무는 거의 80분을 자기 말만 했다. "과거에 경영위기를 어떻게 극복했는지, 자신은 어떤 리더인지." 등 한마디로 자서전적 의견을 늘어놓았다.

명색이 코치의 자격으로 만난 필자에게 이렇게 자기 이야기만 한다면, 아래 직원과 대화할 때에는 어떻게 소통할지 짐작하기 어렵지 않았다.

탁월한 리더가 되는 데에 필요한 능력의 첫째가 경청이라고 대답한 세계 경영대학원장들의 권고를 상기하자. 우수한 리더가 되는 데에는 높은 IQ나 미래를 꿰뚫는 통찰력 등이 아니라 경청 능력이 핵심이라는 점을 잊지 말아야 한다.

《논어》의 '위정편(爲政篇)'에서 공자는 '예순 살'을 '이순(耳順)'이라 했다. 그제서야 남의 말을 들을 때, 귀가 거슬리지 않는다는 뜻이다. 60세가 되어서야 들을 수 있게 되었다는 것은 '경청이 그만큼 어렵다'는 것을 시사하는 말이 아니겠는가?

스티븐 코비(S. Covey)는 경청의 수준을 다음의 5가지로 나누고 있다[46].

▶ 다른 사람의 말을 무시하는 수준
▶ 듣는 척만 하는 수준
▶ 관심있는 사항만 선택적으로 듣는 수준
▶ 집중해서 듣는 수준
▶ 상대방의 감정까지 알아주는 공감적 경청 수준

이 중에서 제대로 된 경청은 당연히 마지막 단계의 '공감적 경청'이다. 리더가 직원들과 지내면서 이러한 공감적 경청을 실행으로 옮기면, 슈퍼 리더에 성큼 다가서는 효과가 있다.

공감적 경청을 잘하기 위한 실행 스킬에는 다음의 3가지가있다[7].

(1) SOFEN(소픈)의 경청 자세를 취하자.
(2) 듣는 중에 딴생각을 하지 말자.
(3) 감정을 반사해 주자.

리더가 이 경청 스킬을 습관화하면, 특정 이슈에 대한 설득의 고수가 됨은 물론, 직원들과 정서적 소통이 확대되고, 이를 바탕으로 업무적 소통도 활발하게 가능해진다.

이하에서 각각의 스킬에 대해 좀 더 살펴보자.

첫째, SOFEN(소픈)의 경청 자세를 취하자

우리는 중요한 사람을 만날 때면 옷차림부터 가다듬고, 대화를 하는 동안 자세를 어떻게 해야 할지 신경을 쓴다. 자세에서부터 상대에게 좋은 인상을 주기 위해서이다. 대화 중에도 상대의 눈을 쳐다보고, 미소 지으며 고개를 끄덕여 준다.

직장에서도 리더가 직원과 존중의 대화를 하기 위해서는 자세에서부터 이를 보여 주어야 한다. 팔짱을 끼거나, 의자를 뒤로 젖히고 발을 꼬는 자세는 곤란하다. PC 작업 중에 직원이 대화를 요청하면 작업을 잠시 중단하고 자세를 고쳐 잡을 때, 직원은 존중받는 느낌이 들지 않겠는가?

상대에게 존중의 이미지를 주는 경청 자세를 SOFEN(소픈)이라 하는데, 다음과 같은 5가지 내용의 영어 첫 글자에서 따온 명칭이다.

▶ 미소를 머금고(Smile)
▶ 열린 마음으로(Open Mind)
▶ 앞으로 몸을 기울이며(Forward)
▶ 눈을 쳐다보고(Eye Contact)
▶ 고개를 끄덕이기(Nod)이다.

이러한 SOFEN의 내용 하나하나를 힘들여서 기억하지 않아도 되지만, 기억해야 할 것은 '상대 존중의 자세를 갖춰야 한다'는 마음가짐이다. 현실의 다양한 대화 상황에서 어떻게 하는 것이 상대 존중의 자세인지는 어렵지 않게 생각해 낼 수 있기 때문이다.

리더는 흔히 자신의 상사와 대화할 때는 소폰 자세를 자동으로 취한다. 이런 모습을 직원과 대화할 때에도 보여 주자는 것이다. 소폰은 소프트(soft)를 연상시킨다. 부드럽고, 존중의 마음으로 직원의 말을 경청하자. 리더의 이런 마음가짐은 직원에게 느낌으로 전달되게 마련이다.

둘째, 듣는 중에 딴생각을 하지 말자

조지 와인버그(G. Weinberg)는 《셰익스피어가 가르쳐 주는 지혜》에서 "다른 사람과 함께 있을 때, 전적으로 함께 있다는 느낌을 전달하라. 절반은 함께 있고, 나머지는 다른 생각을 하고 있다는 인상을 주어서는 안 된다."라고 하였다[73].

유명인 중에 공감적 경청을 잘해 성공한 대표적인 사람이 미국의 전 대통령 빌 클린턴이다. 그와 대화 경험이 있는 사람들은 이구동성으로 말한다. "클린턴과 대화하고 있으면, 마치 세상에 우리 둘밖에 없는 듯하였다." "당신이 비록 공화당을 지지하는 사람이라도 클린턴과 10분만 대화하고 나면, 민주당 지지자로 바뀔 것이다." 상대방의 말에 집중하는 클린턴의 경청 스킬 때문이다.

직장에서도 대화 중에 리더가 어떤 마음으로 자신의 말을 듣고 있는지 직원은 느낌으로 안다. 건성으로 듣는지, 딴생각을 하면서 듣는지 5분도 안 돼 알 수 있다. '말이 통하는 리더'라는 소리를 듣기 위해서는 대화 중에 딴생각을 하지 않아야 한다.

셋째, 감정을 반사해 주자

퇴근하는 남편에게 아내가 "길동이 때문에 못살겠어요. 하루 종일 말도 안 듣고, 에어컨도 없는데 날씨는 무덥고~~~."라고 불만을 터뜨리면, 남편은 어떻게 해야 할까? 경청을 할 줄 아는 남편이라면, "여보, 오늘 정말 수고 많았어요. 내가 어깨 주물러 줄게요."라고 해야 한다. 에어컨 없는 불만은 입의 표현일 뿐, 숨겨진 감정은 '내 고생을 좀 알아 달라'였기 때문이다.

커뮤니케이션 학자 메라비안(A. Mehrabian) 교수는 "사람들의 소통에서 입으로 하는 말이 차지하는 비중은 7%에 불과하다."고 하였다. 연인들이 눈만 봐도 소통이 되듯이 비언어적 몸짓 등이 소통 수단의 55%를 차지하며, 어조, 억양, 음성 등이 38%를 차지한다. 요약하면 입으로 표현되는 것은 메시지 전달의 7%에 불과하며, 93%는 표현되지 않은 숨겨진 감정이라는 점이다[82].

결국 경청을 잘한다는 것은 숨겨진 감정이 얼마나 잘 오픈되게 하느냐에 의해 좌우되며, 이를 위한 필수적인 경청 스킬이 '감정 반사'이다. 상대방의 마음을 이해했다는 것을 나타내는 반응이나 추임새가 바로 감정 반사이다.

건성으로 고개만 끄덕이고 있어서는 감정 반사가 아니다. 사랑하는 것만으로 충분하지 않으며, 사랑받고 있다고 느끼게 해 주어야 되지 않겠는가?

　　직원: 팀장님, 직장 생활이 참 힘드네요.

　　팀장: 오늘 외근에서 어떤 일이 있었어요?

　　직원: 고객이 요구사항도 많고, 어찌나 까다롭던지 참 힘들었
　　　　　습니다.

　　팀장: 그런 고객을 만나면 참 힘들지……. 이 대리 오늘 참 수
　　　　　고 많았어요.

"그런 고객을 만나면 참 힘들지……. 이 대리 오늘 참 수고 많았어요."가 감정 반사의 예이다. '그 심정을 이해했다'는 것을 말로 표현해주고 있다. 팀장에게서 이 말을 들은 직원은 스트레스가 해소되고, 다시 에너지를 회복하지 않겠는가?

　감정 반사는 상황에 따라 다양한 방법으로 할 수 있는데, 그 중에서 가장 간단한 방법은 상대방의 말을 반복하는 것이다. "고객의 요구사항이 무척 많았구만~~~." 하고, 직원의 말을 반복하는 것도 좋은 감정 반사가 된다.

　또한 제스처도 좋다. 직원이 일을 잘 처리한 경우에는 엄지 척이나 Hi Five도 좋으며, 심지어 "이 대리, 내일 점심 살게."도 좋다. 말, 제스처, 작은 선물 등 상황에 맞게 다양한 방법으로 감정 반사를 할 수 있다.

　관건은 '리더가 내 마음을 알아주는구나'의 느낌이 직원에게 전달되느냐 여부이다. 이런 배경에서 경청을 제대로 하느냐 안 하느냐의 판단 기준은 감정 반사를 하느냐 안 하느냐에 달려 있다고 할 수 있으

며, '감정 반사가 없으면 경청하지 않았다'고 하는 것은 경청의 메커니즘을 반영한 정확한 표현이다.

《질문의 힘》에서 사이토 다카시는 "대화에서 듣는 사람의 경청 능력이 높으면, 말하는 사람도 수준이 높아진다."고 하였다[41]. 듣는 사람의 수준이 높다는 것은 학식이 높다는 말이 아니며, 갑자기 그렇게 될 수도 없다. 결국 '경청 능력이 높다는 것은 감정 반사를 잘하는 것'이라고 해도 과언이 아니다.

정서적 소통에 조언은 금물이다

앞에서 우리는 소통을 못하는 사람의 특성을 두 가지로 이해했다. '주제를 자기 것으로 바꿔서, 자서전적 의견을 말하는 것'이다. 리더의 이런 습관은 업무적 소통에서도 문제가 되지만, 특히 정서적 소통에서는 더욱 곤란하다.

정서적 소통에서는 대화 주제가 객관적 정답이 없는 주관적 내용인 경우가 많다. 따라서 직원의 고민 사항에 대하여 리더가 어떤 조언을 해도 그것이 직원에게는 정답이 아닐 가능성이 높다.

직원: 부장님, 오늘 식사와 커피까지 함께하니 고민 하나 말씀
드리겠습니다.
현재 업무가 저의 적성이나 경력 개발에도 도움이 안 되
어 고민이 많습니다.

부장: (잠시 듣다가) 그런데 말이야, 김 대리! 직장에서 적성에
맞게 일하는 사람이 얼마나 되겠어? 내 경우에도 과거
에 현금 세는 일부터, ~~~도 했고 ~~~도 하면서 여기까
지 왔지. 김 대리도 기다리면 좋을 때가 올 거야.

점심 식사 후에 산책을 하면서 직원과 1:1 대화를 하는 것 까지는
좋았지만, 조언을 하는 것이 실수이다. 직원이 망설이다가 고민을 말
하기 시작했는데, 리더가 "내 생각에는 말이야~~~." 하며 조언을 시작
한다면 정서적 소통은 실패하는 것이다.

리더가 대화를 주도해야 하는 상황은 업무적 소통의 경우이다. 직
원의 고충이나 인간적 관심사를 알아 가는 정서적 소통에서는 대화의
주인공이 직원이란 것을 기억하자. 이를 잊고 리더가 대화를 주도하는
습관을 이어가면, 직원의 속마음을 들을 수 있는 정서적 소통은 불가
능해진다.

정서적 소통에서 대화가 끊기지 않고, 거미줄처럼 이어지게 하는
데에는 리더는 다음의 역할만 하면 충분하다.

▶ 직원이 말을 시작할 수 있는 편안한 분위기를 만들고
▶ 직원이 말을 시작하면, 경청하고 추임새를 넣어 주며
▶ 추가 질문을 하는 것에 집중해야 한다.

이 세 가지 역할만 해 주면 직원이 계속하여 이야기를 이어 간다.
대화가 끊기지 않게 어떻게 이어 갈까? 리더가 걱정하지 않아도 된다.

리더는 불쏘시개 역할만 하고, 직원의 말에 빠져들어 즐기기만 하면 된다.

이렇게 하면 리더와 직원의 사이는 획기적으로 가까워지고 유대감이 증대된다. 뿐만 아니라 직원의 말을 들어 보면 리더가 몰랐던 내용에 대한 배움도 있고, 그 직원을 동기부여할 수 있는 니즈를 발견하여 적절한 보상 방안을 찾을 수도 있다.

하지만 리더가 직원의 말을 가로채서 자신이 주인공이 되면 무엇을 얻을 수 있을까? 잘난 체함으로써 자신의 스트레스는 줄어들지 모른다. 그러나 직원의 스트레스는 많아지며, 리더가 직원을 격려하는 긍정의 효과는 완전히 없어지고 만다. 그 직원은 다시는 리더와 사적인 이야기를 하지 않겠다고 결심하지 않겠는가?

직원의 이런 심정을 잘 나타낸 다음의 글을 읽어 보자.

그냥 들어 주기 바랄 때, 당신은 충고하기 시작합니다.
내 부탁을 잊어버리고는 ~중략~
그냥 들어 주기 바랄 때, 당신은 내 문제의 해결사가 되어야
한다고 느낍니다.
그런 당신은 내게 낯설게만 보일 뿐입니다.

리더가 직원의 말을 가로채지 않고 제대로 경청하기 위해서는 '직원을 더 알아 가려는 호기심'을 가져야 한다. 정현종 시인의 〈방문객〉에 나오는 다음 구절이 이런 마음가짐을 잘 나타내 준다.

사람이 온다는 건
실은 어마어마한 일이다.
그의 일생이 오기 때문이다.

리더와 직원은 어쩌다 같은 직장에서 상하 관계로 근무하지만, 업무적 대화 외에는 서로를 잘 모르는 경우가 많다. 가슴속에 어떤 스토리를 갖고 사는지, 어떤 장점과 고충이 있는지 알지 못하고 지내고 있는 것이다.

관계를 잘하고, 소통을 잘하는 사람은 누군가를 만날 때, "내 앞에 있는 이 사람은 어떤 사람일까?" 하는 호기심으로 그 사람을 대한다. 같은 직장에서 리더와 직원이라는 관계의 만남은 서로에게 중요한 인연이기에, 상대를 깊이 있게 알고자 하는 노력은 가치 있는 행동이 아닐 수 없다.

이처럼 직원을 귀하게 생각하고, 그에 대한 호기심을 유지하면, 리더가 말을 가로채는 실수를 예방할 수 있다. 조언하기보다 경청하고, 감정 반사와 추가 질문을 하면, 평소 까칠하던 성격의 직원까지도 리더의 편으로 다가온다.

인천에 소재한 K사는 노사관계에 어려움을 겪고 있었는데, 노사안정을 위해 CEO가 팀장들에게 지시를 하였다. "월 1회 이상 직원들과 허심탄회한 대화를 하여 직장에 대한 불만을 예방하라."

이 회사의 팀장들이 필자에게 다음과 같은 고충을 말했다.

술은 밤새도록 마셔도 견디겠는데, 속 깊은 이야기는 30분도 어렵네요.

요즘 직원들은 사적인 대화를 싫어하니까, 공장 얘기 말고 할 말이 없어요.

직원들과 편하게 소통하고 싶은데, 끊기지 않게 대화를 이어 가는 방법을 모르겠어요.

직원들과 '대화를 이어 가기 어렵다'는 것은 리더가 계속 말을 주도해야 한다는 생각을 전제로 하고 있다. 팀장들의 이런 걱정과 대화의 어려움을 극복하는 방법이 지금까지 설명한 공감적 경청과 정서적 소통의 기법이다.

이런 기법을 사용하면 위의 고민들처럼 리더가 대화를 끊기지 않게 이어 가야 한다는 걱정은 전혀 할 필요가 없다. 하버드대학의 연구 내용을 다시 음미해 보자. "설득의 고수는 대화 시간의 70%를 경청하는 데 사용하며, 감정을 공감해 주었다."[102].

의견이 다를 때의 PCS 대화

이제 앞에서 이해한 정서적 소통의 원리를 업무적 소통에까지 확대

하는 스킬을 살펴보자. 업무적 소통 중에서도 특히 '직원의 의견을 리더가 거부해야 하는 때'에 직원의 마음을 섭섭하지 않게 말하는 스킬이다.

업무적 소통에서 서로의 의견이 충돌하지 않을 때에는 아무런 갈등이 생기지 않는다. 예컨대, 직원의 어떤 의견에 대하여 리더가 "공감되는 의견이네요. 내일부터 그렇게 합시다."라고 말할 수 있는 상황이면 어려움이 생길 여지가 없다.

업무적 소통에서 대화가 어려운 순간은 서로의 의견이 충돌할 때이다. 이때 리더가 직원의 감정을 무시하는 방식으로 말하면 직원은 섭섭하게 받아들이고, 리더의 결정에 불만을 가지게 된다.

> 팀장: 업무 효율을 높이는 방안을 말해 보세요.
> 직원: 외근하고 나면 매일 활동일지를 써야 하는데, 이를 없애면 좋겠습니다.
> 팀장: 그건 말이 안 되지요. 실적을 관리하지 말라는 것과 무엇이 다릅니까?

팀장의 이런 말을 들었을 때, 직원은 어떤 기분이 들겠는가? "아니, 없애지 못할 이유가 뭐지? 의견을 말해 보라고 하고서, 결론은 자기 생각대로야. 다음부터 말하나 보자."

의견이 대립하는 상황에서 리더가 위와 같이 말하는 것은 방법이 잘못되었다. 이때에도 상대방의 기분을 언짢게 하지 않으면서 설득하는 대화 방법이 있는데, 이를 PCS 대화 또는 '의견 상충 시의 우호적 대화법'이라 부른다[6].

PCS 대화는 아래와 같은 영어 단어의 첫 글자에서 유래하며, PCS의 영어 의미와 말하는 순서는 다음과 같다.

> **1단계: Positive(장점)** -상대방의 입장이나 의견의 긍정적인 의도를 주목하고, 공감되는 부분을 포용해 주는 말을 먼저 한다.
>
> **2단계: Concern(염려)** -상대방의 의견을 채택할 때, 나에게 초래되는 어려움이나 염려 사항을 설명한다.
>
> **3단계: Suggestion(제안)** -염려 사항을 피해 갈 수 있는 대안을 제시한다.

장점, 염려, 제안의 순서로 말하므로, 앞 글자를 따서 '장염제' 대화라 부르기도 한다.

이런 스킬을 몰랐을 때에 사람들이 말하는 방법과 PCS 대화에는 어떤 차이가 있는지에 대해 잠깐 생각해 보자. 큰 차이는 1단계에 있으며, 2단계와 3단계에는 별 차이가 없다.

PCS 대화를 모르는 상태에서, 상대방과 의견이 다를 때에 사람들은 Positive(장점), 즉 상대방을 포용하는 말을 하지 않는다. 포용하는 말을 하면, 그 요구를 들어줘야 하거나 또는 상대방 논리에 말려들 것을 경계하기 때문이다. 따라서 상대방의 의견에 공감되는 내용이 있어도 이를 모른 체하며 자신의 논리만을 강하게 말한다.

팀장: 고객이 8월 말까지 우리 제품의 납품 기일을 앞당기라

고 요구하니, 당분간 팀원들의 초과 근무가 필요합니다.

직원: 저는 8월 초에 가족들과 해외여행 계획이 있는데요.

팀장: 지금 그걸 말이라고 합니까?

　　　문제 해결의 방안을 말해 보세요.

직원: …….

의견이 상충되면 리더는 흔히 목소리를 높이며, 직원의 의견을 무시한다. 위 대화에서도 가족들과 여행 계획이 있다는 직원의 말에 "그걸 말이라고 합니까?"라고 면박을 주고 있다.

갈등을 예방하고, 협업을 잘하는 사람의 대화는 강압이나 일방적 주장에 있지 않다. 상대방의 체면을 살려 주고 마음을 공감해 주어, 자발적 협조를 끌어내는 데에 달려 있지 않겠는가? "설득의 고수는 먼저 경청하고, 상대의 입장을 공감해 준다."는 원리가 녹아 있는 것이 PCS 대화의 P(Positive)이다.

참고로, PCS 대화는 하버드대학의 협상과정 교육에서 훈련하는 스킬이며, 의견이 충돌할 때에 상대의 감정을 자극하지 않고, 우호적으로 소통할 수 있는 효과적인 대화법으로 널리 가르쳐지고 있다[6].

팀장: 고객이 8월 말까지 납품 기일을 앞당기니 초과 근무가
　　　필요합니다.

직원A: 저는 가족들과 해외여행 계획이 있는데요.

팀장: 가족들과의 계획이라면, 일정 변경이 간단하지 않겠군
　　　요(Positive).

직원B: 고객이 왜 갑자기 그렇게 서두릅니까? 젠장 못 해 먹겠
　　　네…….

　　　파트타임이라도 채용하면 좋겠습니다.

팀장: 그러면 좋겠지만, 회사 사정상 파트타임 채용은 어렵습
　　　니다(Concern).

직원C: 어떻게 하든 납품 일정만 맞추면 되는 것 아닙니까?

팀장: 그렇지요. 그럼 오늘부터 1시간씩 연장근무하면 안 될까
　　　요?(Suggestion).

직원들: 좋습니다. 남은 기간 모두 열심히 해 봅시다.

업무 회의에서 발언하는 직원의 입장을 생각해 보자. 리더의 생각과 다른 어떤 의견을 말하려고 할 때에 직원의 마음은 긴장해 있다. 이때에 리더가 직원을 포용하는 말(Positive)을 하지 않고, 리더의 주장을 일방적으로 말하면 직원의 귀에는 그 말이 들어오지 않는다.

다음은 의견이 상충될 때에 직원의 마음을 섭섭하게 하는 리더의 말들이다. 상대방을 포용하는 Positive를 말하는 것과는 거리가 한참 멀다.

　　　그것은 동의할 수 없고…….

　　　그건 아니지…….

　　　여러 소리 하지 말고, 내 의견대로 하세요.

용기를 내어 의견을 말한 직원이 리더로부터 위와 같은 말을 들으

면 어떤 기분이 들까? 무시당하는 기분이며 화가 날 정도이다. 그 직원은 차츰 입을 닫고, 시키는 일만 하는 냉소적 직원으로 변해 가게 되는데, 이 모든 것이 리더의 책임이라고 해도 과장되지 않는다.

하지만 PCS 대화의 순서에 따라 먼저 상대방을 포용하는 말(Positive)을 한 후에, 리더의 Concern(염려)와 Suggestion (제안)을 말하면, 직원은 불만을 갖지 않는다. 상대방의 감정을 알아주는 정서적 소통의 원리가 작동하였기 때문이다.

직원의 요청을 거절해야 하는 상황에서 리더가 PCS 대화로 말하면 직원은 "리더의 말을 들어 보니 일리가 있네." 하며 내면적인 동의를 한다. 그리고 당면 과제를 함께 해결해 보자는 파트너의 자세로 바뀐다.

이러한 PCS 대화는 직장에서뿐만 아니라, 고객이나 가정 등 모든 상황에서 사용할 수 있다. 의견 대립으로 화가 나려는 순간 5초만 참고 상대 의견을 먼저 경청하자.

그리고 상대방이 주장하는 내용이 애매한 경우라면, "어떤 내용인지 좀 더 말씀해 주시겠어요?" 하고 추가 질문을 해도 좋다. 그리고 "아! 어떤 입장인지 이해했습니다."라고 말하면, 상대의 고조된 감정은 차분해진다.

때에 따라 상대방의 입장을 알기 어려운 때도 있다. 예컨대 회사 제품에 대해 불만스런 고객이 "더 이상 말하기 싫어요." 하며, 이유를 말하지 않는 경우 등이다. 이때에도 마술처럼 상대의 화를 가라앉히는 Positive의 표현이 있다. "그럴 만한 사정이 있겠지요."

누구든지 화가 나 있다면, 반드시 그럴 만한 사정이 있게 마련이다. 이를 인정해 줄 때 감정이 가라앉고, 이성적이 되어 차분한 설득이 가능해지지 않겠는가?

그리고 Concern 단계에서 상대 요청을 들어주기 어려운 사정을 설명하고, 끝으로 Suggestion에서 대안을 말하면 된다. 아울러 간혹 문제 해결을 위한 대안이 생각나지 않을 때도 있다. 이때에는 "어떻게 하면 좋을까요?" 하고 상대방에게 역제안을 해도 좋다.

이러한 PCS 대화 방법을 숙지하고 평소에 이를 습관화하면 사생활이나 직장생활에서 다른 사람들과 갈등 없이 협업하고, 승승의 관계를 만드는 데 많은 도움을 받을 수 있다.

질책에도
상처받지 않게 표현하라

지금까지 우리는 직원들을 셀프 리더로 성장시키며 조직의 성과를 높이고, 리더 자신도 여유를 찾을 수 있는 슈퍼 리더십의 다양한 스킬들을 살펴보았다. MZ세대의 EVRIPC 특성과 효과적 대응, 긍정 리더십의 동기부여와 POBS 칭찬, READ 성격유형을 감안한 상호작용 방안, 질문과 경청 스킬, 권한위임과 인사평가 불만 예방, 정서적 소통과 PCS 대화 등이다.

이런 스킬들을 리더가 실행하면 '상호성의 원칙'에 의해 대부분의 직원들은 긍정적으로 따라오고, 셀프 리더로 성장해 간다. 하지만, 이 말은 대부분의 직원에게는 맞지만, 모든 직원에게는 아니다. 리더가 그런 노력을 기울여도 여전히 변하지 않고, 속을 썩이는 소수의 문제 직원이 남아 있을 때가 있다.

팀장: 경영상황이 어려우니 모두가 비용 절감을 위해 노력해
　　　주기 바랍니다.

대리: 우리가 쓰는 비용은 사실 별것이 아닙니다. 경영진들이
　　　문제이지요.

팀장: 경영진들도 애쓰겠지요. 그것은 그분들에게 맡기고, 우
　　　리도 영업비용을 절약해야 합니다.

대리: 영업 실적은 올리라 하면서 비용은 줄이라면 모순 아닙
　　　니까?

이제 이러한 고질적 문제 직원, 예컨대, 리더의 방침을 거스르거나 직원으로서의 근무 규범(Ground Rule)을 위반하며 계속 문제를 일으키는 직원이 있을 때, 이를 해결하는 방안에 대해 살펴보자.

사사건건 리더의 방침에 불만이거나 부정적으로 행동하는 직원에게는 앞에서 본 PCS 대화도 통하지 않는다. "사람을 잘못 채용했다."는 생각이 들 정도로 스트레스를 주는 이런 직원에게 리더는 어떻게 대처해야 할까?

P사 팀장의 신입 직원과 관련된 고민 사례를 보자. 업무 준비를 위해 대부분의 직원들은 8시 40분이면 출근하지만, 그 신입은 9시 정각에 출근한다. 몇 차례 주의를 줘도 정시 출근이 원칙이라고 반발하면서, 근무 시간 중에는 되레 업무에 전념하지 않고 인터넷 쇼핑을 하거나 게임을 하기도 한다.

그리고 퇴근시간이 되면 하던 일도 중단하고 퇴근해 버린다. 보다 못해 팀장이 꾸지람을 하자, "사표 내면 되겠네요." 하고 반발하면서,

사표는 내지도 않은 채 지금도 그런 행동을 계속하고 있다.

이처럼 직장에서 상식적으로 기대되는 행동을 하지 않고, 문제를 일으키는 직원이 있다면, 리더는 이를 반드시 바로잡아야 한다. 리더가 감당해야 할 숙제인 셈이다.

하지만 조직의 내부를 들여다보면 리더가 이를 바로잡지 못하고 방치함으로써, 전체 직원의 근무 분위기에 부작용을 초래하는 사례들이 더러 있다.

리더의 입장에서 문제 행동을 하는 직원을 따끔하게 바로잡지 않는 배경에는 몇 가지 사정이 있다. 예컨대 그런 직원을 질책하면, '괴롭힘 방지법'에 저촉되지 않을까 염려하거나, 또는 직원과 갈등이 생기면 리더십 다면평가 때 직원의 보복적인 낮은 평가로 리더에게 손해일 수 있다는 계산을 하기도 한다.

그러나 직원의 문제 행동을 리더가 방치하는 1차적인 이유는 생산적인 질책의 스킬을 모르기 때문이다. '생산적'이란 괴롭힘 방지법 위반이나 관계 갈등 등 부작용이 생기는 것을 방지하면서, 그 직원이 반성하고 고치도록 이끄는 것을 뜻한다.

흔히 직원을 나무랄 때 리더는 언성을 높이거나 화를 내는데, 이것은 생산적 질책이 아니라 언어폭력이며, 감정 배설일 뿐이다. 칭찬은 방법이 잘못되어도 큰 부작용이 없지만 질책을 잘못하면 심각한 부작용이 생긴다. 직원이 녹음이라도 하여 공개하면 괴롭힘 방지법에 위반될 수도 있으며, 직원은 마음의 상처를 받고 근무 의욕 저하 등으로 이어진다.

직장에 사표를 던지는 직원의 50%는 '회사가 싫어서가 아니라, 리더가 싫어서'이다. 또한 리더가 싫어지는 대표적인 이유가 소통 방식이며, 그 중에서도 특히 자존심을 상하게 말하거나, 마음에 상처를 주는 방법으로 질책하는 데에 있다.

화를 내거나 혼내는 것을 질책이라고 생각하는 경향이 있지만, 생산적 질책은 전혀 다른 차원의 행동이다. 무엇보다 중요한 것은 감정 분출로 질책이 되어서는 안 된다는 점이다. 교사가 감정적으로 학생을 때리면 '사랑의 매'가 아니듯이, 리더가 직원을 나무랄 때 감정적으로 비난하면 언어폭력이 된다[6].

인간관계에서 질책은 병원에서의 수술과 같다. 칭찬은 비타민과 같아서 방법이 잘못되어도 큰 문제가 생기지는 않는다. 그러나 수술이 잘못되면 환자의 생명을 잃을 수 있듯이, 질책이 잘못되면 두 사람의 관계가 일순간에 악화된다. 정성스럽게 쌓은 공든 탑이 한 번의 실수로 와르르 무너지는 것과 같다.

이하에서 문제 행동을 하는 직원을 생산적으로 질책하는 비폭력 대화의 스킬을 자세히 살펴보자.

비폭력 대화의 원리

유머 하나, 평소 정리정돈을 못하는 아내가 집안을 어지럽혀 놓았다. 퇴근한 남편이 이를 보고, "당신은 왜 항상 정리 정돈을 안 해요?"

하고 말하면, 아내의 반응은 안 봐도 비디오다. "아니! 내가 언제 항상 그렇다는 것이요? 남자가 쩨쩨하게~~~." "뭐? 남자가 쩨쩨하게?"

이러한 말싸움이 생기는 불씨는 남편이 사용한 '항상'이라는 단어에 있다. 직장에서도 직원을 나무랄 때에 어떤 용어를 사용하느냐에 따라 결과가 완전히 달라진다.

부장: 박 대리, 당신 능력이 그것밖에 안 돼?

대리: 제가 뭐 실수한 것이 있습니까?

부장: 사업계획서에 오타가 한두 개가 아니고.

도대체 기본이 안 돼 있어…….

부장에게 이런 질책을 받은 박 대리는 며칠간 밤잠을 설칠 것이다. 질책을 받았다는 자체 때문이 아니라, 부장이 사용한 단어 때문이다.

"능력이 그것밖에 안 돼?", "기본이 안 돼 있어." 등의 표현은 사실이나 행동이 아니다. '인격을 평가하는 추상명사'이며, 이런 표현이 바로 언어폭력이 되고, 직원에게 상처를 준다.

직원을 상처 주지 않고 질책하는 대화 방법을 '비폭력 대화' 또는 '생산적 질책'이라고 하며, 속 썩이는 직원을 '냉정하게 사랑'할 때 쓰는 표현 방법이기도 하다.

비폭력 질책 스킬의 원리는 다음의 세 가지로 구성된다[6].

▶ 관찰 가능한 용어를 사용해야 한다.

▶ 확대하는 용어를 쓰지 않아야 한다.

▶ 나-표현법(I-Message)으로 말해야 한다.

첫째, 관찰 가능한 용어를 사용해야 한다

사람은 누구나 질책받는 것을 싫어하지만, Fact 없이 추상명사로 인격의 비난을 받으면 자존심이 상하고 마음의 상처를 받게 된다.

김 대리, 입사한 지 몇 년 됐어요? 대리가 신입사원 보다 못하니 원…….

박 과장! 젊은 사람이 왜 그리 열정도 없고, 책임감도 부족해요?

이와 같은 표현을 '인격을 평가하는 추상명사'로 꾸짖는다고 한다. "신입사원보다 못하다.", "열정이 없다.", "책임감이 부족하다." 등이 이에 해당한다.

역지사지로 한번 생각해 보자. 우리가 상사로부터 이런 말을 들으면 기분이 어떻겠는가? 그 말에 동의하지 못할 뿐만 아니라, 상사에 대한 반발심까지 생긴다.

대안은 '관찰 가능한 행동이나 Fact'만을 언급하며 직원을 꾸짖는 것이다.

김 대리, 요즘 업무에 '최선'을 다하지 않는 것 같아요. (추상명

사, X)

→ 김 대리, 2/4분기 실적이 1/4분기보다 5%가 더 떨어졌어요.
(Fact, O)

정 대리는 '시간 관념'이 없는 것 같아요. (추상명사, X)

→ 정 대리, 오늘 20분 늦게 회의에 왔어요. (Fact, O)

추상명사로 인격을 비난하는 것은 리더의 개인 판단일 뿐이며 Fact 가 아니다. 하지만, 현실의 리더들은 직원을 꾸짖을 때, 이러한 표현을 사용하는 경우가 비일비재하다. 감정을 쏟아부었기 때문에 리더는 속이 더 후련할 수 있으나, 사실은 직원을 괴롭히는 것이고 일에서 멀어지게 하는 것이다.

둘째, 확대하는 용어를 쓰지 않아야 한다

'항상', '늘', '매사에', '언제나' 등이 확대하는 표현이다. 추상명사를 쓰지 말고 사실(Fact)만을 말해야 하는 원리에는 '확대하는 용어'를 쓰지 않는 것도 포함된다.

정 차장은 왜 '항상' 부정적으로 말을 합니까?

안 대리는 자료 제출이 '늘' 늦는데, 왜 그럽니까?

당신은 왜 '매사'가 그 모양입니까?

이런 말을 할 때에는 아마도 상대방이 자주, 반복적으로 그런 행동을 했을 것이다. 하지만 자주 그런 행동을 한 것은 맞지만, 항상 그런 것은 아니다. 부분을 보고 전부라고 하기에 확대하는 용어라고 부른다. 인격적 평가의 추상명사가 감정을 자극하는 것과 마찬가지로 확대하는 표현도 상대방의 감정을 자극한다.

아니! 제가 언제 항상 부정적이란 말입니까?

간혹 자료 제출이 늦었지만, 늘 늦은 것은 아닌데요.

셋째, 나-표현법(I-Message)으로 말해야 한다

비폭력 대화의 핵심 원리가 추상명사가 아니라 '관찰 가능한 용어'로 말하는 것이라면, 또 다른 중요한 원리는 '나-표현법(I-Message)'으로 말하는 것이다. 나-표현법은 '너-표현법(You-Message)'과 반대되는 표현법이다.

화를 낼 때에 표현하는 문장의 주어가 상대방이면 이를 '너-표현법'이라 한다. '당신은 왜 그 모양이야?'라고 하는 형태이며, 상대방을 공격하는 표현이기에 폭력 대화라고 한다. 스포츠 경기에 비유하면 너-표현법은 권투나 태권도 등에 해당한다.

김 과장, 일을 그렇게밖에 처리하지 못해요?

정 대리, 보고서 내용이 제대로 되었다고 생각해요?

이러한 표현의 문장 구조를 보면 주어가 모두 상대방이다. 김 과장, 정 대리가 주어이며, 내(I)가 아니라 너(You)이기 때문에 이를 '너 표현법(You-Message)'이라고 부른다.

반면에, 나표현법은 문장의 주어가 '내'가 되는 표현이다. "~~~때문에 내가 애로가 있다."고 말하는 형태이다. 상대방에 상처를 주지 않고 선수를 제압하는 유도 경기와 흡사하다.

김 과장이 담당한 고객이 계약을 취소하겠다고 하니, '내'가 애로가 생겼어요.

보고서에 추진 일정이 없으니, '내'가 결재를 할 수 없어요.

나표현법을 하나의 공식으로 요약하면 'Fact + 나의 애로'이다. 인격을 평가하는 추상명사 대신에 '~~~때문에'로 이유를 설명하는 부분이 Fact이며, 여기에 자신이 겪는 애로를 덧붙이면 된다. 문제 상황을 객관적으로 서술한 후에 '내가 겪는 애로'를 설명하는 방법이다[6].

우리가 상사로부터 나표현법으로 꾸지람을 받는 상황을 가정해 보자. 섭섭한 마음이 생기지 않으며, 상사에게 끼친 애로를 알게 되기에, 오히려 미안한 마음까지 들지 않겠는가?

송 과장, 회의 중에 스마트폰을 계속 들여다보니, 내가 회의 진행이 어렵습니다.

박 과장, 영업 자료를 아직 넘겨주지 않으니, 나의 다음 작업에 차질을 줍니다.

김 대리, 지각을 하면 아침 미팅에서 전체 공지사항을 알려 주지 못하는 문제가 있습니다.

"회의 중에 스마트폰을 계속 들여다보니.", "영업 자료를 아직 넘겨주지 않으니.", "지각을 하면." 등이 문제 행동을 언급하는 Fact 부분이다. 인격을 평가하는 추상명사가 아니라 객관적 행동이나 사실(Fact)을 서술적으로만 말하고 있다. 현상을 보이는 대로만 말하고, '나쁘다', '좋다' 등의 판단 용어는 사용하지 않으며, 여기에 리더가 겪는 애로를 덧붙이고 있다.

흔히, 리더는 화를 낼 때에 직원 스스로 무엇을 잘못했는지 알고 있을 것으로 간주한다. 이처럼 말하지 않아도 자신의 잘못으로 인한 리더의 애로를 직원이 알아차리면 좋겠지만, 현실은 그렇지 못할 때가 많다. 속 썩이는 자녀가 부모의 애로를 다 모르듯이, 직원도 자신의 행동이 리더에게 어떤 어려움을 가져다 주는지 다 모르는 경우가 많다.

심지어 리더가 문제라고 생각하는 상황에도 직원은 "그것이 왜 문제가 되지?" 하고 동의하지 않을 때가 있다. 따라서 직원을 나무랄 때에는 리더가 겪는 애로(또는 조직에 초래되는 부작용)를 다각도로 설명해 주어야 한다. 그제서야 직원은 내면적인 동의를 하고 반성하게 된다.

부장님 말씀을 듣고 보니, 제가 죄송하게 되었습니다.

저의 행동이 팀 분위기에 그런 영향을 끼치는지 미처 몰랐습니다.

'Fact + 나의 애로'로 말하는 비폭력 대화는 MZ 직원을 나무랄 때에 더욱 빛이 난다. 기존 세대 직원들은 인격 비난의 질책을 받아도 참고 견디지만, 대면력(對面力)이 낮은 이들은 그렇지 않기 때문이다. MZ 직원은 추상명사로 질책을 받으면 사표 제출 등 돌출행동으로 악화되는 경우도 생긴다.

입술의 3초가 가슴속 30년의 상처가 될 수 있다

비폭력 대화법은 직장에서뿐만 아니라 가정에서도 그대로 적용된다. 필자의 지인 중에 대기업 부사장으로 퇴직한 K씨가 있다. 그는 S대를 졸업하고 직장에서 20년 넘게 임원을 지냈으며, 누가 봐도 성공한 직장인이었다. 하지만 그는 필자에게 "내 인생은 실패작이다."라고 하며, 가슴속에 있는 가족의 고뇌를 말한 적이 있다.

K씨의 고뇌는 아들 때문이다. 큰아들이 지금은 30대가 되었으나 대인기피증과 우울증에 걸려 직장도 못 다니고, 인생 패배자처럼 혼자

살고 있다. K씨의 가슴을 아리게 하는 것은, 아들을 그렇게 만든 사람이 바로 자신이라는 생각 때문이다.

그는 아들의 청소년기에 줄곧 인격을 평가하는 추상명사로 나무랐다고 한다. S대를 졸업한 그의 눈에 아들의 성적이 한심하게 보였던 것이 원인이었다.

그게 공부라고 하는 거야? 그 실력 가지고 대학이나 가겠어?
너를 보면 내가 창피하다. 아버지 친구 아들은 전교 1등이란다…….
형이 되어가지고 동생보다 못하네.
그런 것도 못하는 녀석이 다른 일은 제대로 하겠어?

이런 말을 들으며 자란 아들은 서서히 자신감을 잃어 갔으며, 결국에는 우울증과 대인기피증으로까지 악화되었다. 아버지가 말한 3초의 언어폭력이 아들에게는 잊지 못할 30년의 상처로 남게 된 것이다.

K씨가 필자에게 한 말이다. "아들이 고등학교 다닐 때까지만이라도 비폭력 대화법을 알았더라면, 이렇게 후회할 일은 없었을 텐데…….” 그는 비록 S대를 나온 똑똑한 리더였지만 비폭력 대화법을 배운 적이 없었다.

비폭력 대화의 완결 공식-ABCD대화

비폭력 대화의 기법을 영어 단어 외우듯이 암기해 놓아도 막상 실전 상황이 되면 'Fact + 나의 애로'라는 공식이 생각나지 않을 수 있다.

고분고분하지 않은 직원이 면전에서 리더에게 반발하는 상황을 생각해 보자. 리더도 사람인지라 감정을 절제하지 못하고, 자칫 말실수를 하여 나중에 후회하게 되는 상황이 생기기 쉽다.

지금 뭐라고 했어요? 도저히 말이 통하지 않는 사람이네.

사람이 반성할 줄도 알아야지. 기본이 안 돼 있어…….

직장에서는 직원보다 리더가 어른이기에, 갈등 상황에서 대화를 침착하게 이끌어 가야 할 책임은 리더에게 있다. 두 사람이 같이 화를 내고 감정적이 되어서는 안 되지 않겠는가?

따라서 고분고분하지 않은 직원을 면전에 두고서도 리더가 말실수를 하지 않으려면 실전에서도 기억할 수 있는 압축된 공식을 알면 좋다. 그것이 비폭력 대화의 완결 공식인 ABCD 대화이다.

ABCD는 다음의 4단계 대화 프로세스에서 첫 글자를 따 온 것이며, 각 단계의 내용과 의미는 다음과 같다[6].

▶ Action: 직원의 문제점을 행동(Action)이나 사실 중심으로 짚

어 준다.

- ▶ Bring: 직원의 행동이 리더와 조직에 초래한(Bring) 애로사항을 설명한다.
- ▶ Change: 개선을 위해 필요한 변화(Change)를 요청한다.
- ▶ Discover: 직원의 생각을 알아보는(Discover) 질문을 한다.

Action, Bring 단계에서 이미 비폭력 대화 원리인 'Fact + 나의 애로'가 100% 반영되어 있다. 여기에 Change, Discover가 추가되어 실전 상황에서 더욱 Full Course로 대화하게 도와주는 순서이다. 따라서 경미한 내용에 대한 질책에는 Change와 Discover 단계는 생략할 수 있다.

먼저, 간단한 사례로 ABCD 대화의 흐름을 살펴보자. 직원을 질책하는 상황에서 비폭력 대화의 스킬을 모르는 리더라면 다음과 같이 말할 것이다.

상무: 정 과장, 업무 일정을 또 상의 없이 바꿨던데, 그래도 되는 거요?

과장: 불가피한 사정이 있었습니다. 죄송합니다.

상무: 그런 핑계 대지 말고, 앞으로는 정해진 일정을 지키세요.

상하 관계이기에 과장이 겉으로는 반박하지 않는 모양새이지만, 서로의 심기는 불편하다. 상무는 과장을 비난하고, 과장은 "별것도 아닌 것에 화를 낸다."고 생각하며 섭섭하게 생각할 것이다.

이를 다음과 같이 ABCD 대화로 말하면 감정 앙금이 없이 깔끔하게 진행되며, 과장으로부터 변화 약속까지 받아 낼 수 있다.

> 상무: 정 과장, 업무 일정을 이번에 또 나와 상의 없이 바꿨더군요. (Action)
>
> 과장: 불가피한 사정이 있었습니다. 죄송합니다.
>
> 상무: 잦은 일정 변경은 나의 스케줄 관리에도 많은 애로를 줍니다. (Bring)
>
> 앞으로 일정을 변경할 때에는 사전에 상의해 주기 바랍니다. (Change)
>
> 무리한 부탁은 아니겠지요? (Discover).
>
> 과장: 아닙니다. 앞으로는 일정 변경 전에 미리 상의 드리겠습니다.

ABCD의 A(Action) 단계에서 추상명사나 인격을 비난하는 용어를 사용하지 않고, '관찰 가능한 행동이나 사실(Fact)'만을 언급하고 있다.

이어서 B(Bring)에서 '나에게 초래된 애로'를 말하여 문장의 주어가 나로 바뀌는 '나-표현법(I-Message)'으로 표현하고 있다. 여기에 Change와 Discover를 추가한 것은 비폭력 대화의 원리(Action, Bring)를 더욱 확장한 프로세스이다.

Change는 상대방의 문제 행동이 개선되기 위해서는 무엇이 구체적으로 변해야 하는지를 요청하는 것이다. 예컨대, "앞으로는 알아서 좀 잘해 주세요."는 구체적 요청이 아니다. 중간 보고가 없는 것을 지적하는 경우라면, "앞으로 주 1회씩은 중간 보고를 해 주세요."라고 요청해야 한다.

Discover는 대화 말미에 직원의 입장을 발견하기 위해 질문을 하는 단계이다. 리더의 입장 전달만으로 끝내지 말고, 질문을 통해 상대에게 말할 기회를 주는 것이다. 위 사례처럼 "무리한 부탁은 아니겠지요?" 하고 질문을 함으로써, 상대방이 어떻게 받아들이는지 의견을 들을 수 있다.

이 질문에 대해 직원은 십중팔구 "아닙니다. 앞으로는 일정 변경 전에 미리 상의드리겠습니다."와 같이 우호적으로 반응하게 되어 있다. 왜냐하면 서두에서 상대방을 인격적으로 비난하지 않았으며, 리더의 애로사항을 알려 주었기 때문이다.

참고로 ABCD 대화에서 직원의 생각을 묻는 Discover의 질문을 하면 다음과 같은 두 가지의 장점이 있다.

첫째, 직원의 인격을 존중하며, 대화 분위기를 밝게 전환시켜 준다.
리더가 일방적으로 말을 끝내지 않고, 직원에게 말할 기회를 주면 상대 존중의 수평적 대화가 되기 때문이다.

둘째, 실천 사항을 상대방의 입으로 말하게 함으로써, 책임감을 증대시킨다. "요청 사항의 실천에 어려움은 없겠어요?"의 질문에 직원이 "앞으로 잘 실천하겠습니다."라고 말하게 되면, 책임감과 실행력이 크게 높아진다. ABCD 대화가 '부드럽지만 강한 대화'로 불리는 이유이다.

이런 측면에서 ABCD 대화를 비폭력 대화의 완결 공식이라 부르며, 리더들은 ABCD 대화만 기억하면 된다. 쉽게 기억할 수 있으며, 직원을 나무랄 때에 실수하지 않도록 확실하게 안내해 준다.

실제 사례를 통한 ABCD 대화 모습

"이 대리는 평소에 서류들로 책상이 산만하며, 팀장이 주의를 줘도 며칠을 못 간다. 정리 정돈을 안 하면 고객정보가 유출될 위험도 있어서 팀장이 연초부터 두 차례나 지시를 해도 고쳐지지 않는다.

어제는 고객정보가 포함된 서류를 책상 위에 둔 채 퇴근을 해 버렸다. 컴퓨터도 켜져 있었고, 서랍도 잠겨 있지 않았다. 팀장은 화가 났지만, 감정을 누그러뜨린 후 뒷날 ABCD 대화를 시작했다."[6].

[ACTION] 문제점을 행동 중심으로 짚어 준다

팀장: 이 대리! 어제 퇴근 후에 보니까 책상이 정돈되지 않고, 고객정보가 놓여 있었어요. PC도 켜 있고 서랍도 잠기지 않았더군요. (Action)

대리: 죄송합니다. 어제 외근 나갔다가 현장에서 바로 퇴근하느라…….

팀장: 정리정돈 하자고 두 차례나 요청했는데, 그때 뭐라고 대답했지요? (Action).

대리: 잘하겠다고 했는데, 성격이 털털해서……. 죄송합니다.

팀장이 거론하는 것은 모두가 객관적 사실들뿐이다. 고객정보, PC, 서랍 열림, 두 차례 정리정돈을 요청한 사실과 '잘하겠다고 대답한 것' 등이 모두 사실이다.

객관적 사실만을 말하기에 이 대리는 감정적으로 반발하지 않고, 죄송하다는 말만 연발하고 있다.

[BRING] 문제 행동이 초래한 애로사항을 설명한다.

정리정돈 문제로 리더가 나무라면 직원은 어떤 반응을 보일까? "그게 뭐 그리 중요한 사항이라고 나무라느냐?"고 반발하기 쉽다. 이를 방지하기 위해서는 직원의 행동이 초래하는 애로사항을 다각도에서 설명해 줘야 한다.

> 팀장: 이 대리, 정리정돈이 별일 아닌 것 같지만 그렇지 않습니다.
> 옆 통로는 타 부서 직원들은 물론 방문객도 다니지 않습니까? 고객 정보가 외부로 유출되면 어떤 일이 발생합니까? (Bring 1)
>
> 대리: …….
>
> 팀장: 또한 총무팀에서 불시에 보안점검을 하는데, 지적되면 우리 팀의 근무기강을 어떻게 보겠어요? (Bring 2)
>
> 대리: 죄송합니다.
>
> 팀장: 한마디만 더 할게요. 팀원 모두에게 정리정돈을 하자고 요청했는데, 이 대리가 계속 위반하니 팀원들에까지 나

쁜 영향을 주고 있어요. (Bring 3)

초래(Bring)되는 애로사항은 리더 개인에게뿐만 아니라 '확대된 나'
로 다양화하면 좋다. 회사, 동료, 고객 등 360° 시각에서 파급되는 영향
을 나열하면 설득 효과가 높아진다. 그러면 상대방은 대부분 "거기까
지 생각하지 못했는데, 듣고 보니 죄송하게 됐습니다."라고 대답한다.

[CHANGE] 개선을 위해 필요한 변화를 요청한다

A, B단계까지 대화가 끝나고 직원이 "앞으로 잘하겠습니다."라고
말한다고 해도, 나중에 다시 위반할 가능성이 상존한다. 따라서 실행
력을 높이려면, "앞으로는 잘해 주세요."라는 요청으로는 약하며, 변해
야 할 사항을 구체적으로 요청해야 한다.

> 팀장: 꼭 지켜 줬으면 하는 사항을 다시 한번 말해 볼게요.
>   부재중에는 책상에 서류가 없도록 하고, 컴퓨터는 Off
>   하며, 책상 서랍은 반드시 잠겨 있어야 한다는 3가지입
>   니다.
> 대리: 잘 알겠습니다.

[DISCOVER] 상대방의 입장을 알아보는 질문을 한다

의사가 수술을 마치면 상처가 아프지 않도록 부드럽게 싸매 주어
야 하는데, ABCD 대화에서 Discover가 이러한 역할을 한다.

팀장: 오늘 3가지 사항을 부탁했는데, 실행해 줄 수 있을까요?
(Discover)

대리: 예, 앞으로는 잘 준수할 테니 걱정 마십시오.

팀장: 그리 말해 주니 고마워요. 오늘 점심은 내가 쏠게요. 같
이 갑시다.

이처럼 대화의 마무리에 '직원의 입장을 묻는 질문' (Discover)을 하면 상대 존중의 대화로 바뀌게 되며, 아울러 행동 변화의 실행력을 크게 높여 준다.

문제 행동을 고치라고 아무리 리더가 지시해도 실행으로 옮기는 사람은 직원이므로, 요청 사항에 대해 상대방이 어떻게 생각하는지 확인할 필요가 있다. 또한 상대방의 입으로 직접 말하게 하면, 실행의 책임감을 획기적으로 증대시켜 준다.

"내일까지 완성하세요."라는 지시에 직원이 "알겠습니다."라고 하는 것과, "언제까지 가능하겠습니까?"라는 질문에 직원이 "내일까지 완성하겠습니다."라고 말하게 하는 것은 실행력에 큰 차이가 나타나기 때문이다.

위와 같이 리더가 ABCD 대화 공식을 염두에 두고 질책 대화를 하면 말실수는 거의 하지 않을 수 있다. 또한 어려운 대화를 잘 마무리하였으니, '나도 괜찮은 리더'라는 생각이 든다. ABCD 대화는 리더와 직원을 모두 도와주는 '부드럽지만 강한 대화'이다.

반성하는 직원에게는 기다려 주자

실수나 문제 행동을 한 경우에 그 직원의 반응은 사람마다 다르다. 자신의 잘못을 인정하지 않고 비슷한 행동을 반복하는 직원이 있는가 하면, 스스로 반성하는 직원도 있다.

직원이 잘못을 했을 때 이를 나무라지 않고 기다려 주는 것이 좋은 경우는 다음의 두 가지 상황이 있다.

첫째, 실수를 했으나 직원이 반성하고 있을 때.

질책을 할 것인가 또는 그만 넘어갈 것인가를 판단할 때에는 직원의 태도를 감안해야 한다. 실수를 인정하고, 미안하게 생각하고 있다면, 질책을 해서는 안 된다.

이런 직원을 질책한다는 것은 흡사 권투 시합에서 공격을 받아 비틀거리는 선수에게 코치가 링 밖에서 한 대 더 때리는 것과 같다. 이런 상황에서는 리더는 알아도 모른 체 넘어가는 것이 좋지 않겠는가?

둘째, 실수의 내용과 개선방안이 누구나 알 수 있을 정도로 간단명료할 때.

예컨대 보고서에 오타가 있는 경우를 생각해 보자. 무엇이 문제이며 어떻게 개선해야 할 것인지에 대하여는 긴 설명이 필요 없다. 이때에는 "앞으로 2번 이상 검사하여 오타가 없도록." 하고 요청(Change)하면 된다.

너무나 간단 명료한 사항에 대하여 Action, Bring 등을 장황하게 설명하면 직원은 짜증나지 않겠는가? 요청 사항만 짧게 말하는 것이 장황하게 '교육'하는 것보다 낫다.

질책을 받고 우는 직원에게는 의연하게

ABCD 대화로 리더가 차분하게 꾸지람을 해도 직원이 감정적이 되어 버리는 경우가 있다. 특히 리더를 당황스럽게 하는 상황은 울음을 터뜨리는 직원의 경우이다. 이때 어떻게 대처해야 할까?

이때 동정하거나 어이없다는 반응은 최악이다. "지금 우나요?" 등 눈물에 큰 의미를 부여할 필요가 없이, 잠깐 침묵의 시간을 갖고 티슈를 건네는 정도는 괜찮다. "원한다면 다음에 얘기해도 좋아요." 하고 상황을 마무리하는 것도 괜찮으며, 적절한 시간에 다시 ABCD 대화를 이어 가면 된다[70].

ABCD 대화의 사전 준비

유머 하나, 어떤 부인이 남편 휴대폰 카드 내역에 '길성장 4만 5천 원'이 뜬 것을 보고 순간 화가 폭발했다. 모텔에 갔다는 물증 확보를 위해 사진을 찍어 놓고 잠자는 남편을 깨웠다. 다짜고짜 싸대기부터 한 대 올린 후, "이거 웬 모텔이냐?"고 다그쳤다. 그런데 따지고 보니 중국집이었다.

직장에서 리더가 직원을 나무랄 때, 실수하기 쉬운 것이 순간의 화를 참지 못하는 경우이다. 리더 중에는 나는 "화끈하게 말하고, 대신 뒤끝은 없다."고 말하는 사람이 있는데, 서부 영화의 총잡이도 뒤끝이 없기는 마찬가지다. 화내는 순간에 직원이 입은 상처는 이미 총을 맞은 것이다.

이런 실수를 하지 않기 위해 ABCD 대화를 학습하는 것이 아니겠는가? 하지만, 직원이 같은 실수를 반복하거나 대화 중에 엉뚱한 반박을 하면, 리더가 차분하게 설명하기가 어렵다.

"지금 뭐라고 했어?" 하며 화끈하게 화를 내는 실수를 할 위험이 있다. "화를 참아야 좋다."는 공자님 말씀 같은 말은 누구나 알고 있지만, 실제 상황이 되면 이를 실천하기가 어렵다.

이 고비를 넘기 위한 대책이 ABCD 대화를 시작하기 전에 '환경 설정'을 하는 것이며, 여기에는 다음의 세 가지가 필요하다.

첫째, 서로가 화가 가라앉아 차분한 시점에 말해야 한다.

화가 나 있을 때 말하면 감정적이 되기 쉽기 때문에 리더와 직원 모두 침착한 여유 시간대에 면담해야 한다. 꾸지람은 문제 발생 후 가급적 빠를수록 좋지만, 한시가 급한 것은 아니다. 따라서 나무랄 일이 오전에 발생해도 여유 시간대가 아니라면, 오후나 다음 날 바쁘지 않을 때에 해야 한다.

참고로, 급한 업무가 없으면 오후 1시 30분 전후가 갈등 대화에 적절한 시간대이다. 점심 식사 후에는 심리적으로 이완되기 때문이다. 반면에 출근 후 10시 전후나 퇴근시간이 가깝거나, 금요일 오후는 갈등 대화에 적절한 시간이 아니라는 것은 긴 설명이 필요 없다.

둘째, 질책 대화는 1:1로 비공개 장소에서 해야 한다.

칭찬은 공개적으로 해도 무방하지만, 꾸지람은 반드시 비공개 장소에서 해야 한다. 장소를 비공개로 하는 것뿐만 아니라, 면담 자체를 다른 직원들이 모르게 해야 한다. 따라서 다른 직원들이 보는 앞에서 대상 직원을 호출하기보다 면담 요청을 메일이나 문자로 하는 것도 해당 직원을 배려하는 행동이다.

리더 중에는 "전체 직원의 군기를 잡기 위해서 일부러 공개적으로 질책을 한다."는 사람이 있다. 이는 질책의 사유가 모든 직원에게 공통적으로 해당될 때에는 맞는 말이지만, 그런 경우는 사실 많지 않다. 조직의 현실을 보면 질책 사유가 특정 직원에게 한정되는 경우가 대부분이며, 이런 경우에는 해당 직원만 따로 불러서 비공개로 질책하는 것이 원칙이다.

셋째, 즉흥적으로 면담하지 말고, 대화 요지를 미리 메모하고 계획해야 한다.

건물을 지을 때 설계도를 가지고 건축을 시작하듯이 ABCD 대화도 미리 설계를 해야 한다. 설계 없이 시작하면 대화 중에 이것저것 소나기처럼 쏟아붓는 실패하는 대화로 진행될 수 있다.

대화 설계에는 특정 이슈에 관련한 직원의 문제 행동(A), 그로 인한 리더의 애로사항(B), 실행 가능한 변화 요청 사항(C), 마무리 대화(D) 등을 미리 생각해 두어야 한다. A4 용지에 간단히 메모를 해 보는 것도 좋은 방법이다.

이처럼 A, B, C, D의 각 단계에서 말할 내용을 구상한 후에, 편안한 시간대에 비공개 장소에서 직원을 면담하면 십중팔구 '생산적인 질책'으로 마무리 지을 수 있다.

끝으로, 이 글을 읽는 리더 중에는 현재 함께 근무하는 직원 중에 속 썩이는 사람이 한 명도 없을 수 있다. 평생 동안 수술 한 번 하지 않는 건강한 사람이 있듯이, 수년을 근무해도 나무랄 일이 없는 직원들과 갈등없이 근무하는 리더도 있을 수 있다.

그럼에도 불구하고 유능한 리더 소리를 듣기 위해서는 누구나 ABCD 대화 프로세스를 알고 있어야 한다. 조만간 속 썩이는 직원과 함께 근무할 시점이 올 가능성이 높기 때문이다. 나아가 당장은 쓰지 않고 있어도, ABCD 대화를 알고 있으면 직원 관리에 자신감과 마음의 여유가 생기는 이점이 있다.

끝까지 읽으신 독자님, 수고하셨습니다.
책의 내용이 개인과 조직의 성공에 도움되시기 바랍니다.

자료와 강의 등 요청은 표지의 저자 메일로 연락 바라며,
본 서를 여러 권 주문하시면 할인하여 발송 드리겠습니다.

| 참고 문헌 |

1. 강승훈, 《헛손질 많은 우리 기업들-비효율》, LG경제연구원, 2014.

2. 강지연, 《90년생과 대화법》, 메이트북스, 2020.

3. 게리 데슬러, 《인적자원관리》, 피어슨 에듀케이션, 2008.

4. 김경일, 《이끌지 말고 따르게 하라》, 진성북스, 2015.

5. 김성회, 《센 세대, 낀 세대, 신세대》, 쌤앤파커스, 2020.

6. 김영기, 《리더는 어떻게 말하는가》, 김영사, 2014.

7. 김영기, 《코칭대화의 심화역량》, 북마크, 2014.

8. 김영기, 〈READ(리드)분석〉, 특허420190399207, 2019.

9. 김홍국, 《넬슨 만델라, 위대한 조정자》, 미래를 소유한 사람들, 2014.

10. 뉴필로소퍼, 《워라밸의 시대》, 바다출판사, 2019.

11. 니콜스, 《강한 회사는 회의시간이 짧다》, 21세기북스, 2004.

12. 닐로퍼 머천트, 《미래 사상가들에게 묻다》, 한빛비즈, 2015.

13. 다니엘 골먼, 〈인터넷이 EQ에 미치는 영향〉, 조선일보, 2010.

14. 다니얼 골먼, 《감성지능》, 웅진지식하우스, 2008.

15. 데일 카네기, 《인간관계론》, 리베르, 2011.

16. 디스커버리채널, 《미스터리 진실 혹은 거짓》, 다우리엔터테인먼트, 2007.

17. 랭카스터, 스틸먼, 《MZ 제너레이션》 더숲, 2010.

18. 로버트 로젠탈 외, 《피그말리온 효과: 기대와 칭찬의 힘》, 이끌리오, 2009.

19. 로버트 슬레터, 《잭 웰치 최후의 리더십》, 명진출판사, 2001.

20. 로버트 탄넨바움, 《협상과 갈등해결》, 21세기북스, 2009.

21. 로브 커피외, 《인력관리, 리더의 기대와 조직성과》, 21세기북스, 2000.

22. 류랑도, 《하이퍼포머 리더》, 쌤앤파커스, 2009.

23. 리즈 와이즈먼, 《멀티플라이어》, 한국경제신문, 2019.

24. 리처드 코치, 《80/20 법칙》, 21세기북스, 2018.

25. 린다 그래튼, 《일의 미래》, 생각연구소, 2012.

26. 마사히코 쇼지, 《질문력》, 웅진지식하우스, 2008.

27. 마커스 버킹엄, 《유능한 관리자》, 21세기북스. 2006.

28. 마커스 버킹엄, 《CEO가 원하는 한 가지 능력》, 21세기북스, 2006.

29. 마크 바우어라인, 《가장 멍청한 세대》, 인물과사상사, 2014.

30. 마크 프렌스키, 《디지털 네이티브》, 사회평론, 2019.

31. 마틴 셀리그만, 《긍정심리학》, 물푸레, 2020.

32. 말콤 글래드웰, 《아웃라이어》, 김영사, 2019.

33. 메리 버핏, 《워렌 버핏 투자 노트》, 국일증권연구소, 2007.

34. 바버라 켈러먼, 《리더십의 종말》, 씨앤아이북스, 2012.

35. 박병규, 《GE의 역사를 새로 쓰는 제프리 이멜트》, 일송북, 2008.

36. 밥 애덤스, 《팀장 리더십》, 위즈덤하우스, 2005.

37. 백기복, 《리더십의 이해》, 창민사, 2016.

38. 사마천, 《사기》, 다락원, 2008

39. 사이먼 사이넥, 《나는 왜 이 일을 하는가》, 타임비즈, 2013.

40. 사이먼 사이넥, 《리더는 마지막에 먹는다》, 36.5, 2014.

41. 사이토 다카시, 《질문의 힘》, 루비박스, 2017.

42. 서광원, 《사장으로 산다는 것》, 흐름출판. 2006.

43. 셰리 터클, 《대화를 잃어버린 사람들》, 민음사, 2018.

44. 송은천, 《MZ, 네 맘 다 알아》, 좋은땅. 2019.

45. 스티븐 데닝, 《애자일, 민첩하고 유연한 조직의 비밀》, 어크로스, 2019.

46. 스티븐 코비, 《성공하는 사람들의 7가지 습관》, 김영사, 2003.

47. 심혜경, 《MZ에 집중하라》, 북스고, 2019.

48. 알랭 드 보통, 《낭만적 연애와 그 후의 일상》, 은행나무, 2016.

49. 알리바바 그룹, 《마윈의 내부담화: 마윈 회장이 알리바바 직원에게 고하
    는 개혁의 메시지》, 스타리치북스, 2017.

50. 앙드레 모루아, 《디즈레일리의 생애》, 범우사, 1999.

51. 에릭 하베이 외, 《말한 대로 행동하기》, 한스미디어, 2004.

52. 에이브러햄 매슬로, 《매슬로의 동기이론》, 유엑스리뷰, 2018.

53. 오런 해러리, 《콜린파월 리더십》, 좋은책만들기, 2010.

54. 오리 브래프먼 외, 《스웨이》, 리더스북, 2009.

55. 요시다 덴세, 《최강 팀장의 현장 대화법》, 미래의창, 2007.

56. 워렌 베니스, 《리더십 원칙》, 좋은책만들기, 2003.

57. 윤병호, 《90년생, 오너십》, 북씽크. 2019.

58. 윤석철, 《프린시피아 매네지멘타》, 경문사, 1998.

59. 윤영철, 《90년생과 일하는 방법》, 보랏빛소, 2019.

60. 이영석, 《야채가게 총각들 부엌으로 들어간 이유》, 베스트홈, 2005.

61. 이은형, 《MZ과 함께 일하는 법》, 앳워크, 2019.

62. 이지훈, 《혼창통》, 쌤앤파커스, 2010.

63. 이철희 외, 〈변혁적 리더십과 거래적 리더십이 직무열의에 미치는 영향〉,
    한국심리학회지, 2012.

64. 임홍택, 《90년생이 온다》, 웨일북, 2019.

65. 자크 아탈리, 《인간적인 길》, 에디터, 2005.

66. 잭 웰치, 《잭 웰치의 마지막 강의》, 알프레드, 2015.

67. 전수진 외, 《지극히 개인주의적 소확행》, 치읓, 2019.

68. 전정호, 설현도, 〈절차적 공정성이 조직몰입과 조직시민행동에 미치는 영향〉, 인적자원관리연구, 23권 5호, 2016.

69. 정지현, 《요즘 애들은 츤데레를 원한다》, 두앤북, 2019.

70. 제리 하비, 《생각대로 일하지 않는 사람들》, 엘도라도, 2012.

71. 제프 콜빈, 《인간은 과소평가 되었다》, 한스미디어, 2016.

72. 조선일보, 〈일터에 대한 연령별 소망〉, 2015년 1월 2일.

73. 조지 와인버그, 《셰익스피어가 가르쳐주는 지혜》, 한언, 1999.

74. 조직리더십코칭원, www.jorico.co.kr.

75. 존 록펠러, 《부자가 되는 지혜》, 에이케이커뮤니케이션즈, 2017.

76. 짐 콜린스, 《좋은 기업을 넘어 위대한 기업으로》, 김영사, 2011.

77. 찰스 핸디, 《코끼리와 벼룩》, 모멘텀, 2016.

78. 최경춘, 《90년생과 어떻게 일할 것인가》, 위즈덤하우스, 2019.

79. 최재천, 《개미제국의 발견》, 사이언스북스, 2014.

80. 최중락, 《경영조직개론》, 상경사, 2014.

81. 카시아 베조스키 외, 《진심은 감추고 본심은 읽어라》, 알에이치코리아, 2019.

82. 캐시 애론슨, 《황금사과》, 명진출판사, 2006.

83. 커트 코프만, 《최강 조직을 만드는 강점 혁명》, 청림출판, 2004.

84. 켄 블랜차드, 《칭찬은 고래도 춤추게 한다》, 21세기북스, 2018.

85. 켄 블랜차드, 《하이파이브》, 21세기북스, 2016.

86. 크리슈나무르티, 《크리슈나무르티의 마지막 일기》, 청어람미디어, 2013.

87. 크리스 앤더슨, 《테드 토크》, 21세기북스, 2016.

88. 패트릭 렌시오니, 《CEO가 빠지기 쉬운 5가지 유혹》, 위즈덤하우스, 2007.

89. 폴 로버츠, 《근시사회》, 민음사, 2016.

90. 피터 센게, 《제5경영》, 세종서적, 2002.

91. 한혜경, 《남자가, 은퇴할 때 후회하는 스물다섯 가지》, 아템포, 2015.

92. 허두영, 《세대 공존의 기술》, 넥서스BIZ, 2019.

93. 허즈버그, 《직무 동기이론》, 한국학술정보, 2006.

94. 허진, 〈나는 임파워먼트형 리더인가〉, 주간경제 900호, 2006.

95. 헬렌 팔머 외, 《에니어그램, 성공하는 사람의 성격관리》, 학지사, 2001.

96. 혼마 마사토, 《질책의 힘》, 에이지21, 2004.

97. Alfred Sloan, 《My Years with General Motors》, Currency, 1990.

98. Blake, Mouton, 《Managerial Grid》, Gulf Press. 1964

99. Boss, W.L, 〈Team building〉, Journal of Applied Behavioral Science, 19, 1983.

100. EBS, 〈설득의 비밀〉, EBS 교육방송, 2009.

101. Feinberg, Mortimer, 《Why Smart People Do Dumb Things》, Touchstone Books, 1995.

102. Fisher & Ury, 《Getting to Yes》, Penguin Books, 2011.

103. George T Milkovich, 《Compensation》, McGRAW HILL, 2017.

104. Gigone & Hastie, 〈Journal of Personality & Social Psychology〉, 1993.

105. HBR, 〈Pygmalion in Management〉, HBR, Jan, 2003.

106. Irving L. Janis, 《Group Think》, Houghton Mifflin, 1982.

107. James Pennebaker, 《The Secret Life of Pronouns》, St Martins Pr Inc, 2011.

108. Jeffrey Pfeffer, 《The Human Equation》, Harvard Business Review Press, 1998.

109. Johnson & Johnson, 〈Joining Together〉, Pearson Education, 2013.

110. Kirschenbaum, 〈Self-regulation and sport psychology〉 Journal of

Sport Psychology,1984

111. Losada & Heaphy, 〈The Role of Positivity and Connectivity in the Per­formance of Business〉, American Behavioral Scientist, Feb. 2004.

112. Manz & Sims, 《The New SuperLeadership》, ReadHowYouWant, 2011.

113. McGuire, 〈Fundamentals of Human Resource Development〉, Sage Pubns Ltd, 2011.

114. Norman Triplett, 〈The dynamic factors in pacemaking and competi­tion〉, American Journal of Psychology, 1898.

115. OECD, 〈2019년 경제전망〉, OECD, 2019.

116. Robert Sutton, 《Good Boss, Bad Boss》, Business Plus, 2012.

117. Tom Rath, 《Strengths Finder 2.0》, Gallup, 2008.

118. Tversky & Kahnemann, 《The framing of decisions and the rationality of choices》, Science, 1981.

119. Wagner, Robin, 《Managerial Grid》, Grin Publishing, 2014.

120. Whetten & Cameron, 《Developing Management Skills》, Pearson, 2017.

121. WHO, 〈Preamble, Definition of health〉, WHO, 2010.

122. Kelley, R. E. 〈In praise of followers〉, Harvard Business Review, 66, 142-148, 1988.

123. 삼성경제연구소, 〈소통 진단결과와 소통 활성화를 위한 제언〉, CEO Information 795호, 2011.

124. 박효민외, 〈공정성 이론의 다차원성〉, 사회와이론, 27, 219-260. 2015.